项目资助

河南省高等学校哲学社会科学创新团队支持计划"习近平治国理政思想研究"（2018-CXTD-10）

新时期

党内批评和自我批评作风研究

关海宽 / 著

中国社会科学出版社

图书在版编目（CIP）数据

新时期党内批评和自我批评作风研究／关海宽著 . —北京：
中国社会科学出版社，2018. 12

ISBN 978 – 7 – 5203 – 3663 – 5

Ⅰ. ①新… Ⅱ. ①关… Ⅲ. ①中国共产党—党的作风—
党的建设—研究 Ⅳ. ①D261. 3

中国版本图书馆 CIP 数据核字（2018）第 281518 号

出 版 人	赵剑英
责任编辑	赵　丽
责任校对	王　龙
责任印制	王　超

出　　版	中国社会科学出版社
社　　址	北京鼓楼西大街甲 158 号
邮　　编	100720
网　　址	http://www. csspw. cn
发 行 部	010 – 84083685
门 市 部	010 – 84029450
经　　销	新华书店及其他书店

印　　刷	北京明恒达印务有限公司
装　　订	廊坊市广阳区广增装订厂
版　　次	2018 年 12 月第 1 版
印　　次	2018 年 12 月第 1 次印刷

开　　本	710 × 1000　1/16
印　　张	18. 5
插　　页	2
字　　数	285 千字
定　　价	78. 00 元

目　　录

导　　论

中国共产党作为中国特色社会主义事业的领导核心，要成功应对和经受住改革开放的不断扩展与深化带来的前所未有的各种风险与挑战，真正承担起全面建成小康社会、建设社会主义现代化强国及实现中华民族伟大复兴的领导重任，始终保持自身的高度团结和统一与先进性和纯洁性是首要前提。而在党内开展严肃认真的批评和自我批评，"正是抵抗各种政治灰尘和政治微生物侵蚀我们同志的思想和我们党的肌体的唯一有效的方法"[①]。党内批评和自我批评作风是推动党的建设新的伟大工程的重要武器，"共产党员只有掌握批评和自我批评这个武器才可以不断前进"[②]。

勇于和善于开展批评和自我批评是中国共产党具备和拥有强大力量的体现。不要害怕批评和自我批评，那是软弱的、脱离群众的、对自己信心不足的政党组织及其成员的选择。先进的、立党为公的政党及其成员是有底气、有信心、有决心正确开展批评和自我批评活动的。中国共产党正是这样的党，坚持党内批评和自我批评是其区别于其他政党的显著标志之一。通过党内批评和自我批评能够使党及时地发现、揭露并消灭缺点和错误，冷静思考和估计工作中的成绩并看到存在的差距和不足，免于骄傲的危险，实现行动一致，这有利于党提出符合人民群众意志和利益的正确的路线、方针和政策并有效贯彻执行，从而增强党在社会中的威望和领导力。批评和自我批评是党生存和发展的内在要求和必然选

---

① 《毛泽东选集》第 3 卷，人民出版社 1991 年版，第 1096 页。
② 《陈云文选》第 1 卷，人民出版社 1995 年版，第 182 页。

择，从一定意义上讲，它不仅是一种自我教育和完善的原则或方法，更是需要一直严格遵循的基本规律。作为党的优良传统作风，党内批评和自我批评决不能被看作暂时的、瞬间即逝的或招之即来、挥之即去的甚至是应付门面、流于形式的东西，而是要求各级党组织和全体党员必须自觉地、真正地传承和发扬之，并通过建立健全长效机制来保障其得以全面深入的付诸实施、一以贯之、常做常新。

一 问题取向与研究价值

党①内批评和自我批评是加强和改进党的建设历史进程中历久而弥新的课题，一部党史就是一部批评和自我批评史。90 多年的党的建设实践向我们表明，什么时候党内批评和自我批评开展的充分深入、运用得当，党内就风清气正，党就会团结统一、有活力、求进步；什么时候轻视、丢掉或是歪曲了批评和自我批评，党内就昏暗沉闷，党就会软弱涣散、无生机、遭挫折。因此，无论何时，党都必须科学、充分而认真地运用批评和自我批评这一利器。

（一）问题取向

现实中在党内开展批评和自我批评活动并非想象的那么简单易行、畅通无阻。表现是多方面的，例如：要么由于对批评和自我批评之于党的生存与发展的意义认识不清，忽视和抛弃了这一优良作风；要么反对开展批评和自我批评，"党的队伍里有一些人不喜欢批评，尤其不喜欢自我批评。……他们逃避自我批评，经常发牢骚说：又是这该死的自我批评，又是揭发我们的缺点——能不能让我们安静地过日子呢"②；要么批评和自我批评开展的有形无实甚至脱离本质，批评和自我批评这个利器或是变成了钝器，或是变成了随意伤人的工具；要么就是由于没有真懂或对批评和自我批评理解不全，以至于不能做到真信和真用；等等。党内批评和自我批评既是一个实践问题，又是一个深刻的理论问题。本书就是要在深刻揭示党内批评和自我批评重大意义的基础上，围绕进一步

---

① 除非特殊说明，本书中的"党"一般特指中国共产党。

② 《斯大林选集》下卷，人民出版社 1979 年版，第 7 页。

回答"什么是党内批评和自我批评，如何正确开展党内批评和自我批评？"这一基本问题，重点对实现和保障党内批评和自我批评科学化和制度化的思维进路进行系统探讨，此为本书的基本取向。新的时代境遇下，本书选取缘起于四个方面的分析与考虑：

1. 形势把握与正确判断：世情国情党情呼唤必须高度重视党内批评和自我批评

"世情、国情、党情继续发生深刻变化，我们面临的发展机遇和风险挑战前所未有。"① 这是党的十八大对身置的国际国内形势和境遇做出的科学分析和正确判断，也是我们党做出一系列重大战略和决策的客观依据。从世情上看，和平与发展仍是时代主题，国际格局充满多重变数。一方面，世界多极化、全球化深入发展，各国之间相互依赖程度空前加深，发展成为人们的共同追求，和平的力量成为主体，国际形势总体稳定。另一方面，国际格局深度调整，各方力量分化与组合、冲突与合作转换频繁而复杂，世界存在很多不确定不稳定因素。表现在：国际金融危机以来全球经济增长乏力或下行，在全球化本身的固有弊端尚未有效解决的同时，抑制全球化利处的各种形式的保护主义却有强力抬头之势，致使世界经济复苏更加缓慢而复杂；霸权主义、强权政治和新干涉主义有所蔓延，局部动荡时常爆发；非传统安全威胁增大，并与传统安全威胁交织，国际性应对机制和效能不足；思想文化领域意识形态和价值观冲突不断；等等。

从国情来看，改革开放以来，我国取得的成就举世瞩目，国际地位显著提升，社会环境和人民生活不断改善。然而，我国仍处于并将长期处于社会主义初级阶段的基本国情没有变，是世界最大发展中国家的国际地位没有变，经济社会发展中还存在很多缺点和不足，离人民群众的期望还有相当距离。特别是随着全面深化改革的进一步推进，许多深层次的矛盾和问题暴露凸显，亟待破解。这些矛盾和问题出现在多个领域，但最终会集中体现到社会关系领域。如果得不到及时有效解决，一旦有"导火索"，就极有可能形成群体性突发事件，对党和国家的形象造成极

---

① 《十八大以来重要文献选编》（上），中央文献出版社 2014 年版，第 1—2 页。

坏的社会影响。此外，面对中国力量及国际影响力的强势提升，西方发达国家的警惕之心猛增，对中国采取了各种防范战略和具体打压措施，处心积虑地在国际社会中散播"中国威胁论"，想方设法激化中国与周边国家的领土争端，以达到挤压和遏制中国的发展空间和速度之企图，使得中国发展的外部环境总是易变难定。

从党情看，建党90多年特别是新中国成立60多年来，中国共产党发生了深刻变化，这些变化都与党所处的历史方位的转换密切相关。一方面，党已经完成了从革命党到执政党的转变。作为一个长期执政的党，其队伍越来越庞大。目前中国共产党党员总数达到8900多万，基层组织450多万个，队伍所涵盖的性别、民族、学历、年龄、职业等呈现出广泛性和复合型特征。庞大的队伍当然有利于巩固党的执政地位，但如何整合出身、社会地位和具体立场、利益等有差异的党员个体及各级党组织真正做到行动一致是个巨大挑战。另一方面，在领导中国人民全面推进中国特色社会主义事业伟大进程中，党面临着"四大考验"，存在着"四大危险"。能否有效应对和经受住考验、避免和消除已有或潜存危险，关系着党的执政地位和执政基础的巩固，需引起全党的高度警觉。

办好中国的事情，关键在党。中国共产党领导中国人民所做的是前人未竟的事业，面对严峻复杂的世情国情党情，虽然有机遇和优势，但也充满着更多风险、挑战，任重而道远。打铁必须自身硬，因此，必须全面推进党的建设新的伟大工程。政党同其他任何事物一样，在形成和发展的过程中必然产生许多矛盾和问题，解决这些矛盾和问题是政党前进和发展的根本动力，共产党当然也不例外。[①] 一方面，党员源于广大民众，党组织不可能孤立于整个社会环境之外，所以基于复杂的国内外局势而发生的许多社会性的具体分歧和矛盾必然会在党内反映出来；另一方面，由于经验缺乏，党在领导改革开放和中国特色社会主义伟大事业进程中，难免会有这样或那样的错误和缺点。这都是正常的，不能将其作为判断政党是否先进的标准。存在分歧、矛盾和错误、缺点并不可怕，怕的是自欺欺人式的熟视无睹、放任不管，不能及时有效地处理和解决

---

① 赵云献：《毛泽东建党学说论》（下），人民出版社2003年版，第1229页。

这些问题，就会祸及党的领导、损害党和人民的事业。先进的政党是勇于和敢于发现、正视自己的问题并迅速解决问题的政党，那么，以什么样的方法来处理和解决这些分歧、矛盾和错误、缺点呢？经过多年的实践和探索，我们找到了一条行之有效的方法——严肃认真的党内批评和自我批评，它是"唯一的方法。除此以外，没有别的方法"①。通过开展党内批评和自我批评活动，我们就能够实现党在思想和行动上的统一，维护和增强党的团结；我们就能够"公开承认错误，揭露犯错误的原因，分析产生错误的环境，仔细讨论改正错误的方法"②，形成科学的思想并采取正确的行动，保持党的先进性和纯洁性。从而提升党的执政能力和领导水平，增强拒腐防变和抵御风险的能力。

总之，批评和自我批评是党的生命要素，没有批评和自我批评党的生命就会终止，本书的研究立足于对时代形势的基本分析和判断来展开，具有较强的现实意义。

2. 实践要求与整体推进：党内集中教育实践是系统深刻的批评和自我批评活动的开展

"发展中国特色社会主义是一项长期的艰巨的历史任务，必须准备进行具有许多新的历史特点的伟大斗争。"③ 这是党的十八大政治报告对全党同志的郑重提醒，党的十九大则再次强调了这一科学认识。此论断不仅彰显了我们党理想信念之坚定、攻坚克难之顽强，更是告诫我们党进一步加强和改进党的建设之必要性和迫切性，以迎接各种风险与挑战。为了党的团结统一，不断增强党的先进性和纯洁性，党的十八大以来，以习近平同志为核心的党中央非常重视创新发展马克思主义党建学说，坚持党要管党、全面从严治党的一贯要求和根本方针，持续推进党内思想政治教育工作和作风建设。从 2013 年 6 月到 2014 年 10 月，在县处级以上领导机关、领导班子和领导干部中开展了以为民务实清廉为主要内容的群众路线教育实践活动（后一阶段更为贴近基层）；2015 年在县处级

---

① 《毛泽东文集》第 8 卷，人民出版社 1999 年版，第 293 页。
② 《列宁选集》第 4 卷，人民出版社 2012 年版，第 167 页。
③ 《十八大以来重要文献选编》（上），中央文献出版社 2014 年版，第 82 页。

领导干部中开展"三严三实"专题教育，以巩固和拓展群众路线教育实践活动的成果；2016 年党的集中学习教育实践扩大到全体党员，开展"学党章党规，学系列讲话，做合格党员"的学习教育，推动党要管党、全面从严治党通达基层，是实现党内教育从"关键少数"向广大党员拓展、从集中性教育向经常性教育延伸的重要部署。2017 年党的十九大胜利闭幕后，党中央及时做出了认真学习宣传贯彻党的十九大精神的决定。一次次无缝衔接式的、整体上不断扩展和深化的学习教育实践活动表明了我们党面对新形势新境遇，党内思想政治教育工作不敢有丝毫放松、片刻大意和强烈的紧迫感及高度的责任心。

纵观这几年的党内集中教育实践活动就会发现，批评和自我批评作为党的优良传统作风，处于极其重要的位置，贯穿活动的始终。事实上，回顾以往党的历次集中教育实践活动，也是如此，即实践活动本身就是系统开展批评和自我批评。"自我批评对于任何一个富有活力、朝气蓬勃的政党来说都是绝对必要的。再庸俗不过的是沾沾自喜的乐观主义。"① "我们分析昨天的错误，这样就可以学会避免今天和明天再犯错误。"② 只有通过开展严肃认真的批评和自我批评，才能对党性状况做出深层分析，查摆出党组织和党员个体存在的问题、不足和薄弱环节，并提出和落实整改措施，从而实现集中教育活动的目标要求。

然而，现在的问题是，作为应该严格执行的党内政治生活制度，由于一些党员特别是领导干部认识上的错误和不足，批评和自我批评却很难真正开展起来，或流于形式、短暂易逝不能做到日常化、生活化。这需要引起全体党员同志的关注和反思，及时纠正。作为党内的理论研究者，当然更应该对批评和自我批评这一武器在实际运用过程中存在的问题进行深刻的分析和思考，探讨问题解决之道，力图为提升党内集中教育活动的实效性和推进党的建设新的伟大工程提供参考性建议。本课题的研究针对当下党内教育实践活动，又注重知来藏往，具有很强的时效性并意蕴着深切的历史性和长远性特征。

---

① 《列宁全集》第 10 卷，人民出版社 2017 年版，第 334 页。
② 《列宁全集》第 32 卷，人民出版社 2017 年版，第 251 页。

3. 理论创新与规范认知：创新和规范党内批评和自我批评理论体系的研究和建构

党内批评和自我批评作为党始终坚持和弘扬的优良传统作风，是我们党与其他政党相区别的最显著标志之一。当前党内存在很多未正常开展批评和自我批评或开展的不好的现象，原因是多方面的，但在主观上首要的原因是对党内批评和自我批评的认识不清、不全或偏差。正确的行动必须以先进的理念为先导，因此，为了培育党内批评和自我批评的作风，必须加强党内教育，促进全党同志形成关于严肃认真开展党内批评和自我批评的规范认知。而全面实施党内教育的前提是有成熟统一的、与时俱进的科学理论体系，这正是本书的理论旨趣所在。

客观世界的变化必然会影响到人的主观世界，如果党内处于主流地位的话语体系未能跟得上客观形势的变迁，那么党内思想认识的多元性问题就会变得突出，难以统一思想、达成共识，也就无法实现行动一致。在党的历史上，每一代中国共产党人特别是党的主要领导人基于时代形势、社会环境和条件变化都会对党内批评和自我批评问题进行深入研究，提出了许多重要的思想和观点。不同历史时期党之所以反复谈及这一话题，其出发点并不意味着先前的认识错了，后来的要对先前的进行清除或纠正，而是党所处的历史方位、执政环境、党员干部情况及组织结构等客观因素的变迁，使得不同时期探讨这一话题有着新的特殊意义。也就是说，新时期仍需要对"什么是党内批评和自我批评，如何正确进行党内批评和自我批评？"这一问题做出时代性的回答。加强和追求创新发展，不断丰富和完善关于党内批评和自我批评的理论体系，是党的建设历史逻辑的必然结果，关系着党的建设新的伟大工程能否全面地向纵深推进。

理论创新并不是轻而易举的，而是一项严肃的、艰苦的工作，有赖于理论研究者的智慧和勤奋。做好党内批评和自我批评的理论创新有六个基本要点：对以往思想理论成果的全面系统掌握是理论创新的基础性前提；新概念新范畴的提出是理论创新的逻辑起点；揭示事物的本质和规律是理论创新的根本原则；内容体系的丰富和完善是理论创新的应有之义；能够解决重要理论和现实问题是理论创新的价值归宿；启迪未来理论前景是理论创新的历史使命。当然，对这些基本要点的理解基于不同的立场或逻辑可能会得出不同的认识，因此需要坚持马克思主义世界观和方法论的指导原则。例如，对新概念新范畴的理解，不能以概念或范畴的语言表达形式，即词或词组，是否为新提出来或有微小变化及简单的术语转换作为判断理论创新的根本标准，虽然这是一种形式上的创新，但概念或范畴内涵的拓展和深化所体现出来的"新"才是真正意义上的理论创新。

总之，新时期必须深入推进围绕"批评和自我批评"这一主题的理论创新和发展，这是有效实施党内思想政治教育，统一思想认识，严肃认真开展批评和自我批评活动的逻辑前提，本书的写作体现了党内恒久的理论追求。

4. 制度之重与科学建构：以制度建构来保障党内批评和自我批评健康、有效地展开

"制度好可以使坏人无法任意横行，制度不好可以使好人无法充分做好事，甚至会走向反面。"① 事实上，党的建设中存在的问题几乎都与制度不健全有关，要充分认识到制度的重要性。新时期，在宏观的党内批评和自我批评话语体系中，基于制度本身的功能，制度层面的建设浮现并突显出来成为具有决定性意义的话题受到学界的高度关注。这既是党建科学化背景下推动党内批评和自我批评科学化的内容要求，也是当前党内民主现实境况对加强党内批评和自我批评制度体系科学建构的形势倒逼。加强制度的科学建构是确保党内批评和自我批评健康、有效开展的根本举措，那么"如何进行制度的科学建构？"成为本书研究的理论指向，而且是本书研究要重点探讨的内容。

制度就其作用范围来讲，有广义和狭义之分。党内批评和自我批评制度属狭义范畴，是中国共产党就党内开展批评和自我批评而制定的要求各级党组织和全体党员共同遵守的办事规程和行动准则。作为约束和规范行为的规则，制度是行动的基础，离开了这个基础，行动将充满不可预见性或不确定性。作风问题具有反复性和顽固性，不可能一蹴而就，

---

① 《邓小平文选》第 2 卷，人民出版社 1994 年版，第 333 页。

要锲而不舍、驰而不息地抓下去。只有通过建立健全制度体制，才能有效管束各级党组织和党员个体的行为，采取切实可行的方式方法，实现预期目标，使党内批评和自我批评作风常态化，防止被抛弃、抑制或错用、乱用，真正发挥其功效。

当前有关党内批评和自我批评的原则性或具体性规范散见于党在各个历史时期制定的各类制度性和政治性文件及经过长期实践检验形成的约定俗成、行之有效并要求全党长期坚持、自觉遵循的一些传统做法和工作惯例中，为党内批评和自我批评制度在当代的科学建构提供了丰富的理论和实践资源。党内批评和自我批评制度的建构是一项复杂的系统性工程，其内容的制定视域应具有整体性、严密性，覆盖活动本身良性开展要经历的所有环节或阶段。就制度具体内容的逻辑而言，则应全面而详细地指出能做或不能做、必须这样做或不必须这样做、可以做或不可以做的事，实现对组织和个体思想与行动的真正全方位引控。制度内容的阐述文体则应力求简洁平易、通俗易懂、谨严规范。制度必须从纸面上、文字或语言式的条文规定中升腾出来得以实施和遵守才能真正成为制度。有效的执行是关键，应努力建立健全确保制度执行的具体机制，主要是教育和监督机制，这本身也是制度范畴，体现制度本身的自我保障功能。此外，从系统论的角度看，制度应在其封闭性和开放性之间找到适度平衡，一方面在制度生存的时空中，其应当有利于组织和组织内部个体适应时代增强理论水平和提升行为能力，为组织的存续和发展提供强大的凝聚力；另一方面制度系统要保持开放性，避免低水平自我复制，从外部吸收和引入能促进制度发展的动力。

需要注意的是，面对已有党内批评和自我批评制度存在状况的分散性、形态的多样性、效力的多层次性等特征，要求本书研究过程中，必须要进行系统的整理和总结，思考和探讨制度整合、形态变更与效力提升等问题，能够从现有的制度规定中挖掘出新时期推进制度建构应持久坚持的一般性原则或精神和较为详细、与时代相适应的具体要求。

总之，全面从严治党是我们党加强党的建设的重要举措，而加快其法治化进程是关键。党内批评和自我批评制度建设作为全面从严治党法治之路的重要环节，应引起学界更多的关注和思考。

（二）研究价值

问题取向是研究的出发点和动机，而研究价值则更多体现在问题一定程度的解决对当下和今后理论创新与实践开展的推进作用，具体表现为研究所取得的成果。本书作为党的建设领域中一个重大问题，其深含的研究价值对整个研究思维路径的推进和创新有明确的导向作用。

1. 理论价值

研究的理论价值在这里是指通过本课题的研究希望能在理论创新上有所突破，并成为理论进一步发展的新基础、新起点。本书的理论价值主要表现在三个方面：

首先，深化新时期党内对批评和自我批评作风重要性的认识。我们党一直以来就强调党内批评和自我批评作风对于党生存和发展的重要性，但在不同的历史时期对"重要性"强调的缘由和依据具有差异性。建立在深入分析差异性基础上的、体现时代具体特征的关于"重要性"的思想认识，与一般的、抽象的思想认识相比有着更强的教育说服力。课题将从哲学层面深刻理解党内批评和自我批评作风之重要性，探究其理论根基；研究不同历史时期党对批评和自我批评之重要性的认识，把握其历史基础；立足于新时期新情况新问题及其未来可能趋势分析党内批评和自我批评的重要性，思想理论做到贴近现实、贴近生活，有利于党内产生共振效应，强化新时期关于"重要性"之共识。

其次，对党内批评和自我批评的内涵界定和理论梳理与澄清，追求创新发展。"对于批评和自我批评，不同的人会有不一样的解读，从而得出大相径庭的结论，在现实的工作和生活中，可能采取截然相反的态度和行动。"[1] 批评和自我批评作为党内政治生活的一个基本准则，是党性之体现，但在实际生活中我们发现许多党员对这一基本准则的理解停留于表面、过于简单或似是而非、含混不清，导致这一党建利器在运用过程中出现很多偏差，损害组织、党员个体的情况时有发生。为了统一认识进而行动一致，新时期要对党内批评和自我批评的内涵从理论上做出更加确切的界定和阐明。

————————

[1]　王承就：《古巴共产党建设研究》，人民出版社2011年版，第187页。

　　基本概念或范畴内涵的确定是整个理论研究的逻辑前提，而越是表面看起来简单易懂的概念或范畴越是在做出理论思考和规定时不能等闲视之。在国际共产主义运动史上，国内外共产党人和马克思主义者特别是在各时期中国共产党的主要领导人，包括学术界产生的一些理论成果关于党内批评和自我批评问题有许多论述。本书会系统梳理、深度整合和把握这些观点以真正提炼出党内批评和自我批评的本质内涵。并在此基础上，对党内已经存在和可能存在的误解进行有针对性的理论澄清，对党内新时期批评和自我批评作风培育的问题在理论上做出科学的回答，善于总结经验以进一步丰富、完善和创新发展党内批评和自我批评理论体系。

　　最后，关于党内批评和自我批评制度建设的理论思考和探究。党内批评和自我批评作风培育需要从多方面着手，制度建设的地位和作用在当前尤显突出。没有制度上的科学性和先进性，作风的真正坚持和落实就很难有保证。但如前文所言，构建一套内容协调、程序严密、结构完备、有效管用的制度体系并不是一件容易的事，首先在理论层面必须思路清晰、逻辑谨严。本书将坚持马克思主义的立场、观点和方法对党内批评和自我批评的制度体系及如何科学建构问题进行严格探讨和深入探究，在理论上指明制度建构的思维进路。

　　2. 实践价值

　　研究的实践价值在这里是指研究成果对实践活动能够产生的指导性意义。任何一种理论研究成果，即使是基础性研究，最终指向都必须是实践活动，才能有其真正存在的价值。本书的实践价值主要表现在四个方面：

　　首先，有利于加强和改善党内批评和自我批评活动。毋庸讳言，现实中党内批评和自我批评的开展状况存在诸多乱象有待纠正。对于这些乱象，课题会做针对性分析和探讨，揭示其原因并提出改进思路与对策。这有利于增强党内主体的批评和自我批评意识和能力，促进党内批评和自我批评的规范化、科学化和制度化。

　　其次，有利于党内民主发展，实现和巩固党员个体自由平等的政治人格和地位。党内有充分的民主氛围是开展批评和自我批评的可靠保证，否则批评就容易变成搞形式、走过场。反过来讲，不断提升党内批评和自我批评意识和理性认知，则有利于增强党员的主体自觉性，营造自由平等的党内人文环境。一旦理性的光辉在实践中得以绽放，必定会强力推进党内民主发展。

再次，有利于提升党内关怀水平，推动党要管党、全面从严治党实践。对党内关怀的理解要切忌狭隘，党内关怀包括政治、思想、生活和心理等多个层面，是党要管党、全面从严治党的基本要求。通过党内批评和自我批评一方面可以发现党内关怀实践机制存在的漏洞和不足，及时弥补；另一方面能够使各级党组织和所有党员及时发现自身存在的错误和缺点，迅速纠正，避免堕落和腐败。由此，党内批评和自我批评是实现党内关怀的重要推动力，实质上也是党内关怀的一种具体行动。党要管党、全面从严治党的力量之源是全党同志的共同努力，要求全党从组织到个人必须要充分认真地行动起来，而行动的重要手段或方式就是对批评和自我批评这一利器的有效运用。本书关注党内关怀及党要管党、全面从严治党实践与批评和自我批评的互动关系，有利于指引党内关怀及党要管党、全面从严治党实践走向深入。

最后，有助于推动党内批评和自我批评制度体系科学建构，实现党内批评和自我批评常态化长效化。本书一是要对现有制度体系进行梳理，以求查起来简单快捷，用起来方便准确；二是要对新鲜经验进行总结，尝试建议将好的经验、方法上升到制度层面，提出新的制度体制机制；三是要探讨现有制度可能存在的不足和有待改进的地方，关注制度教育机制和执行力机制建设，积极推动符合时代需求和执政党建设规律的制度创新。这将有力促进党内批评和自我批评制度建设步伐，把这项党的建设的基础工程抓紧抓实抓好。意识到位、制度到位、执行力到位，将促使改进党内批评和自我批评作风常态化长效化。

二 研究现状与简要评析

党的十八大以来，习近平同志多次强调党要管党、全面从严治党，把严肃和净化党内政治生活和政治生态摆在突出的位置来抓好，并重点明确了坚持和弘扬党内批评和自我批评作风对于规范党内政治生活和推进全面从严治党的重要性。关于党内批评和自我批评作风培育的研究，尤其是制度建设方面成为党建研究领域在新时期的重要热点，出现了一些具有时代性特点的理论成果。当然，党内批评和自我批评作为党建领域的一个恒久话题，以往的研究成果是颇多的，应引起关注。

（一）国内研究现状

就收集到的文献资料来讲，党的文献资料关于党内批评和自我批评有很多阐述，这为理论界研究的创新发展指明了正确方向。新中国成立以来，我国理论界的专家、学者对党内批评和自我批评的研究在不同历史时期由于受国内外形势和境遇的影响呈现从"冷热波动明显"走向"基本平稳"的特点。具体来说，在党中央和主要领导人的积极倡导和推动下，党内批评和自我批评理论的研究可分为五个阶段：20 世纪 50 年代的朝气蓬勃；60 年代到 70 年代中期的式微；70 年代末期到 80 年代末期的兴盛；90 年代的炽烈；21 世纪的平稳推进特别是党的十八以来的繁荣，追求理论创新成为常态。在把握研究现状时要注意这一特点。就研究内容讲：

1. 关于党内批评和自我批评重要性的研究。几乎所有的研究成果中都或多或少包含有对党内批评和自我批评重要性的论述，这体现了研究的出发点、目的及功能。在相关成果中，各个时期为了有效地推进党内大兴批评和自我批评之风，宣传普及性质的书和文章都占相当大比例，而此类成果的特点就是对重要性的着力强调。

代表性专著如：麦青的《必须经常地开展批评与自我批评》（1952）一书指出：批评和自我批评是党和国家事业胜利的法宝；是使每个党员工作时不犯错误，把工作办好的有力保障；是保证党内团结的武器，是提高每个党员的政治觉悟、促进党和党员不断进步的推动力。张元、孙宝生的《谈谈批评与自我批评》（1956）一书指出：批评与自我批评能增强党的团结统一；能密切党和群众的联系；是揭发和克服工作中缺点的有效武器；是培养干部的好方法；是实现党在过渡时期总路线的重要保证；曾耿明的《正确地开展批评与自我批评》（1956）一书指出，开展党内批评和自我批评是为了增强党的团结；为了克服党内矛盾和分歧，改正工作中的错误和缺点，密切党群关系；为了克服党员中存在程度不同的资产阶级个人主义思想。苗青、力平的《团结进步的武器，谈批评和自我批评》（1959）一书指出：批评和自我批评是党内正确地认识和对待错误、缺点的需要；是共产党的优良作风；是我国社会前进的动力；是共产主义道德品质的要求。姚桓、刘道福的《拿起批评与自我批评的武器》（1991）一书指出：批评和自我批评是共产党的显著标志；是长期执政的需要；是纠正失误、科学总结历史经验的需要；是加强党的思想建设，抵制资本主义思想腐蚀的需要；是发扬党内民主、实行党内监督的需要；是恢复和发展党和人民血肉联系的需要。还有杨甫的《谈谈批评与自我批评》（1952）、应麟的《批评和自我批评是我们的武器》（1956）、疾风的《更高地举起批评和自我批评的武器》（1958）、叶齐学的《批评和自我批评》（1961 年版，1982 年上海人民出版社修订后再版）、张维平的《怎样正确开展批评与自我批评》（1986）、鲁光的《批评和自我批评再认识》（1988）、江金权的《怎样正确开展批评与自我批评》（2009，2015）和《党内批评的艺术》（1994，2015）等书中也都论述了党内批评和自我批评的重要性问题。

代表性论文如：郭湛的《为什么需要批评和自我批评》（2013）中以哲学思维一般性地谈到批评和自我批评的重要意义，即是人与人相互作用的社会生活的特征和需求、体现了人与人相互砥砺和自我超越、是社会矛盾揭露和解决的方式，并指出能否坚持批评和自我批评是衡量无产阶级政党先进性的重要尺度。马广荣的《运用好批评和自我批评这一有力武器》（2014）中指出：批评和自我批评是加强党性修养的手段，是实现党内团结的关键环节，是保持先进性纯洁性的锐利武器，是密切党群关系的有效方法。周敬东的《"三严三实"离不开批评与自我批评》（2015）、马朝琦的《落实从严治党要坚持深入开展批评与自我批评》则分别以批评和自我批评与"三严三实"教育实践活动、与从严治党的关系来谈批评和自我批评的重要性。吕一平、邱丽敏的《批评与自我批评的思想传承和行动自觉》（2015）中指出：开展批评与自我批评是中国共产党长期以来的优良传统，是中国共产党党员强化党性修养和党性锻炼的必由之路，是中国共产党作为执政党的重大考验。近几年来，从中央到地方以官方报纸、网站为代表的主流媒体发表了大量语言精练、振聋发聩的文章宣传党内批评和自我批评对党的重要意义,很多学术性期刊则利用篇幅较长之优势从理论上对此进行了更为深入详细的论述。加上以往的新中国成立以来的文章或论文,成果数量是非常可观的。

2. 关于党内批评和自我批评内涵的研究。大部分的研究成果是把党内批评和自我批评的内涵作为一个已明晰的结果来对待的,在语言文字表述上采取简单化的处理方式,很少在内容上做深入细致的分析。那么,如何界定党内批评和自我批评的内涵呢? 麦青的《必须经常地开展批评与自我批评》(1952) 一书认为: 简单地说,就是当你知道自己或者别人做了不正确的事情就要把它揭发出来,检讨发生的原因,研究改进的办法。喻崇峰在《准确把握批评与自我批评的内涵价值与作用》(2013) 一文中指出:"批,就是分析;评,就是评判"并强调"批"和"评"的统一,指出不可片面理解。与之相类似,江金权在《党内批评的艺术》(2015) 一书中谈到,在汉语中,"批评"一词有两个含义:一是"评价""评论"的同义词,用以指出优点和缺点;二是专指对缺点和错误提出针对性的意见或建议。这些观点对研究党内批评和自我批评内涵有积极的借鉴意义。刘云山同志在《关于批评和自我批评的几点认识》(2013) 中指出:"什么是批评和自我批评,简而言之,就是党组织、党员个人对党内同志,党员个人对党组织的缺点错误及时指出、深入剖析,在原则问题上进行积极的健康的思想斗争。"本书在研究过程中将此认识列为对党内批评和自我批评内涵界定的基本依据。还有一些研究成果从性质、目的及功能的视角来界定党内批评和自我批评内涵,与本书的理论逻辑相异,在此不再列举赘述。

3. 关于如何正确开展党内批评和自我批评的研究。对此问题进行探讨几乎是理论界所有关于党内批评和自我批评问题研究的重点内容。比较有代表性的如: 钟碧惠的《批评与自我批评的意义和艺术》(1988) 一书从坚持马克思主义态度,摒弃非马克思主义态度;坚持团结的愿望,根除整人的恶习;坚持实事求是,忌主观主义的批评;坚持辩证法,克服形而上学;坚持讲真理,不讲面子;坚持领导带头开展自我批评,创造条件让群众敢讲真话;坚持以理服人,以情动人,讲究批评艺术七个方面比较系统地进行了分析。姚桓、刘道福的《拿起批评与自我批评的武器》（1991）一书从实现科学化的视角详细论述了开展党内批评和自我批评的基本方针，即"惩前毖后"；四个具体方法，即实事求是、以理服人、将心比心、防微杜渐；强调要坚持唯物辩证法的指导。江金权在《党内批评的艺术》（2015）一书中也从三个方面：批评的技巧（包括批评的要求、如何批评领导、如何批评同级及如何批评下级）、接受批评的艺术（包括控制情绪、分析批评、采取行动、抛弃对待批评的错误态度及如何对待不能接受的批评）和自我批评的艺术（包括自我批评要有益、自我解剖的形式、自我亮丑的坚定性及迅速真心改过）谈了自己的观点。雷云在《批评和自我批评是解决党内矛盾的有力武器》（2013）一文中指出，坚持唯物辩证的观点才能正确使用批评和自我批评的武器，并具体谈到三条原则和方法：注意政治，着眼三观；实事求是，还原真相；惩前毖后，治病救人。巩景儒在《要正确运用批评和自我批评》（1986）一文中指出，正确开展批评和自我批评的关键是抓好五个字，即"勇、严、诚、爱、活"。曹志伟在《如何正确开展批评和自我批评》（1985）一文中谈了六个方面：从团结的愿望出发，与人为善；必须实事求是，以事实为依据，允许本人申辩；必须讲真理，不讲面子；必须把严肃性、尖锐性同科学性结合起来；必须有不同的侧重；必须坚持自上而下的步骤。郭庆舜、徐峰在《关于党内民主生活会上批评与自我批评的思考》（2006）中把批评和自我批评的主要方式分为"逐个完成式、逐一发言式和分段发言式"三个类型，并对其效果作了分析。需要指出的是，已有研究成果中大都未对正确开展党内批评和自我批评的方针、原则和方法之不同进行严格意义的区分。

4. 基于不同历史时期对党内批评和自我批评作风的纵向考察。对历史的梳理和考察是将研究推向深入的必需环节。学界对党内批评和自我批评作风的纵向考察有整体上的总结分析，也有针对不同历史阶段的个案研究。如：张荣臣、谢英芬的《向我开炮——开展批评和自我批评的艺术与方法》（2014）以案例分析的形式对"八七会议"、"古田会议"、"遵义会议"、"延安整风"、"七千人大会"及"十一届三中全会"等党的历史上发生的重大事件中关于批评和自我批评的开展进行了探讨。论文成果则表现为对不同阶段党内批评和自我批评作风的个案研究，列举如下：杨顺昌、杨建义的《古田会议对"批评与自我批评"作风形成的历史贡献》（2016）、王伟、李文靖等的《批评与自我批评：遵义会议精神的特色》（2015）、赵晓燕的《正确开展党内批评与自我批评的典范——遵义会议的启迪》（2000）、郝爱红的硕士学位论文《延安整风时期批评与自我批评的开展及其当代启示》（2015）、毛立红的《延安整风中的批评与自我批评》（2013）、潘望喜的《延安整风批评与自我批评的历史启示》（1999）、武星的硕士学位论文《延安时期中国共产党批评和自我批评作风研究》（2014）、仝华的《毛泽东对党的批评和自我批评优良作风的培育——以延安整风前后的情况为例》（2004）、叶文琴的《延安整风运动中的批评与自我批评》（1987）、杨宗虎的《延安时期批评和自我批评实现机制的构建》（2015）、路江通和徐绍全的《试论弘扬延安时期的批评和自我批评精神——加强党自身建设行之有效的思想武器》（1991）、王铁的《发扬延安整风精神认真开展批评和自我批评》（1984）、孙樵的一篇短论《七千人大会的批评与自我批评》（2000）、郑志荣的《论"三讲"教育中的批评和自我批评》（2000）等。这些论文对各时期的党内批评和自我批评活动开展的重要性、历史背景、贡献内容、基本经验及现实启示等进行了分析与研究。

5. 对不同时期党的主要领导人提出的党内批评和自我批评思想的研究。在不同时期党的主要领导人关于党内批评和自我批评提出过很多思想，这些思想对党内实践活动的正确开展具有深刻的指导作用。对学界而言，则构成了对党内批评和自我批评研究的思想基础，指引着研究的政治方向。因此，领导人的重要论述是本书的根本精神指引。而学界对此的研究成果则是推进本书深度研究的重要参照。唐强奎的博士学位论文《执政条件下党内批评与自我批评研究》，专门用一整节的内容对毛泽东、邓小平、江泽民和胡锦涛的批评和自我批评思想进行了探析。① 代表性论文有：关于毛泽东的批评和自我批评思想，王向清、谢红的《毛泽东的批评与自我批评理论及其现实价值》（2015）从逻辑展开、四重根据

---

① 唐强奎：《执政条件下党内批评与自我批评研究》，博士学位论文，苏州大学，2012年，第46—63页。

和双重功能三个方面展开分析。林炳良的《毛泽东批评和自我批评的理论与实践》（1993）着重谈了四点：毛泽东的哲学思想是产生批评和自我批评的理论依据、中国革命建设的实践是培育批评和自我批评理论的土壤、一切从人民的利益出发是开展批评的出发点、正确认识自己是做好自我批评的前提。关于周恩来的批评和自我批评思想，邵广侠的《周恩来思想政治工作中批评与自我批评特色》（2015）通过对周恩来在思想政治工作的具体实践中体现出的批评、自我批评、批评和自我批评相结合的特色进行探讨来反映。蔡普民的《周恩来批评与自我批评思想初探》（1998）谈了四个方面：自我批评是前提、必须要有相互批评、领导干部要率先垂范、要反对流言蜚语与个人攻击和自卑与自负两种倾向。关于刘少奇的批评和自我批评思想，张阳升的《药石——重温刘少奇关于正确开展党内批评与自我批评的思想》（2000）谈到批评和自我批评必须站在正确的党的立场上，方法上要讲究"三个适当"（适当的批评、适当的态度、适当的方式）和"三个一切"（一切要讲道理、一切要讲清楚道理、一切要有道理可讲）。杨增和的《实行批评和自我批评的光辉篇章——读刘少奇〈在扩大的中央工作会议上的报告〉和〈讲话〉》（1986）通过重温刘少奇同志1962年1月的两篇重要文献，提炼出三个基本要求：倾箱倒箧，不掩盖错误；分析错误原因，总结经验教训；勇于坚持真理，修正错误。关于陈云的批评和自我批评思想，柳建辉的《陈云关于正确开展批评与自我批评的思想贡献》（2006）概括了三点：在党内要反对怕斗争的倾向；批评的目的不是为了出气，而是真正帮人家纠正错误；要健全制度，保证批评与自我批评正常进行。方涛的《论陈云关于批评和自我批评的思想》（2015）从地位、意义和方法三个角度进行了探讨。关于邓小平的批评和自我批评思想，代表性的有欧黎明的《论邓小平党内批评与自我批评思想的方法论原则》（1999）论述了五个方法论原则：注意政治性、要透过现象认识本质、坚持具体问题具体分析、做到原则性和灵活性的统一、坚持辩证思维。权伟太的《邓小平同志批评和自我批评思想述论》（1997）归纳了五个方面：批评是武器，永远不能丢；坚持马克思主义立场；坚持惩前毖后、治病救人；坚持实事求是、恰如其分；要有科学的态度；要注意几种正确做法（不能搞政治运动、鼓励自下而上的批评、允许反批评、科学运用唯物辩证法、健全制度保障作用、领导干部带头等）。关于江泽民的批评和自我批评思想，张克荣的《高扬批评与自我批评的武器——学习江泽民同志有关论述的体会》总结出四个要求：要有深厚的马克思主义理论功底、要实事求是、要讲政治、要加强制度建设。关于习近平的批评和自我批评思想，柳礼泉、戴晓慧的《习近平对"批评和自我批评"的深入阐述》（2016）从是解决党内矛盾的有力武器、坚持整风精神和领导干部必须带头三个方面探讨了习近平同志的新认识。方涛的《习近平批评和自我批评思想的新境界》（2015）从四个维度进行了总结：意义的新高度、问题的新视野、具体方法上新思路和理论体系整体新升华。彭清华的《坚持用好批评与自我批评的武器——学习习近平总书记关于批评与自我批评的重要论述》（2014）谈了三点学习体会：是我们党除尘去垢、排毒祛邪的有力武器；要贯彻整风精神，开好领导班子专题民主生活会；用好、砥砺武器，使其越用越灵、越用越有效。对于在不同时期党的主要领导人的思想，学界要善于梳理和总结，洞悉其理论上的继承、创新和发展。

6. 对党内批评和自我批评存在弱化或难以开展的状况及原因分析。研究成果中一般都是从正面论述党内批评和自我批评的重要性的，而事实上基于危机或困难存在的反面状况必须加以消除的事实更能突显其重要性及迫切性。习近平总书记在谈新时期如何消除党内存在的"四风"问题时，就主要是从现实中批评和自我批评这一武器在党内使用的弱化和不足的角度出发来强调其充分运用的刻不容缓的。只有对问题的存在状况及原因看清看透，问题解决起来才能更彻底，党内批评和自我批评作风的培育也才能更高效。姚桓、刘道福的《拿起批评与自我批评的武器》（1991）一书指出党内批评和自我批评被削弱的七种表现：一是在党内搞一团和气，少说为佳，放弃原则，迁就错误；二是在大是大非面前搞折中、和稀泥，对错误倾向和行为不制止、不斗争；三是思想政治工作失去应有的政治性、严肃性，失去应有的思想锋芒，甚至走样变形；四是吹吹拍拍、阿谀奉承，搞无原则的歌功颂德；五是在党内不讲真话，报喜不报忧，甚至掩盖缺点，粉饰太平，使缺点得不到及时纠正，工作遭受不必要的损失；六是犯自由主义，妨碍同志们间的团结；七是在必须开展批评的场合，以所谓"不伤人"为原则，敷衍了事。那么原因何在呢？思想混乱、是非混淆是重要思想根源；党的历史上所犯的党内斗争扩大化错误，破坏了批评和自我批评的声誉，使党内相当一部分同志对开展批评有逆反心理；讲人情、讲关系的思想，束缚了党内批评和自我批评的开展；部分党组织存在组织涣散、治党不严现象。张维平的《怎样正确开展批评与自我批评》（1986）一书探讨了影响批评和自我批评的三种思想障碍：派性是严重障碍、"怕"字当头是思想根源、是非界限不清是认识根源。代表性论文有：汪荣高的《邓小平批评和自我批评思想初探》（1999）依据邓小平同志的认识总结了当时党内批评和自我批评的四种不正常现象并点明了五个方面的原因。[①] 张书林的《党内批评与自我批评的理论思考》（2014）指出目前党内批评和自我批评中存在批评自己蜻蜓点水、批评同事隔靴搔痒、批评领导变相表扬的三种错误倾向。其症结在于：历史上滥用批评和自我批评对党内同志留下的心理阴影；对中国传统批评文化的认知错误和曲解；庸俗关系学在党内作祟；过分看重私利，私心杂念太多。廖金碧的《党内批评和自我批评的现状、症结及对策》（1988）对党内批评和自我批评的现状归纳了六种：好话说得多，缺点提得少，批评被认为是"打棍子、扣帽子、揪辫子"；同情心泛滥，批评者被孤立，被批评者却振振有词、气势旺盛；以和为贵，以躲为高的庸俗现象；以"希望"代替批评，批评流于形式；批评会变成了工作例会，失去其本质功能；批评不及时又"秋后算账"，使人惧怕批评和自我批评。症结在于：自由主义和庸俗关系学影响；"一切向钱看"观念的影响；某些领导干部自身不正的影响；一些党组织涣散软弱，组织

---

① 四种不正常现象：一是事不关己，高高挂起，明知不对，少说为好，不说更佳。二是过分容忍，息事宁人。自我批评谈情况，相互批评谈希望，相当一部分的民主生活会，变成了相互道好的"表扬会"。三是私心太重，怕字当头，畏难手软。怕自我批评丢面子，怕批评上级丢帽子，怕批评下级丢选票，怕批评同级伤和气。四是自由放任，拒绝批评。五个方面的原因：第一，认识上的偏差，使党内批评和自我批评难开展。第二，受市场经济负面效应的干扰，是非标准模糊不清，使批评和自我批评的尺度难把握。第三，患得患失的个人主义作怪，使批评和自我批评难以深入进行。第四，有些领导干部不能带头开展批评和自我批评，使党内批评的问题难解决。第五，党内批评和自我批评的机制不健全，没有对批评者的保护措施和激励机制。汪荣高：《邓小平批评和自我批评思想初探》，《中共福建省委党校学报》1999年第9期。

生活制度不健全。戴思厚的《党内开展批评与自我批评为什么这样难》（1998）比较全面地列举了党内批评和自我批评难以开展的八个主要原因：对党的历史教训的片面、消极认知；队伍成分复杂，许多党员干部缺乏严格的政治生活锻炼；市场经济对党内政治生活的负面影响；制度机制不健全；社会转折或转型过程中，批评和自我批评的尺度不好把握；党内一些不正之风屡禁不止阻碍着批评和自我批评的广度和深度；关于党内批评和自我批评的研究、宣传和教育不够；一些领导干部不能真正以身作则。牟永刚的《影响批评与自我批评的心理原因浅析》则基于心理角度对原因及措施进行了分析，原因主要有：担心被"整"或"秋后算账"的惧怕心理；"随大溜"的从众心理；失望情绪产生的心理上的"消退性抑制"；"多栽花、少栽刺"的庸俗处世哲学下的和善心理；基于私心的防备心理。提出的措施有：区分优良传统作风与"左"倾错误的界限；整体上提升党内批评和自我批评的认识；领导干部必须要率先垂范，督查批评和自我批评的效果；反对右倾的无原则求和求善；开展正规有序的民主生活会。在统观学界关于党内批评和自我批评存在弱化或难以开展的状况及原因的研究成果时，既要看到其普遍性意义，更要注意联系研究者所处的具体时空的特殊性。

7. 关于党内批评和自我批评制度建设的研究。已有研究成果中大多是把制度建设作为搞好党内批评和自我批评的一般性路径或措施来对待的。姚桓、刘道福的《拿起批评与自我批评的武器》（1991）一书从三个方面探讨了对实现批评和自我批评制度化的认识：一是制度建设是批评和自我批评正常开展的重要条件；二是制度建设的基本要求；三是建立健全批评和自我批评的各项制度。其中第三个方面谈到了传统的"三会一课"制度、民主考评干部制度、党员责任区制度、外出党员管理制度、党风监督员制度、政治报告员制度等。代表性论文有：王哲的《批评与自我批评常态化制度化的哲学思考》（2015）首先在哲学层面得出批评和自我批评应该和必须常态化的结论，接着指出常态化以制度化为前提和基础，即制度化规定着常态化的科学内涵和实践理路，只有在制度化的保障下常态化的积极作用才能正常发挥，制度欠缺或一旦被破坏，常态化的批评和自我批评就可能走向异化。仇文利的《列宁批评与自我批评常态化制度化理路探析》（2015）总结了列宁设计的面向不同群体的党内批评和自我批评制度：面向群众以党报书刊为载体或平台的党内思想讨论、辩论机制；面向全体党员的党员干部教育机制；面向部分党员的党的各级会议机制等。牛庭伟的《"一长制"下开展批评与自我批评的困局与破局》（2014）基于"一长制"的弊端探讨的破解路径中指出要优化民主集中制，注重明晰"一把手"权力边界；建立健全党内政治生活绩效评估制度、民主监督制度和信息通报反馈制度；健全党内巡视巡查工作制度。杨忠虎的《延安时期批评和自我批评实现机制的构建》（2015）中总结了延安时期形成的批评和自我批评实现机制：学习反思机制、集中与随机相结合的动态批评机制、党内党外相结合的纳谏机制、会上会下相结合的交流谈话机制、自律机制、保障机制等，这些机制的形成与走向成熟必定推动制度的健全与完善。孔繁顺的《把批评与自我批评制度化》（2005）总结了党建实践中关于批评和自我批评大体形成的五项制度：民主生活会制度、谈心制度、领导干部双重组织生活制度和述职制度、群众评议党员制度。具体到军队中党的建设面临的新情况新问题，提出要加强揭短机制、监察机制、评估机制、保护机制建设。朱文通、把增强的《批评和自我批评的武器要大胆使用、经常使用》（2015），杨军强、张先亮的《全面从严治党：批评与自我批评新探》（2015），薛琳的《破解批评与自我批评现实困境的若干路径》（2014），曹志双的《批评和自我批评为什么难开展》（1996），秦西京的《试论新时期党内批评与自我批评》（1996），廖金碧的《党内批评和自我批评的现状、症结及对策》（1988）也都在其文中对制度建设的重要性及建议进行了强调和论述。

除以上七个方面外，理论界还以其他视角对党内批评和自我批评作风的一些基本问题进行了探讨。如：武星、王跃的《"批评和自我批评作风形成于延安时期"的三维考察》（2015）一文从方法论维度、理论维度、历史维度对"批评和自我批评作风形成于延安时期"这一问题的清晰论证。王晓荣的《中国共产党"批评和自我批评"作风探源》一文（2014）从中国优秀传统文化、国际共产主义运动中批评实践的经验、形成与确立过程及党的主要领导人的思想认识四个方面阐述了党内批评和自我批评作风的产生和发展渊源。赵庆麟、姚镭的《批评和自我批评的哲学思考》（1991）一文对党内批评和自我批评所具有的坚定的辩证唯物主义和历史唯物主义哲学基础进行了探讨。任鹏的《批评与自我批评的道德意义》（1982）一文从伦理学角度剖析了批评和自我批评与道德评价间的关系。还有以讲革命家们践行批评和自我批评的故事的方式来揭示深刻道理的理论成果，如曹宪镛的书《谈谈批评与自我批评》（1984），于清河、房玉珍的书《老一辈革命家批评和自我批评的故事》（1986），顾阳的论文《延安整风时期的批评与自我批评》（2014）等。

（二）国外研究现状

国外学者对中国共产党的党内批评和自我批评作风的专门研究很少，但一些西方学者关于中国共产党延安时期的研究成果中包含有对当时党内批评和自我批评作风的考量。当然，由于作者政治立场及所处文化环境的影响，他们对我们党批评和自我批评作风的阐释体系和解读逻辑很难不带有反动性错误或主观臆测，特别是冷战结束后的相当长时间内，西方学者对中国共产党延安时期的党风研究政治化和情绪化相当严重，其研究的积极性价值也就明显降低。美国学者马克·赛尔登（Mark Selden）作为西方学者中研究中国共产党延安时期的重要代表，其主张从中国的历史实际出发而反对用西方的标准来衡量中国，但在其著作《革命中的中国：延安道路》中由于立场与话语逻辑原因仍难避免一些认识上的缺陷和偏差。同时，也不可否认其研究所得出的许多有价值的思想和看法，这是本课题研究过程中需要关注的。例如，书中通过分析毛泽东本人的言论得出"毛泽东认定真理和理性最后必将胜利，但是，要使理性发挥作用，每个人必须首先根除原来根深蒂固的一些态度、改造自己的世界观，这就需要强烈的刺激"。[1] 这实际上总结了历史上我们党对批评和自我批评必要性的认识。书中指出延安整风"找到了解决个人冲突、矛盾、政策上的争论以及党与政府内部的意见分歧的办法"，[2] 这就是坚

---

[1] ［美］马克·赛尔登：《革命中的中国：延安道路》，魏晓明、冯崇义译，社会科学文献出版社 2002 年版，第 189 页。

[2] 同上书，第 191 页。

持"团结—批评—团结"的批评和自我批评。谈到"尖锐的批评和自我批评旨在打破传统的领导观念，克服外来干部与本地干部之间、工农干部与知识分子干部之间的分歧"①。归纳了批评和自我批评的方法，即学习教育活动、个人检查和小组内部互动等。还探讨了批评和自我批评的功能或产生的力量：帮助个人超越阶级出身的局限性，实现各种阶级出身的人都可以成为革命者的效果；巩固了毛泽东在党内的领导地位和党中央的领导权威；使全党全军在批评和自我批评环境中接受马克思主义思想的洗礼，统一了思想、加强了团结，"一些不协调的因素溶化到团结、高效的组织中去"② 等。

中国共产党是世界工人阶级政党的重要组成部分，因此，除了经典马克思主义者的批评和自我批评的思想理论之外，其他社会主义国家里关于共产党党内批评和自我批评的研究成果与本书的相关性也是肯定的，其中主要是苏联的学者及其成果。卡尔宁（Карнин）的《批评和自我批评——布尔什维克的培养干部的方法》（1949）一文指出培养党的好干部，离不开来自群众和党内同志的批评，同时必须自我批评。列昂诺夫（М. Леонов）著，景选译的《批评与自我批评是苏联社会发展的辩证规律》（1950）一书对批评和自我批评的认识提升到规律的高度，从是党的新的历史规律、是克服困难的主要方法、是文化繁荣的武器及是社会发展的动力四个方面进行了论述。Д. 巴贺什耶夫（Д. Бахшиев）著，葆和甫译的《布尔什维克党的集中制与民主制》（1950）专门用一章的内容探讨了布尔什维克的批评和自我批评，指出党的整个生活与活动，是和布尔什维克的批评与自我批评不可分离的，要充分认识到批评和自我批评对于党有着特别重要的意义，消除和制止一切不利于开展批评和自我批评的思想和行动阻碍。沙乌勉（Л. С. Шаумян）著，刘丕坤译的《布尔什维克的批评与自我批评》（1954）一书中引用了许多列宁和斯大林同志关于批评和自我批评的思想，分析了批评和自我批评的重要性，指出要

---

① ［美］马克·赛尔登：《革命中的中国：延安道路》，魏晓明、冯崇义译，社会科学文献出版社 2002 年版，第 192 页。

② 同上书，第 194 页。

纠正对批评和自我批评的错误认识。普切林（В. Пчелин）著，马迅、张云译的《共产党的批评与自我批评》（1955）一书中关于党内批评和自我批评从五个方面进行了论述：是共产党的武器、在党领导的革命和建设事业中的作用、是每个共产党员不可推卸的责任和义务、与党内民主的关系、加强与群众的联系是开展自下而上批评的保证。沙里可夫（И. Шариков）著，俊庄译的《批评与自我批评是苏维埃社会发展的动力》（1955）一书从社会发展动力的角度探讨了批评和自我批评的客观基础及蕴含的力量与功能。

关于其他社会主义国家如古巴共和国、越南社会主义共和国的共产党党内批评和自我批评的研究成果虽然专著很少，但不乏其他形式的一些研究性论述。如法国学者伊格纳西奥·拉莫内的《卡斯特罗访谈传记：我的一生》（2008）一书中，有很多卡斯特罗关于古巴共产党内批评和自我批评作风的论述与分析。越南共产党前总书记阮文渠的著作《自责》（1939）是越南共产党内关于批评和自我批评认识的经典理论作品。越南学者高文统的《提高党内批评与自我批评质量》（2010）、藩文韶的《运用胡志明主席对批评与自我批评的思想实施关于党建若干问题的措施》（2012）及李黄英的《加强批评与自我批评为基层党组织提高党内生活质量》（2013）等论文对胡志明同志的批评和自我批评思想、批评和自我批评的作用、基本原则、目前现状及原因、措施等都做了符合党内实际情况的研究。

（三）简要评析

国内外相关研究取得的成果虽然探讨视角、思维进路及内容侧重不同，但共同构成了对党内批评和自我批评的整体性认知，无疑为本书的展开奠定了坚实厚重的基础，只有充分吸取现有成果的丰富营养才能使本书的研究向纵深推进，实现理论创新发展。然而，作为一个重大的理论问题，已有相关研究成果存在以下不足：一是基础理论研究相对薄弱，如对党内批评和自我批评的内涵、活动的一般性规律等缺乏严谨透彻的理论探究和阐释。二是就成果形式来看，宣传性成果所占比例较大，包括一些书籍大都是宣传性小册子或读本，这对于加强党内关于正确开展批评和自我批评活动的思想政治教育实效性是非常有力的，但研究的学术性、系统性有待提升。三是对党的历史上关于批评和自我批评作风的实践活动和理论成果的宏观上全面而系统的爬梳整理尚显不够。四是对党内批评和自我批评作风制度建设的理论研究需进一步深化，一方面制度建设工作是一项复杂的系统性工程，当前关于党内批评和自我批评作风的保障性研究主要停留于运行机制层面，基础性制度层面则更多是指出或列举出来哪些制度体制需要建设，但未能从理论上深研如何加强建设；另一方面还没相关理论成果对现有的关于党内批评和自我批评的制度性规范进行广泛整理和逻辑分析。五是纵向来看，以往的研究成果理论继承性强，与时代发展相适应的理论创新的广度和深度略显滞后。由此，本书的选择有一定的研究空间，希望通过本书的研究能够对以上不足有一定程度的弥补和突破。

完美无缺的理论成果是没有的，但研究过程必须要追求完美，这是本书研究的基本态度。本书研究将立足世情、国情和党情变化，注重对党的文献资料和研究成果的综合归纳、合理取舍，坚持马克思主义立场、观点和方法，推动理论创新发展，并深度关切理论对实践指导性作用的实现问题。

三　研究进路与研究方法

（一）研究进路

本书研究立足于新时期党内批评和自我批评作风所面对的世情、国情和党情变化的客观现实，以基本理论问题研究为逻辑起点，注重对党内批评和自我批评作风的历史回顾和经验总结，并对当前存在的问题及成因进行深度剖析，深入探讨新时期党内批评和自我批评作风的培育路径，进而通过对实践需求的分析指出制度建设在新时期党内批评和自我批评作风培育过程中的突出性地位和作用。作风培育路径和制度建设的研究是本书的最终指向，本书对此会进行深入思考和探索。

（二）研究方法

1. 文献研究法。这里的文献所指包括马克思主义经典理论、中国共产党的历史文献中关于批评和自我批评作风的思想和历史逻辑、理论界学者们的相关研究成果。在文献资料收集、归类整理及分析提取过程中要注意鉴别，吸收营养成分助推课题研究。文献研究法是本书的基本研究方法。

2. 阶级分析法。中国共产党的阶级属性决定了其应该而且能够坚持和弘扬批评和自我批评的作风。本书研究离不开阶级分析法的运用，当然，要避免和克服简单化倾向。

3. 历史与比较相结合分析法。本书涉及对不同历史时期的党内批评和自我批评实践及思想理论变化轨迹的考察，要善于从纵向比较中发现党内批评和自我批评在理论和实践上的创新与发展，并通过整体性解析探寻其中本质的、必然的、经常出现的联系，得出一些规律性的认识。

4. 坚持唯物主义辩证法的运用。唯物辩证法的内容是非常丰富的，坚持唯物辩证法在整体上对本书的指导性作用，正是我们一直所提倡的研究过程要坚持马克思主义的立场、观点和方法。

5. 制度分析方法。有效治理的实现需要制度来保障，这已经成为当前的共识，是一种现代性思维。本书针对党内批评和自我批评作风的治理，主张教育说服与制度管控相结合，其中制度管控在当前处于关键地位。本书对党内批评和自我批评作风制度建设的思考是基于有害性状况存在或可能存在而展开的，同时力主将已成熟或相对成熟的习惯或机制上升到制度的地位以确保其效力的常态化和持久性，而且还分析制度的现有状况及发展方向等。制度分析方法在本书的运用是必然选择。

此外，本书的研究方法会体现出多学科的综合性特点，如社会学、教育学、新闻传播学及心理学等学科的一些概念范畴、理论及研究方法的运用。

四　内容安排与创新之处

本书内容安排包括导论、第一章至第四章和结语共六个部分。

导论部分主要是就本书的问题取向与研究价值、研究现状与简要评析、研究进路与研究方法和内容安排与创新之处等做出总体性阐明，对整个研究过程起着引领作用。

第一章是新时期党内批评和自我批评若干基本理论问题。首先，指出新时期加强党内批评和自我批评是必然选择。基于新形势新特点就党内批评和自我批评的内涵、本质、基本方针、哲学意蕴和新时期党内批评和自我批评的作风培育的重要性进行了分析。接着，探讨了新时期党内批评和自我批评作风的成长土壤。本章内容是本书研究全面展开的逻辑前提和基础。

第二章是党内批评和自我批评的历史考量。本章有三节内容，分别从新民主主义革命时期、社会主义改造和建设时期、改革开放以来三个阶段对党内批评和自我批评作风的历史进行了回顾，对其中的经验和教训作了深入探讨和总结。这对于新时期加强党内批评和自我批评作风培育和制度建设具有重要的启示作用。

第三章是新时期党内批评和自我批评存在的问题与作风培育路径。本章首先对党的十八大以来党内批评和自我批评作风的理论和实践状况进行了总结和分析；其次列举了新时期党内批评和自我批评活动中存在的主要问题，并对问题的成因作了深入的探讨；最后主要从四个方面研究和指出了新时期党内批评和自我批评作风培育应采取的正确路径。

第四章是新时期党内批评和自我批评制度现状和推进理路。本章有两节内容，第一节内容对现有党内法规制度中存在的关于批评和自我批评的具体规范进行了梳理，并作了总体上的理论探讨，指出其对新时期党内批评和自我批评制度建设的启示。第二节内容就新时期党内批评和自我批评制度建设的必要性和基本推进理路进行深入探讨，提出了一些建议。

结语部分以总结性的语言强调了党内批评和自我批评作风培育和制度建设永远在路上；倡导任何党内主体都要深具责任意识、敢于担当，助力党的作风建设及整个党的建设事业；坚信我们党必将在继承和创新党内批评和自我批评作风进程中更加强大。

本书创新之处：内容上，一是对新时期党内批评和自我批评内涵的明晰界定；二是在历史考察和观照现实的基础上，强调新时期党内批评和自我批评作风的培育路径及制度建设；三是对已有的党内批评和自我批评的制度性规范的全面梳理；四是对原有认识的进一步深化，如重视关于当前党内批评和自我批评弱化状况的心理层面的原因分析。研究方法上，科学应用制度分析方法。研究范式上，党内批评和自我批评虽然是一个重大实践问题，但本书更侧重将其作为一个重大而深刻的基础性理论问题来研究。这有助于改进理论界关于党内批评和自我批评的研究过程中存在的"重具体实践而轻基础理论"的做法，当然，强固基础理论的厚度也是为了更好地规范和指导实践活动。

第 一 章

新时期党内批评和自我批评
若干基本理论问题

我们有批评和自我批评这个马克思列宁主义的武器。我们能够去掉不良作风，保持优良作风。①

——毛泽东

马克思主义政党产生以后，批评和自我批评产生了新的寓意，成为无产阶级政党党性的重要内容。随着科学社会主义理论与实践的发展，共产党对批评和自我批评的认识不断推向全新的境界。中国共产党作为马克思主义政党，明确指出有无认真的批评和自我批评是"我们和其他政党互相区别的显著的标志之一"②。理论源于实践，反过来又指导实践。新时期要坚持与时俱进，推进理论之树常长常新，才能有效地指导党内批评和自我批评正确而充分的开展。对党内批评和自我批评若干基本问题的探究是理论深化的逻辑起点和基石。

第一节 新时期加强党内批评和
自我批评是必然选择

恩格斯指出："工人运动的基础是最尖锐地批评现存社会。批评是工

① 《毛泽东选集》第4卷，人民出版社1991年版，第1439页。
② 《毛泽东选集》第3卷，人民出版社1991年版，第1096页。

人运动生命的要素，工人运动本身怎么能避免批评，禁止争论呢？难道我们要求别人给自己言论自由，仅仅是为了在我们自己的队伍中又消灭言论自由吗？"① 我们党在马克思主义指导下，在长期的批评实践中形成和发展起来的党内批评和自我批评这一优良作风，是党的生命，任何时候都不能随意抛弃和丝毫放松。

一　党内批评和自我批评的内涵、本质与基本方针

在党内，批评和自我批评是一个不应该也不能回避的话题，而这个话题是既简单又复杂的。之所以显得简单，因党内人人都会有自己的认识，并付诸行动；之所以显得复杂，因个体认识总是有差异甚至对立，行动上有时也就难以统一。什么是党内批评和自我批评？这不是一个只需稍微谈谈或随便谈谈的问题，而是要以审慎的态度进行严格的学理追问。

（一）党内批评和自我批评的内涵

党内批评和自我批评的核心范畴是"批评"，根据《辞海》的解释，"批评"在这里是指"对缺点和错误提出意见"②。由此，党内批评和自我批评的内涵可高度概括为：中国共产党党内发生的揭示缺点和错误，并提出或接受建议的一种他律与自律相结合的实践活动。把握此内涵，必须注意以下几点：

1. 主体及活动域。"批评是批评别人，自我批评是批评自己。批评和自我批评是一个整体，缺一不可。"③ 这里的"别人"和"自己"就是批评和自我批评的主体，指的是各级党组织和党员个体。批评和自我批评的不可分割性体现出批评的两面性、双重性和主体间的交互关系，即，党内批评和自我批评是在主体上表现为对应的双方共同努力下开展的，包括同级或不同级党组织之间、党组织与党员个体之间、不同党员个体之间。此外，广义的批评主体延伸到来自党外的民主党派、民主人士和

① 《马克思恩格斯选集》第 4 卷，人民出版社 2012 年版，第 595 页。
② 夏征农、陈至立：《辞海》第 3 卷，上海辞书出版社 2009 年版，第 1723 页。
③ 《毛泽东文集》第 2 卷，人民出版社 1993 年版，第 418 页。

人民群众，原因在于被批评主体和自我批评主体是各级党组织和党员个体，所以某种意义上其属于党内批评和自我批评的主体范围，也可称为"派生性主体"。毛泽东在 20 世纪 40 年代就谈道："我们要加强党内教育来清除这些毛病，我们还要经过和党外人士实行民主合作来清除这些毛病，这样的内外夹攻，才能把我们的毛病治好，才能把国事真正办好起来。"① 一般来说，此种情况下的批评和自我批评主要是单向、间接发生的，深刻体现了我们党的人民性本质。

2. 发生的时空域。首先，党内批评和自我批评开展时间采取定期与随时、集中与日常相结合的方式。也就是说，各级党组织按照党规党纪必须在一定的时间段内通过召开党的组织生活会和民主生活会开展认真的批评和自我批评活动，同时要力求做到批评和自我批评的生活化、日常化，鼓励党内主体利用其他一切机会和条件在党内正面诚恳地进行批评和自我批评，如有必要则可适时召开本级党组织会议。其次，党内批评和自我批评顾名思义必须是在"党内"开展。从载体上看，党的组织生活会和民主生活会是批评和自我批评在"党内"发生的基本形式。新中国成立以后，我们党提出批评和自我批评的作风可以推向党外，即在民主党派、社会团体及人民群众中兴起和弘扬，这样做的基本初衷一方面是党希望能经常听到来自党外的对党和政府工作的意见和建议；另一方面则是领导和推进党外力量的不断提高和进步以更好地为社会主义事业发展贡献力量。但切不可因此得出开展批评和自我批评再无"党内"与"党外"之分的结论。毛泽东同志很早就指出："许多党员不在党内批评而在党外去批评。这是因为一般党员还不懂得党的组织（会议等）的重要，以为批评在组织内或在组织外没有什么分别。纠正的方法，就是要教育党员懂得党的组织的重要性，对党委或同志有所批评应当在党的会议上提出。"② 而一切来自党外的对党的批评，我们党会通过各种途径和渠道反映到党组织内部，即批评意见由党外反映到党内。当前，基于数字技术和互联网技术的新媒体的发展，我们党正积极开拓批评和自我

---

① 《毛泽东选集》第 3 卷，人民出版社 1991 年版，第 810 页。
② 《毛泽东选集》第 1 卷，人民出版社 1991 年版，第 90 页。

批评在"党内"发生的新空间，如利用 QQ、微博、微信等建立的一些党组织内部信息互通或交流平台，这是新时期对"党内"认识的新发展。从主体属性视角看，只要是在规定的主体范围内进行的符合组织要求的批评和自我批评活动也是在"党内"的一种表现。

3. 内容及裁定标准。批评和自我批评的内容是揭示党组织或党员个体存在的缺点和错误，提出或接受建议。那么，裁定揭示的缺点、错误并由此提出或接受建议的可信度或事实性标准是什么呢？主要包括三个方面：第一，是否遵循了人民群众利益高于一切的党性要求。党性和人民性是统一的，党在根本上始终代表人民群众的利益，始终反映人民群众的意愿和呼声。对违背最广大人民群众意志和利益的行为必须要"进行认真的而不是敷衍的批评和自我批评，而且一定要纠正"①。第二，是否遵循了党和国家的法律法规及路线、方针、政策等制度性规定。党领导人民制定国家宪法和法律等制度，党的所有组织和党员必须在国家制度范围内活动，党内不容许有任何违反和漠视的情况存在，发现就必须纠正。同时，党内制定的各种内部章程、准则、条例等制度是直接要求各级党组织和所有党员必须严格遵守的规范。这是最基本的衡量标准。第三，是否遵循了一切从实际出发，实事求是的要求。揭示出来的缺点和错误必须是通过客观的调查研究得来的，不是主观臆造的，做到不虚构、不夸大、不缩小、不掩盖。"说话要有证据"②，"不要证据的乱说，或互相猜忌，往往酿成党内的无原则纠纷，破坏党的组织。"③ 第四，是否遵循了从大处着眼的要求。批评和自我批评的内容要避免走向庸俗化，揭示的缺点和错误着眼点应在政治上、党组织的利益和原则上，而不是一些微不足道的小事，不能在细枝末节上纠缠不清，吹毛求疵。"关于党内批评问题，还有一点要说的，就是有些同志的批评不注意大的方面，只注意小的方面。他们不明白批评的主要任务，是指出政治上的错误和组织上的错误。至于个人缺点，如果不是与政治的和组织的错误有联系，

① 《毛泽东文集》第 7 卷，人民出版社 1999 年版，第 274 页。
② 《毛泽东选集》第 1 卷，人民出版社 1991 年版，第 92 页。
③ 同上书，第 91 页。

则不必多所指摘，使同志们无所措手足。而且这种批评一发展，党内精神完全集注到小的缺点方面，人人变成了谨小慎微的君子，就会忘记党的政治任务，这是很大的危险。"① 党不仅要防止因放弃批评和自我批评而变得庸俗化，而且也要提防因内容的见小而使批评和自我批评变得庸俗化。

4. 结合机制。批评和自我批评体现了他律和自律的相结合，在实践中，必须把"批评"和"自我批评"二者充分互动起来，重点是自我批评。批评是为了推动自我批评，只有被批评者正确对待他者提出的自己的缺点和错误，并实事求是地作自我批评，才能真正实现批评的效果，即被批评者努力克服缺点和错误。反过来，自我批评离不开批评又推动批评，这使其不完全等同于我国传统文化中所主张的"内省"、"自论"、"存心"。因为在这里，被批评者有没有缺点和错误不完全取决于自己，而是要充分认真地考虑和接受他人的认识和判断。并且被批评者进行自我批评之后，如果他者特别是组织认为其对自己的缺点和错误还是认识不到位、不深刻，则推动新一轮的批评和自我批评活动开启。

（二）党内批评和自我批评的本质

本质是事物本身所固有的内在的根本属性，是事物存在的根据。中国共产党自诞生以来取得的成就是光辉灿烂的，但也犯过不少错误，遭受过惨重的失败。党正是在不断批评和自我批评的过程中磨砺和成长起来的。党内批评和自我批评的本质是党自我完善和发展的重要武器，是党的生命要素，是历经长期的历史实践生成和培养起来的。用好用不好这一武器关系着党的生死存亡及其事业的兴衰成败。其本质具体表现在：

1. 党内思想政治教育的关键环节。党内思想政治教育的途径和方式有很多，但任何一种途径和方式离开了批评和自我批评的运用，其教育效果就会大打折扣。列宁曾讲："革命是件困难的事情。不犯错误是不可能的。"② "聪明人并不是不犯错误的人。不犯错误的人是没有而且也不可

---

① 《毛泽东选集》第 1 卷，人民出版社 1991 年版，第 91—92 页。
② 《列宁全集》第 29 卷，人民出版社 2017 年版，第 104 页。

能有的。"① 毛泽东同志也讲："古语说'人非圣贤，孰能无过'。我看这句话要改一下。人，包括圣贤在内，总是有过的，有过必改就好了。"② 既然错误的发生是不可避免的，而且对党和国家的事业又是有害的，我们就必须要勇于和善于从所犯错误的结果中学习，事实证明，这是一种最有效的学习方式。正如恩格斯指出："要获取明确的理论认识，最好的道路就是从本身的错误中学习，'吃一堑，长一智'。"③ 列宁也说："有些错误，对于犯错误的人是很有益处的。"④ "……不管我们犯了什么样的错误，我们是在实践中学习，是在为掌握正确进行革命的艺术打基础。"⑤ 明确错误，从错误中学习是党内批评和自我批评的根本要义，也只有通过批评和自我批评才可以将党内出现的错误和缺点完全深刻地揭示出来，并迅速纠正。"没有自我批评，就没有对党、对阶级、对群众的正确教育；而没有对党、对阶级、对群众的正确教育，也就没有布尔什维主义。"⑥ 党内批评和自我批评是党组织和党员个体进行自我教育和自我改造的最基本、最有效的方法，能促进其自我净化、自我完善、自我革新、自我提高。党内思想政治教育工作任何时候都要用好这个武器。

2. 党的一种力量，又体现和提升党的力量。首先，批评和自我批评作为党的生命要素，是党所固有的力量。批评和自我批评的武器绝不能沉睡或静止，否则，武器就会生锈、软弱无力，有等于无。要大胆使用、经常使用这一武器，越用越灵、越用越有效，其力量就会不断迸发出来，使党永葆生机和活力。为什么国内外过去的一些革命政党会走向衰败甚至灭亡，主要原因就在于他们骄傲自大，看不到或害怕说出自己的缺点，不知道自己的力量所在。中国共产党能够勇于和善于运用批评和自我批评这一武器来抑制党内消极因素并助长积极因素，其拥有的力量是不可战胜的。

---

① 《列宁选集》第4卷，人民出版社2012年版，第146页。
② 《毛泽东文集》第6卷，人民出版社1999年版，第347页。
③ 《马克思恩格斯选集》第4卷，人民出版社2012年版，第586页。
④ 《列宁全集》第21卷，人民出版社2017年版，第445页。
⑤ 《列宁全集》第35卷，人民出版社2017年版，第69页。
⑥ 《斯大林选集》下卷，人民出版社1979年版，第56页。

其次，党内进行批评和自我批评向外界展示了我们党具备坚强厚实的力量。在国际共产主义运动史上，针对共产党内存在的"说出自己的错误是家丑外扬，可能会被敌人所利用，或者会降低党在群众中的威望"的看法，恩格斯进行了严厉的批判，他说："恶意的诽谤当然是借任何事由都可以进行的。但是总的说来，这种无情的自我批评引起了敌人极大的惊愕，并使他们产生这样一种感觉：一个能够这样做的党该具有多么大的内在力量啊！"① 至于说会家丑外扬，损害党的威信，那完全是无稽之谈。"应当记住：使布尔什维克增光的不是骄傲，而是谦逊。"② 刘少奇同志也曾讲："我们敢于揭发错误，修正错误，正是表示我们党对于过去的伟大成就有足够的估计，对于克服当前困难具有坚强的意志，对于光明前途充满着信心，而不是相反，这正是我们党强的表现，而不是弱的表现。"③ 承认错误或失败并不是悲观失望，而是强者的表现，只有强者才会受到更多的尊重，由此，公开承认我们的错误和诚恳改正这些错误，是党自我深厚力量的展现，只会使善良的群众更信服我们党及其所具有的强大力量，其威信和吸引力自然也只会增强而不会减弱。相反地，"一个政党假如不敢如实地说出自己的病，不敢进行严格的诊断和找出治病的办法"，恰恰是其怯懦的表现，"那它就不配受人尊敬了"。④

最后，通过开展批评和自我批评能够不断挖掘和升腾党的力量。中国共产党成为执政党以后，党内批评和自我批评的本质也从"革命"转移到"执政"上来，有了新的内容。执政的党还要不要批评和自我批评？斯大林同志针对苏联的情况曾言："正因为布尔什维主义执掌了政权，正因为布尔什维克可能因我们建设的成就而骄傲自大，正因为布尔什维克可能看不到自己的弱点，从而有利于敌人，所以特别是现在，特别是在取得了政权以后，尤其需要自我批评。"⑤ 新时期，面对各种现实考验和危险，加强我们党的执政能力建设是迫切要求，为此，必须在党内进行

---

① 《马克思恩格斯选集》第4卷，人民出版社2012年版，第614页。
② 《斯大林选集》下卷，人民出版社1979年版，第324页。
③ 《刘少奇选集》下卷，人民出版社1985年版，第411—412页。
④ 《列宁全集》第8卷，人民出版社2017年版，第317页。
⑤ 《斯大林选集》下卷，人民出版社1979年版，第55页。

严肃认真的批评和自我批评。要认识到"党内批评是坚强党的组织，增加党的战斗力的武器"。① 通过批评和自我批评可以构筑和强固共识，从而调动全党之力共同推进党的建设新的伟大工程，使党始终成为保持先进性和纯洁性、经得起各种风险和考验的马克思主义政党，统筹把握"四个全面"战略布局，带领全国各族人民为实现中华民族的伟大复兴而奋斗。

3. 解决党内矛盾，维护和巩固党的团结统一的有效方式。"实际上的创造事业，不是一个人从一方面做得成功的，亦不是几个人从几方面做得成功的。若不是各方面同时并举，不但不能成就全部创造的事业，便那一方面或几方面亦决达不到理想的目的。"② 党的团结统一是党的事业不断走向胜利的根本保证，我们党历来都极其重视解决党内矛盾，实现党内团结与和谐。矛盾具有普遍性或绝对性，党内的团结和斗争是矛盾的双方，团结是党的生命，没有斗争，党的生命也会终止，所以一手要搞团结，一手要抓斗争，二者不可或缺，抓斗争是为了促团结，这是党内的唯物辩证法。党内矛盾的特殊性在于，这种党内斗争或分歧不是根本利益的冲突和敌对性的，而是坚持和拥护马克思主义的根本利益一致基础上的斗争，是人民内部性的。

正是基于党内矛盾的普遍性和特殊性，为了维护和巩固团结统一，需要科学规范和引导党内斗争。党内斗争属于人民内部矛盾范畴，只能用批评和自我批评的方法解决，这是必须严格遵循的原则。这一原则的确立是不容易的，包含着严重沉痛的历史教训。在党的历史上，曾以"残酷斗争，无情打击"的原则来指导党内斗争，伤害了很多党内好同志，也给党的团结统一造成了巨大的负面影响。所以，要"开展同志式的批评和自我批评，坚持真理，修正错误。……要坚决防止过去搞政治运动的那种错误作法"。③ 通过在党内认真开展批评和自我批评，大家把自己的错误、缺点、相互间的分歧彻底摆出来，放到桌面上来，接着深

---

① 《毛泽东选集》第 1 卷，人民出版社 1991 年版，第 90 页。
② 《恽代英全集》第 4 卷，人民出版社 2014 年版，第 122 页。
③ 《十五大以来重要文献选编》（上），人民出版社 2000 年版，第 492—493 页。

入分析，找到纠正的方法，有利于解决矛盾，达成高度共识，也必将在新的基础上维护和巩固党的团结统一。"从团结全党出发是第一，加以分析批评是第二，然后再来一个团结"①，这就是党内运用批评和自我批评这一武器的方法论。

（三）党内批评和自我批评的基本方针

所谓方针就是指导工作和事业发展的指针②，属于行动的朝向问题。党内批评和自我批评的基本方针是指导党内开展批评和自我批评应一以贯之的基本方向和目标，其确保批评和自我批评整体上始终在正确的轨道上运行。

1. 坚持惩前毖后，治病救人。"惩前毖后，治病救人"，指出了党内批评和自我批评过程中对待错误和犯错误的主体应坚持的正确态度，是真正的党内关怀。"惩前毖后"就是对党内存在的错误一定要揭发、批判和深入剖析，吸取教训，找到消除和纠正错误的办法，使以后的工作保持谨慎，不致再犯。极力掩盖错误是徒劳的，也是无益的。"我们的缺点是很多的。这一点必须公开地老实地承认。"③党内要坚决消除对错误视而不见、包庇姑息的现象，这是自由主义的右的错误，一旦蔓延会使党软弱涣散，削弱党的生机和活力。"惩前"是为了"毖后"，党内批评和自我批评只有坚持惩前毖后的方针，全党才能在工作中或事业中少犯错误、不重复犯同样的错误及少犯、不犯大错误，不断发展和完善自己。列宁曾告诫全党"如果我们有人以为承认失败会像放弃阵地那样使人颓丧气馁，那就应该说这样的革命者是一钱不值的"④。

"治病救人"就是对待犯错误的主体要像医生一样救治，帮助其改正错误，回到正确健康的队伍中来，而不是要把其整垮整死，达到所谓以绝后患的目的。党内开展批评和自我批评的过程中，首要前提是对党组织特别是对个体的党员同志必须保持充分的信任，反对掩蔽和排斥的做法。对犯错误的主体的处理采取审慎的态度，"既不含糊敷衍，又不损害

---

① 《毛泽东文集》第3卷，人民出版社1996年版，第256页。
② 姚桓、刘道福：《拿起批评与自我批评的武器》，北京出版社1991年版，第60页。
③ 《斯大林选集》下卷，人民出版社1979年版，第7页。
④ 《列宁选集》第4卷，人民出版社2012年版，第602—603页。

同志，这是我们的党兴旺发达的标志之一"①。要相信各级党组织和个体的党员只要知道了自己的错误和缺点，就一定会尽力去改正的，同时还要真心地提供帮助。如毛泽东所讲"对于任何有缺点的人，犯过错误的人，不仅要看他改不改，而且要帮助他改，一为看，二为帮"。② 要明白党内批评和自我批评着重于党内思想层面的批判和重构，杜绝和根除以整人为目的的恶性做法。邓小平对此曾告诫："过去那种简单片面、粗暴过火的所谓批判，以及残酷斗争、无情打击的处理方法，决不能重复。"③

2. 坚持批评自由与行动一致相统一。党内批评和自我批评当然主张"批评自由"，这是不言而喻的，但是自由从来不是无限度的。列宁早在其著作《怎么办》中就批判了社会民主党人中的机会主义者对"批评自由"的教条主义态度，指出自由从来不是随便的，否则就是对自由的玷污。后来，列宁在《关于俄国社会民主工党统一代表大会的报告》中指出："讨论自由，行动一致，这就是我们应该努力做到的。"④ 在《批评自由与行动一致》一文中更加明确地说："不容许有任何破坏或者妨害党既定行动的一致的批评。"⑤ 这些不断深化的认识是批评自由与行动一致相统一方针的直接理论来源。具体地讲，一方面，在党的制度范围内，批评是完全自由的，任何组织和个人不得束缚或压制批评；另一方面，全党政治行动必须一致，任何破坏已确定的行动一致的言行都是不能容许的，直到确定的行动在下一次党决定修改之前。二者的统一性可概括为：没有原则范围内充分的批评自由，行动一致的基础就薄弱，反过来，对行动一致的违反必定会使组织关系遭到破坏，使党遭受损失。因此，绝不能丢掉或轻视任何一个方面，否则，就不是马克思主义的态度，党内批评和自我批评就会偏离方向。

3. 坚持正面公开。党内开展批评和自我批评从来都要求当面地、不加隐蔽地进行。正如毛泽东所说："对我们工作中的缺点和错误，还是要

① 《毛泽东选集》第 3 卷，人民出版社 1991 年版，第 938 页。
② 《毛泽东文集》第 7 卷，人民出版社 1999 年版，第 92 页。
③ 《邓小平文选》第 3 卷，人民出版社 1993 年版，第 47 页。
④ 《列宁全集》第 13 卷，人民出版社 2017 年版，第 63 页。
⑤ 同上书，第 129 页。

作公开的批评和自我批评。"① "不切实刺一下,他就不痛,他就不注意。要有名有姓,哪一个部门,要指出来。你没有搞好,我是不满意的,得罪了你就得罪了你。"② 党内批评和自我批评是思想上的交锋,这种交锋只有当面公开才能使错误、缺点的揭露和修正更加明确和彻底,否则可能会流于形式。我们要反对当面不说、背后乱说,会上不说、会后乱说,台上不说、台下乱说的做法,否则,非常不利于党的团结。"有问题要当面讲、会上讲,党内决不允许那种两面派作风,口是心非,当面一套,背后一套,当面好好好,背后一大堆不同的意见。"③ 这才是我们所提倡的正确的党内批评和自我批评作风。另外,正面公开还包含有指向党外的含义,也就是说,党内开展批评和自我批评应适时向党外通过多种方式进行正面公开,这有利于提升党外民众对党的认同感。传统的做法是邀请党外人士参加和列席党的民主生活会,使其直接体验党内批评和自我批评的开展状况。新时期,在遵循党的制度的前提下,有条件的党组织可利用媒体或网络对党内批评和自我批评的开展过程进行直播或录播,使党外群众通过视频对党的作风形成正确认知。从某种意义上讲,正面公开的方针实际上是与党内批评和自我批评作风本身伴生的一种监督机制,主要是党内监督,也包括党外监督,党外监督通过党内监督来实现,要认真坚持以发挥其功能。

4. 坚持经常性开展。既然党内错误、分歧的发生和可能发生是很难完全阻止的,那么,要纠正错误、解决分歧,维护团结实现党的行动一致,就必须坚持经常性地开展批评和自我批评。"'流水不腐,户枢不蠹',是说它们在不停的运动中抵抗了微生物或其他生物的侵蚀。"④ 经常性地开展批评和自我批评,有利于我们党广泛收集来自党内党外各方面的意见和建议,及时发现党内存在的问题并进行改正,从而使党始终保持先进性和纯洁性,确保党的事业和工作少走弯路、不走弯路。"不怕承认自己的错误,不怕三番五次地作出努力来改正错误,这样,我们就会

---

① 《毛泽东文集》第 6 卷,人民出版社 1999 年版,第 406 页。

② 同上。

③ 《江泽民文选》第 1 卷,人民出版社 2006 年版,第 624—625 页。

④ 《毛泽东选集》第 3 卷,人民出版社 1991 年版,第 1096 页。

登上山顶。"①

二　党内批评和自我批评的哲学意蕴

党内批评和自我批评作为我们党的优良传统作风，具有深厚的哲学意蕴，体现了我们党在改造客观世界的过程中始终坚持以马克思主义哲学为指导，回答和解决如何不断提高自身认识能力和实践能力的问题。基于本书的内容安排的整体逻辑，此部分主要就党内存在的问题或矛盾与党内批评和自我批评这一武器本身两个层面进行哲学分析，在此基础上指出党内开展批评和自我批评坚持和体现了辩证唯物主义和历史唯物主义的世界观和方法论。

（一）坚持唯物主义的根本观点

思维和存在的关系问题是哲学的根本问题，唯物主义认为，存在是第一位的，思维是第二位的，存在决定思维，思维反映存在，思维对存在具有能动的反作用。其方法论要求就是坚持一切从实际出发，实事求是，充分发挥主观能动性，按客观规律办事。党内批评和自我批评必须坚持这一根本认识。

1. 坚持一切从实际出发，实事求是与党内批评和自我批评。人的意识不是独立的，而是受制于物质存在，它是物质的最高层次的反映。马克思说："思维和存在虽有区别，但同时彼此又处于统一中。"② 物质和意识的对立，只是在一定的范围内才是合理的，即在回答谁是第一性、谁是第二性的问题上才具有绝对的意义。"超出这个范围，这种对立无疑是相对的。"③ 也就是说，没有所谓物质实体或精神实体这两个世界本元。世界是个统一体，世界的统一性在于它的物质性，这是辩证唯物主义和历史唯物主义所坚持的根本观点，是坚持一切从实际出发，实事求是的原理依据。"我们党的错误是很明显的。犯错误对一个先进阶级的战斗的党并不可怕，可怕的是坚持错误，虚伪地不好意思承认错误和纠正错

---

① 《列宁选集》第4卷，人民出版社2012年，第645页。
② 《马克思恩格斯文集》第1卷，人民出版社2009年版，第189页。
③ 《列宁选集》第2卷，人民出版社2012年版，第108—109页。

误。"① 党内开展批评和自我批评的整个过程也都要求始终贯彻一切从实际出发、实事求是的基本要求，以事实为依据、以党性为标准来指出、分析和纠正错误，才能做到正确、恰当，才能发挥批评和自我批评的效力。"如果坚持错误，深入一步地来为错误辩护，把错误'坚持到底'，那就往往真要把小错铸成骇人听闻的大错了。"② 生活是不容欺骗的，为了把握不断变化的客观实际，必须深入细致地进行调查研究，才能实事求是地将党内存在的错误或缺点及由此产生的矛盾和分歧充分揭示出来。至于极力掩盖、漠视、避重就轻、歪曲臆造、捕风捉影、"想当然"地随意联想、恶意中伤等对待错误的方式，不但不会解决问题，还会使错误越来越大，不利于党的团结统一和党的事业发展。

2. 要充分发挥主观能动性，按规律办事与党内批评和自我批评。人的意识不仅反映物质，而且在改造世界的过程中具有创造性的能动作用。意识对于人类社会的生活来说是一个必不可少的、确实性前提，它是调节人与客观世界的平衡器。列宁明确地强调了这一事实，他说："人的意识不仅反映客观世界，而且创造客观世界。"③ 为了能够更好地改造客观世界，必须对主观世界进行改造。"没有革命的理论，就不会有革命的运动。在醉心于最狭隘的实际活动的偏向同时髦的机会主义说教结合在一起的情况下，必须始终坚持这种思想。"④ 党内批评和自我批评首要就是对党内主观世界的改造，即在思想上树立正确认识，进而指导今后正确行动。在承认党内矛盾发生不能完全避免而客观存在的情况下，勇于拿起党内批评和自我批评这一武器，"经常自我批判，往往在前进中停下脚步，返回到仿佛已经完成的事情上去，以便重新开始把这些事情再做一遍"⑤。把错误揭示出来进行分析、纠正的过程就是全党充分发挥主观能动性的体现。另外，意识和思想的推动力量随着其科学内容的增长而增强，即主观能动性的发挥必须要尊重、认识和利用规律才能真正对事物

---

① 《列宁全集》第 32 卷，人民出版社 1985 年版，第 257 页。
② 《列宁全集》第 39 卷，人民出版社 2017 年版，第 23 页。
③ 《列宁全集》第 55 卷，人民出版社 2017 年版，第 182 页。
④ 《列宁全集》第 6 卷，人民出版社 2013 年版，第 23 页。
⑤ 《马克思恩格斯选集》第 1 卷，人民出版社 2012 年版，第 672 页。

的发展产生强大的推动力。因此，党内批评和自我批评不能随性而为，要充分地认识和把握其本身所固有的本质的必然的联系，即规律性的东西，在此基础上克服困难、清除阻力，按规律要求确定行动的要求和规范，从而正确地指导行动。

（二）遵循唯物主义辩证法的基本要求

唯物辩证法是关于联系和发展的科学，是由一系列自然界、人类社会和思维领域普遍运动、发展规律和相关范畴按其内在联系所构成的科学理论体系。在这个体系中，联系和发展的观点是总特征，其他的一系列范畴、必然性认识则是从不同方面、不同角度对联系和发展的观点的进一步展开。

唯物辩证法是一种手段或工具，规定着研究和改造现实的着手方式，其理论体系中所阐述的每条规律和每个范畴都既具有世界观功能又具有方法论功能。"唯物辩证法训练思维，摈弃对事物的片面的、主观主义的观点，摈弃在政治中的与现实格格不入的愿望。唯物辩证法使我们的目光锐利，使我们能够看到本质的东西，看到发展的根本趋向。它使我们敏于认识主要环节；而党为了把整个发展链锁引向前进，就必须抓住这些主要环节。"党内批评和自我批评要始终遵循唯物辩证法的基本要求。

1. 唯物辩证法的基本规律与党内批评和自我批评。马克思主义经典作家把唯物辩证法的普遍联系观和永恒发展观的最本质的、主要的内容概括为三大基本规律，即对立统一规律、质量互变规律和否定之否定规律。

（1）对立统一规律。对立统一规律认为，在一切过程中都有着对立的方面和趋势在起作用，它们相互区别、相互排斥、相互反对或相互斗争，但它们同时又走向统一、相互依赖、相互转化或相互渗透。唯物辩证法与形而上学的根本不同，就在于它在对立面的统一中把握对立的东西，在统一的东西的内部对立中把握统一的东西。党内批评和自我批评必须坚定前者而反对后者。

首先，党内开展批评和自我批评要承认矛盾并能够认识矛盾，坚持两点论、两分法。哲学意义上的矛盾是反映事物本身"对立面的统一"的范畴，它存在于事物之间，也存在于事物内部，具有普遍性。在党内，从主体上讲对立面是指同级或不同级党组织之间，党组织与党员个体之间、党员个体之间及延伸意义上的党外力量与党组织或党员个体之间。从内容来讲对立面则表现为事业上和具体工作中存在的正确与错误、优点和缺点、成绩和失败、进步与落后等。这些对立面统一于党本身，也就是我们通常所说的党内矛盾的基本内容。党内批评和自我批评作为武器要解决的就是党内矛盾，要求必须先承认矛盾并认识矛盾，在方法论上就是要坚持两点论、两分法。具体地说，一是要把握党内矛盾存在的对立面；二是要解决矛盾以达到对立面的统一。党内批评和自我批评主要是针对党内主体存在的缺点和错误而展开的，但在实践中主体间进行批评和自我批评时，既要看到缺点和错误，也不能无视优点和成绩，既不能全面肯定，也不可全面否定，这体现了两点论、两分法的客观要求。看到缺点和错误，才能充分地认识到党内批评和自我批评的必要性和指向性，不忽视优点和成绩，被批评者就不会颓丧泄气，还能增强其改正缺点和错误的信心和勇气。也就是说，对于党内批评和自我批评过程中主要只谈缺点和错误的情况，批评者和被批评者都不应该作简单化理解，特别是被批评者不能主观地认为自我之外的主体是有意为之，这是不正确的。作为被批评者，要明白优点和成绩不会因为不谈而不存在，批评者更多地谈缺点和错误是出于急切的帮助和关怀同志之心，这才是全面地看问题。以此为基础，通过党内批评和自我批评解决党内存在的问题和分歧，才能实现矛盾的主体双方相互促进、共同进步，统一于党不断发展和壮大的进程中。

其次，党内开展批评和自我批评要坚持内因和外因辩证关系原理，充分发挥内因和外因的共同推动作用。事物的发展是内因和外因共同作用的结果。内因和外因是辩证统一的关系，内因即事物内部矛盾，处于根本地位；外因即事物外部矛盾，是重要条件；外因通过内因起作用。党内批评和自我批评过程中，就特定主体而言，对应的他者的批评是外因，自我批评是内因；自我批评是根本，起着关键作用，批评通过自我批评起作用。实践中有两个方面需要注意，一是无论是批评还是自我批评都必须是严肃的、认真的，能够起到有利的、促进作用，这样才能使主体真正认识和改正错误，不断进步；否则，就会成为主体发展的阻碍或不利因素。二是切忌将内因和外因绝对对立起来、割裂开来的形而上学的错误，即只看到内因的作用，否认外因；或只承认外因的作用，否认内因。批评和自我批评任何一个方面都不能荒弃，要充分调动批评者和自我批评者的积极性、主动性，共同促进党组织和党员个体的能力和素质提升。

再次，党内开展批评和自我批评要认识到矛盾的特殊性，做到具体问题具体分析。矛盾是客观普遍的，即事事有矛盾、时时有矛盾，但不同的事物、过程的矛盾又有特殊性。矛盾的普遍性为我们看问题、办事情指出了总方向，但要具体地解决问题，还要在矛盾普遍性原理的指导下，尊重和深入研究矛盾的特殊性，从矛盾的特殊性出发。

一是各种物质运动形式或过程本身在总体上都有其特殊的矛盾及本质。毛泽东说："这种情形，不但在自然界中存在着，在社会现象和思想现象中也是同样地存在着。每一种社会形式和思想形式，都有它的特殊的矛盾和特殊的本质。"[①] 对抗是一种特殊的矛盾，它存在于以生产资料资本主义私有制为基础的阶级社会中。解决对抗性矛盾的主要途径是暴力式的阶级斗争。社会主义社会的建立，对抗作为一种特殊的社会矛盾，其存在条件从根本上被消灭。随着生产资料逐渐社会化，对抗也正在慢慢弱化和消失。对抗的克服并不意味着一切矛盾的消失，矛盾始终是普遍的发展规律，"对抗和矛盾完全不是一回事。在社会主义下，对抗将会消失，矛盾仍将存在"[②]。社会主义社会中的矛盾主要成为非对抗性的矛盾。党本身的矛盾有党外矛盾和党内矛盾之分，党外矛盾的对抗性在新中国成立特别是在社会主义改造结束后走向衰灭，对党内矛盾的影响也是同样的历程；而党内矛盾始终是无产阶级及其政党内部的矛盾，属人民内部矛盾的性质。解决党内矛盾显然不能用暴力性的、阶级斗争的方式，而是应该用教育说服的方式，党内批评和自我批评就是这种方式，因此必须要坚持和发扬这一武器在党内的全面贯彻和运用。

同时，为了在总体上抓住"过程的本质，就必须暴露过程中矛盾各

---

① 《毛泽东选集》第1卷，人民出版社1991年版，第309页。
② 《列宁全集》第60卷，人民出版社2017年版，第281—282页。

方面的特殊性，否则暴露过程的本质成为不可能"①。具体到党内批评和自我批评过程中，主体上就是要正确对待矛盾的双方——批评者和被批评者各自的特点，不能一律看待。同上文内因外因的分析逻辑相一致，批评者一方是重要的，其作用必须通过被批评者或自我批评者才能实现；被批评者或自我批评者处于根本地位，只有被批评者或自我批评者真正认识到自身的缺点和错误，党内批评和自我批评目标和效果才能真正达到。内容上就是要正确对待矛盾双方，即缺点和优点、错误和成绩在党内的实际存在状况，客观分析它们间的相互关系及对党的发展的不同程度的影响，在此基础上，肯定优点和成绩，克服缺点和错误，推动对立双方走向统一。

二是各种物质运动形式或过程本身虽然特殊的矛盾及本质不变，但发展的各个阶段在总体上也都有其特点。事物发展过程的根本矛盾及由其决定的过程的本质，非到过程完结之日，是不会消灭的。但事物发展过程的不同阶段，在其联结上、在总体上看又有其不同的特点。② 自中国共产党成立以来，党内矛盾的本质始终没有变，但在党的不同历史阶段表现出不同的特点。例如：在革命战争年代，由于处于有两大主要对立阶级的社会大环境中，再加上党员出身于不同的阶层甚至是根本利益对立的阶级，使得社会中的阶级性矛盾及对抗性冲突有时会一定程度地反映或出现在党内矛盾之中，刚开始"并不一定马上表现为对抗性的"③，仍属党内矛盾，但问题得不到解决，一旦扩大或恶化下去变成了对抗，就超出了党内矛盾的内涵范围；新民主主义社会时期，虽仍存在两大主要对立阶级，但阶级矛盾处于缓和状态，使得党内矛盾中反映出的对抗性冲突就不是那么强烈且逐步弱化；进入社会主义社会，剥削阶级作为一个整体被消灭，生产资料私有制不再是社会的经济基础，对抗走向消灭，对党内矛盾的影响也走向消灭；改革开放时期，党内矛盾作为人民内部性质的矛盾，在内容上呈现出新时期的情形和特点。党内开展批评

①　《毛泽东选集》第1卷，人民出版社1991年版，第311页。

②　同上书，第314页。

③　同上书，第335页。

和自我批评，必须要把握住党内矛盾在不同历史阶段表现出来的总体上的特点，才能不犯原则性的、方向性的错误，适当地处理和解决矛盾。

同时，要把握特殊的矛盾在不同阶段的特点，必须认识特殊的矛盾在各个阶段中各个方面的特点。就党内批评和自我批评而言，主体上就是要正确认识各级党组织、党员个体及延伸意义上的党外力量在不同历史阶段的特点及相互影响力的变化。如：党从"革命党"到"执政党"角色的转变、基层党组织数量的增多、党员队伍的扩大及来自不同社会阶层的复杂性变化；党内个体的整体素质，参与政治生活的积极性、能力、途径及方式在不同时期的差异；党外力量在新中国成立前后政治地位和社会地位、参政能力的提升；越来越重视落实党员个体的主体地位和党员权利的实现；等等。内容上就是要正确认识不同阶段党内主体的缺点和优点、错误和成绩的时代性特点。如在革命战争年代，矛盾双方的具体内容主要表现在政治斗争、军事战争等事业和工作中；新民主主义社会时期，具体内容主要表现在国民经济恢复、推进工业化进程和生产资料的社会主义改造等事业和工作中；社会主义建设时期，具体内容表现在以探索社会主义建设道路为主题所进行的各项事业和工作中；改革开放时期，具体内容表现在全面推进改革开放伟大实践和中国特色社会主义所做的各项事业和工作中；等等。此外，就单个的矛盾主体及其矛盾关系来说，要深化认识，还需要研究主体双方和其他方面的矛盾关系，这有利于更好理解和处理主体双方的矛盾关系。对特殊的矛盾在各个阶段中各个方面的特点的科学认识，有利于党内开展批评和自我批评在策略上不断创新和健全，且更具针对性。

三是复杂事物发展过程中各种矛盾和矛盾的各个方面总是不平衡的，要抓住主要矛盾和矛盾的主要方面，做到两点论和重点论的统一。各种矛盾和矛盾的各个方面的不平衡处于动态变化之中，在不同的阶段情形不同，即原有的主次矛盾或矛盾的主次方面地位可能会出现翻转。当前的中国共产党已经成为长期执政的党，党内矛盾是党的发展过程中的主要矛盾，对党的发展面临的任务和方向起着领导的、决定的作用，党内开展批评和自我批评要抓住这个重点和关键，全面推进党的建设新的伟大工程。关于矛盾的主要方面，具体到党内批评和自我批评过程中，主

体上被批评者或自我批评者是主要方面，由于实践中批评者和被批评者
或自我批评者一般意义上因行为的交互性特征会不断发生移位，所以矛
盾的主要方面会体现在每一类主体的承担者身上，即各级党组织和不同
党员个体，这也是其不同于其他矛盾的地方。落实到内容上，一般情况
下党内主体的优点和成绩是主要方面、起主导作用，要看到这个主流，
同时也不能忽视支流，即缺点和错误对主流的威胁和潜在威胁。事物的
性质主要是由主要矛盾的主要方面所规定的，因此，为了克服缺点和错
误，遏制其蔓延和腐蚀甚至成为主要矛盾的主要方面，使其不能危害到
党的本质，就必须对其进行揭露、分析和批判，不断地进行纠正，这正
是对党内批评和自我批评的根本内容要求。

最后，现实生活中，党内不同主体身上存在的缺点和错误是复杂的，
表现在多个领域或方面，但在党内批评和自我批评过程中我们不提倡面
面俱到。批评和自我批评要解决的是主要的问题或比较大的问题，即政
治上或组织上的大是大非问题。"……我们不喜欢的不是争论，而是贯穿
在'孟什维克'的决议中的对细枝末节的争论。"① 这体现了在事物发展
过程中要抓主要矛盾、抓重点和关键的基本要求。

（2）质量互变规律。质量互变规律认为，世界上一切事物或过程都
有质和量两种规定性，都是质和量的统一。质和量的统一称为度。要看
到量变与质变的关系，即一定的量变会引起质变，反过来也一样，质变
会引起量变，"从量到质和从质到量的过渡"② 意味着事物转化为它自己
的对立面。坚持这一规律对党内批评和自我批评的指导，就是要求：

首先，党内批评和自我批评解决党内矛盾，从总体上说要严格控制
党内矛盾对立双方的量变过程，坚守党的本质。控制党内矛盾双方的量
变就是对党内存在的缺点和优点或错误和成绩各自的量变，及相互间力
量对比状况的引导和治理过程。具体地说，就是对优点和成绩要坚持和
发扬，不断提升其力量；对缺点和错误要通过批评和自我批评进行克服、
消除或纠正，不断降低其力量；使量变的效果达到在矛盾双方力量的对

---

① 《列宁全集》第 12 卷，人民出版社 2017 年版，第 353 页。
② 《列宁全集》第 55 卷，人民出版社 2017 年版，第 191 页。

比中，优点和成绩在党内处于决定性和主导性地位。从而保持党的本质始终不渝，一如既往。

其次，党内开展批评和自我批评过程中，就具体主体而言，要关注其量变和质变的状况和趋向。不仅是要求具体主体按照党的本质规定——度，不断向上发展和提升自己，而且还涉及一种可能存在的情况，即一些组织或党员个体脱离或丧失了党的本质，党内批评和自我批评就要突破或破坏其原有的度，通过推动其新的量变达到质变。当然，对有脱离或丧失趋向的，必须设法及时阻止和消除其量变和质变过程。

最后，就党内批评和自我批评这一武器本身来讲，开展过程必须要正确地把握度。对此，刘少奇同志曾说："适当的批评，适当的态度和适当的方式，反对'过'与'不及'，这就是我们在党内斗争中所应采取的方法。"① 在这里，党内批评和自我批评达不到或超过一定的度，最终都可能会引发质变，也就不再是我们所讲的党内批评和自我批评了，那就成了需要抛弃的武器。党内批评和自我批评要真正做到严肃性和科学性的统一，就必须坚持适度开展原则。

（3）否定之否定规律。事物的发展，由肯定到否定，又到否定之否定，这样经过两次否定，三个阶段，完成一个周期，这就是否定之否定规律。否定之否定规律指出了事物发展的方向和道路，揭示了事物发展的内容是事物的自我完善、自我发展。而自我完善、自我发展的过程在形式上表现为波浪式前进或螺旋式上升的运动，体现了事物的发展是前进性和曲折性的统一，即光明的前途是经过曲折的道路实现的。这一规律要求人们的实践活动积极推进发展中的新事物，精心呵护新事物的萌芽和创新发展并考虑其发展过程中的矛盾性质。这一规律对党内批评和自我批评的指导，主要表现在：

首先，辩证的否定是发展的环节，新事物是作为对旧事物的否定而产生的。就党而言，在总体上，党的发展就是一个不断走向较高发展阶段、更加成熟的过程，新事物和旧事物具体表现在不同的发展阶段（由低级到高级，由简单到复杂）中，否定是其发展过程的必然环节。辩证

---

① 《刘少奇选集》上卷，人民出版社1981年版，第212页。

的否定，绝不是简单的否认或消灭，恩格斯曾说："否定不是简单地说不，或宣布某一事物不存在，或用随便一种方法把它毁掉。"① 党在较高发展阶段发生的辩证的否定包括前一阶段中进步因素的保存、保持，这些进步因素是发展所必需的。党的发展过程中，前一阶段被扬弃了，就是说他既被否定了，在某种意义上又被保存了下来。辩证的否定体现着新旧事物或事物新旧阶段的必然联系，是事物发展过程中否定和保持的必然联系。由此，在党的建设和发展过程中，要注重继承党的以往的合理的、优秀的、进步的东西，保护新生的东西，对旧的、落后的、腐朽的东西则要进行全面深彻的批判、修正。反对否定绝对化，也反对肯定绝对化。党内开展批评和自我批评，具体到党内各类主体来说，不能因为一些党组织或党员个体存在缺点和错误，而否定其优点和成绩，也就是所谓的"全面否定"或"否定一切"；也不能因其优点和成绩，而否定缺点和错误的存在，也就是所谓的"全面肯定"或"肯定一切"，坚决抵制形而上学的做法。唯物辩证法的做法应该是肯定该肯定的，否定该否定的，继承和坚持肯定的，克服和修正否定的，并保护一些新生的东西，引导其正向发展，这样，具体的党组织或党员个体才能真正地进步和发展。

其次，否定之否定，即辩证的否定不是随着新东西的产生而停止的一次性过程，而是一个形式上永远重复发生的过程，这一过程中否定本身也被再次否定。事物从低级到高级的发展，是通过重复的否定，通过否定之否定发生的。这一理论对党内开展批评和自我批评而言，最直接的启示就是，为了促进党的持续发展和进步，批评和自我批评绝不可停止和丝毫松懈，要经常性地开展。

再次，事物的否定之否定的自我完善、自我发展过程，并不是一帆风顺的，是前进性和曲折性的统一。从方向上看，事物总是向上发展的，但新事物取代旧事物的过程是新旧事物间势力较量的过程，原因主要在于旧事物中否定因素的存在和发生作用，这导致事物发展进程中会出现暂时的停滞或者倒退（还有一种曲折表现为"复归"，它是一种更高发展

---

① 《马克思恩格斯选集》第 3 卷，人民出版社 2012 年版，第 520 页。

阶段上的向出发点的回归，这种曲折本身实则是向上发展的体现，所以在此不再细论）。与党的持续发展和进步存在曲折性相连接，党内开展批评和自我批评自然也不会是无往不顺，没有阻碍的。因此，党内开展批评和自我批评，一方面，各类主体在把握和利用党内有利条件和积极因素的同时，对可能存在的难度要有充分的估计和准备；另一方面，各类主体要具备坚定不移的运用这一武器的毅力，而且要深入彻底。

最后，党内批评和自我批评作风作为推进党的建设新的伟大工程的武器，其本身的发展也要遵循否定之否定规律，与时代发展相适应，使武器本身在形式和内容上不断健全和完善，从而促进其功能和效力更大程度地发挥。

2. 唯物辩证法的诸范畴与党内批评和自我批评。

唯物辩证法总结了人类认识历史的进程中形成的种种反映不同形态的普遍联系和永恒发展的辩证过程的诸多基本范畴，这些范畴与规律一样，都既有理论功能又有方法论功能，是党内开展批评和自我批评的行动指南。

（1）原因和结果及其相互关系。因果联系是客观普遍的，世界上一切事物都无不处于因果联系之中，受因果联系的支配，没有无因之果，也没有无果之因。就党内批评和自我批评而言，首先，党内始终重视开展批评和自我批评是有原因的，在党内严肃认真地开展批评和自我批评也必将产生积极的结果，要提高对党内开展批评和自我批评重要性和必要性的认识。其次，要看到党内各类主体本身发展的互为因果性，因此批评是相互的；要看到各类主体本身内部的自我发展能力，因此重视自我批评。所以，批评和自我批评二者是统一的，不得偏废任何一面。再次，要看到党内各类主体本身存在缺点和错误或其他类型的负面的、否定的方面，都是有具体原因的而且原因可能是多方面的，批评和自我批评过程中要善于分析具体原因，这样才能真正做到有的放矢，对缺点和错误力求根治。同时，对原因的把握，也是主体今后少犯错误的重要条件。最后，要科学估计党内存在的缺点和错误作为原因，可能产生的长远的严重后果，党内批评和自我批评对党内的负面的、否定的因素要做到早预防、早发现、早纠正。

（2）必然性和偶然性及其相互关系。必然性和偶然性范畴是对因果联系的进一步认识。必然性和偶然性是事物联系和发展中两种互相对立的趋势，但又是相互统一的，必然性中有偶然性，偶然性中有必然性。正确理解必然性和偶然性的辩证关系，对党内批评和自我批评的指导意义表现在：首先，要看到对国家、对民族、对历史和对人民来讲，党的产生、发展和壮大都有其必然性，因此，党内开展批评和自我批评也具有必然性意义，党要始终坚定地发扬批评和自我批评的作风。其次，总体上把握影响党的发展的必然性和偶然性因素，党内批评和自我批评过程中，科学认识和利用决定党的发展的必然性规律，善于发挥有利的偶然性因素的作用，排除不利的偶然性因素的干扰。最后，具体到党内各类主体，党内批评和自我批评过程中对主体的缺点和错误进行揭露、批判和纠正，要善于发现和利用一切即时出现的有利时机、场合或方式等偶然因素，消除具有偶然性的阻碍因素，还要做好预料和应对突发性影响较大的状况的准备。

（3）可能性和现实性及其相互关系。可能性是潜在的现实性，现实性是已经实现的可能性。可能性离不开现实性，可能的根据存在于现实之中；现实性也离不开可能性，不可能的东西也永远成不了现实。在自然界中，纯粹的自然过程无须人的干预，社会中的事物则不同，一定的可能性的实现始终依赖人的实践活动。党内开展批评和自我批评，首先，要立足于党内的现实状况，把握基于现实的可能性未来将发生的变化走向。其次，创造有利条件，争取实现好的可能性，防止坏的可能性的实现，从而总体上促进党向更高阶段发展；对党内各类主体来说，就是促使其努力改正缺点和错误，朝好的可能方向不断进步。最后，在心态上，无论是总体上还是具体上，我们对党、对党内各类主体的可能性光明前途要充满信心；同时，也要反对无视困难、不做艰苦努力的把可能性当成现实性的盲目乐观情绪，必须要有付出最大努力、创造条件使好的可能性向现实转化的决心。

（4）内容和形式及其相互关系。内容和形式是对立的，它们是事物发展过程中性质、地位和作用不同的两个方面；内容和形式又是统一的，没有无形式的内容，也没有无内容的空洞形式。党内开展批评和自我批评过程中，首先，要认识到现实生活中，党内存在的错误和缺点总是表现为多种形式，因此，批评和自我批评不能只停于对一些具体形式的指正，而是要深入形式所反映的内容层面。其次，批评和自我批评本身的运用不能只讲形式，不求实效。要坚决反对表面上是轰轰烈烈的"花架子"，实则是企图"蒙混过关"的想法和做法，这种形式主义的表现对被批评者或自我批评者的发展和进步起不到任何正向推动作用。批评和自我批评要敲到点子上，要能够触及心灵深处。再次，批评和自我批评作为武器本身的运用反对形式主义，但并不反对形式的作用。形式是内容的反映且能够反作用于内容，因此，适当的形式有利于增强批评和自我批评的效果。最后，实践中采取什么样的形式，必须从内容出发，具体分析。要善于发现新形式，但对旧形式中能为变化的内容服务的成分可以进行改造和利用，不可一概抛弃。

（5）现象和本质及其相互关系。任何事物都是本质和现象的对立统一。现象不同于本质，现象是事物的表面特征及其外部联系；本质是事物的根本性质，是事物本身各基本组成要素的内在联系。二者的统一性是指，本质通过现象表现出来，现象也不能脱离本质。用现象和本质的辩证关系理论来指导党内批评和自我批评就是要求：首先，对党内存在的问题必须透过现象认清本质，这样党内开展批评和自我批评才能抓住解决矛盾的根本和关键，收到事半功倍之效。其次，充分认识到党内批评和自我批评这一武器背后所体现的本质，坚定党内开展批评和自我批评活动的决心，以最大的努力把这项工作做好。最后，透过现象认识本质的过程不是一个简单的过程，党内批评和自我批评的整个过程都要保持郑重的态度，不可轻率。

（三）马克思主义认识论、实践论的具体体现

马克思主义认识论、实践论，即辩证唯物主义认识论，引入实践范畴，真正贯彻了唯物论和辩证法，是科学的认识论。党内批评和自我批评，"是马克思主义认识论、实践论的具体体现"[①]。

1. 实践的观点是辩证唯物主义认识论的首要的和基本的观点。实践

---

① 刘云山：《关于批评和自我批评的几点认识》，《党建》2013 年第 10 期。

是主观见之于客观的能动的改造和探索现实世界的活动。党内批评和自我批评作为一种解决党内矛盾、加强和改进党的建设的实践活动，体现了辩证唯物主义认识论的实践的观点。

（1）离开了党内批评和自我批评实践活动的开展，党的发展和进步就是一句空话。批评和自我批评是党内政治生活的主要内容，各级党组织、党员和领导干部只有不断地开展严肃认真的党内批评和自我批评，才能推动党的可持续发展和进步。

（2）批评和自我批评是对主体与客体关系的科学调整过程。从批评角度，批评者是主体，被批评者和批评指向的问题，主要错误和缺点是客体；从自我批评角度，自我批评者是主体，自我批评指向的问题，主要错误和缺点是客体，在这里，主客体在某种意义上是重合的，表现为"自我"和"问题的自我"。角度不同，党内各类主体所处的主客体方位就会发生变化。党内批评和自我批评的过程就是要求主体正确地认识客体的过程，通过这一过程，根据客观规律使党内各类主体建构共识，实现和谐一致，推动党的事业的发展。

（3）人在实践基础上认识的辩证运动经历着从实践到认识，又由认识到实践的两个过程。第一个过程，是由感性认识上升到理性认识的过程；第二个过程，是由理性认识回归到实践的过程。党内批评和自我批评，在活动开展之前各类主体必须要做充分的实践准备。因为批评和自我批评进行过程中揭示出的问题和提出的建议只有是一种理性认识，才具有深度的可信性和说服力，而理性认识依赖于或源于感性认识。认识的真正任务就在于由感性认识上升到理性认识，透过现象认识本质。然而，由感性认识上升到理性认识不是消极的自发进行的，充分的实践是基础。一方面要通过亲自实践、亲自调查，掌握丰富而合乎实际的感性材料；另一方面要通过一系列科学思维方法的运用对感性材料进行改造加工。所以，充分的实践准备过程是开展好党内批评和自我批评活动的前提和基础。

理论本身不具有直接现实性，不能直接改造世界。理论只有回到实践中去，掌握了群众，即改造了人们的主观世界，进而变成自觉的行动，才能变成物质的力量，真正达到改造整个世界的目的。因此，在党内批评和自我批评准备过程中形成的理性认识，其可信性和说服力的真正实现必须回到实践中去。通过开展批评和自我批评活动既检验理性认识的正确与否，又促使党内各类主体掌握正确的理性认识，纠正错误的和健全不完善的认识，进而指导今后的思想和行动。这样，批评和自我批评的基本目的才能达到。当然，实践的展开离不开一定的物质条件并采取合适的途径，这是另一层面的问题。

此外，认识的辩证运动是不断反复和无限发展的，因此，党内批评和自我批评活动的开展需要反复的经常进行，从而持续提升党内各类主体的认识和实践水平。

2. 坚持真理，服从真理。真理问题是辩证唯物主义认识论的一个非常重要的问题，人们认识世界的目的和任务，就是通过实践发现真理，然后在真理的指导下改造世界。真理观的内容主要有：真理具有绝对性和相对性；实践是检验真理的唯一标准；坚持真理，反对谬误。"坚持真理，修正错误，是共产党员党性的重要体现，共产党员只要能够做到随时坚持真理，又随时修正错误，那就没有什么困难不可克服，没有什么事情不能办到。"① 党内开展批评和自我批评，就是要坚持真理，服从真理。

（1）真理是认识同认识反映的客体的一致，在一定的界限内是绝对的，党内开展批评和批评过程中要弘扬和守护真理，反对和消除谬误。首先，在一定界限内，真理就是真理，谬误就是谬误，二者不可混淆。在批评和自我批评过程中，要支持真理，用真理批判、抵制谬误，与谬误做斗争。"正确的东西总是在同错误的东西做斗争的过程中发展起来的。"② 通过斗争，真理能够不断扩大阵地，不断丰富和发展自我，从而有利于党内构建健康洁净的政治生态。其次，深入分析谬误产生的原因。有些谬误是由于对真理的相对性认识不足，即忽视或突破了真理的生成和适用范围而产生的，认识主体可能并未否认真理本身，只是在认识或运用真理的环节上出现了偏差。对此，实现谬误向真理的转化，批评和

---

① 钟碧惠：《批评与自我批评的意义和艺术》，求实出版社 1988 年版，第 93 页。
② 《毛泽东文集》第 7 卷，人民出版社 1999 年版，第 230 页。

自我批评要有针对性地进行。再次，要认识到由于种种限制，人们在探索真理的过程中，错误总是难免的。承认错误难免，才能对错误采取正确的态度。要允许别人犯错误和改正错误，党内开展批评和自我批评不能把犯错误的同志"一棍子打死"。最后，坚持实践是检验真理的唯一标准。一方面，经过实践检验得出的真理，党内各类主体必须坚持和践行；另一方面，党内开展批评和自我批评过程中，允许被批评者适当的反批评。对于暂时难以形成真理性共识的一些问题的争论，坚持通过实践来证明，而对于如果由于各方面的主客观因素，被批评者暂时难以认识到自己的缺点和错误的情况，要通过具体的实践或事例来进行教育说服。

（2）坚持真理，服从真理就是要勇于和敢于拿起批评和自我批评这一武器。党内存在的各类负面的、否定性因素不会自动自觉地消失，甚至会出现一些力量想方设法极力地掩盖问题，粉饰太平，混淆是非曲直的现象，以至于反对和排斥批评和自我批评武器的运用。对此，坚持真理，服从真理的辩证唯物主义认识论要求党内一切正义力量要勇于和敢于拿起批评和自我批评的武器，揭露和纠正错误，理直气壮反对和抵制邪恶的力量及一切不正常的现象，任何形式的顾虑都是错误的、多余的。

（四）符合历史唯物主义的基本观点：人民群众是历史的创造者

历史唯物主义认为，人民是历史的创造者。这一点反映到党内，具体指党员群众是党的历史的创造者，是党不断发展和进步的决定性力量。这一基本观点对党内开展批评和自我批评有重要的指导作用。

1. 党内批评和自我批评要充分而合理地发挥普通党员群众的力量。党的建设是一项复杂的系统性工程，需要发挥党内各类主体的力量，而不是一个人或几个人的事情。因此，党内批评和自我批评作为党建的有力武器，在党内必须被广大党员群众所掌握，才能发挥最大的效能。首先，基于我们党在不同时期面对的形势和任务，教育全党对党内批评和自我批评这一武器运用的意义和重要性形成科学认知。实行的改造越深刻，越要唤起人们对这种改造的兴趣和自觉的态度。要通过党内思想政治教育，使广大党员深刻认识和相信批评和自我批评对党的重要性。其次，建构起人人参与批评和自我批评活动的党内政治生态环境，即"人人相互批评，人人自我批评"。开展批评和自我批评，对党内各类主体来说，是权利也是义务，绝不能放弃和推卸。再次，党性和人民性是一致的，马克思主义政党始终坚定地认为人民群众是历史的创造者，要充分发挥党外民众对党的发展的作用。党内重视发挥党内各类主体的作用与尊重人民群众是历史的创造者的地位，在认识上是统一的，党外民众对党的发展的功能是通过党内各类主体作用的发挥来实现的。为了调动党外人民群众在党内批评和自我批评过程中的作用，党内各类主体要加强与人民群众的联系，把人民群众对党的呼声和意愿及时反映到党内，把人民群众的意志和利益作为党内批评和自我批评的根本客观标准和出发点。最后，为了有效整合党内力量，使党内批评和自我批评严肃认真、规范有序地开展，必须强调对党的纪律的严格遵守。"我们不需要狂热，我们需要的是无产阶级铁军的匀整的步伐。"[1]

2. 党内批评和自我批评要正确认识党内杰出人物的地位和作用。首先，唯物史观承认群众的地位和力量，但绝不排斥杰出人物的积极作用。列宁曾说："在历史上，任何一个阶级，如果不推举出自己的善于组织运动和领导运动的政治领袖和先进代表，就不可能取得统治地位。"[2] 对党而言，任何时候都要善于发挥领导干部的组织作用，在党内开展批评和自我批评的过程中同样如此。党的领导干部必须高度重视和真正贯彻批评和自我批评的作风，不仅要做到率先垂范，而且要通过科学组织批评和自我批评活动来提升广大普通党员群众的批评水平和自我批评水平。其次，党的领导干部要认识到，一方面，受各方面因素的影响和制约，自己也会犯错误，因此，接受批评和进行自我批评，自己要义无反顾。当然，也要对其他主体存在的负面或消极的东西进行批评，以树立起严肃认真开展对他者批评的典范或样本。另一方面，自己的政治行动和组织行动不是孤立的，否则难以成功甚至走向反面。"在什么条件下可以保证这种活动得到成功？有什么保证能使这种活动不致成为孤立的行动而沉没在相反行动的汪洋大海里？"[3] 坚持群众路线就是条件和保证。因此，

---

① 《列宁全集》第 34 卷，人民出版社 2017 年版，第 188 页。
② 《列宁全集》第 4 卷，人民出版社 2013 年版，第 336 页。
③ 《列宁全集》第 1 卷，人民出版社 2013 年版，第 129 页。

领导干部要本着对党负责的态度，看到自己也是群众的一员，向群众学习，虚心接受来自党内外的批评。最后，党内各类主体要正确对待党的领导干部。一般来说，领导干部的行动是代表组织的行为，党员群众应服从领导干部的指挥。但是，这并不意味着在个体上领导干部就不能被批评和进行自我批评。组织行为和个体行为要区分开来，反对混淆。在个体上，要尊重领导干部，但领导干部并非完人，对其错误行为进行批评是对其真正支持和爱护的一种表现。

综上所述，辩证唯物主义和历史唯物主义作为党的指导思想的重要组成部分，赋予了党严肃认真开展党内批评和自我批评的能力。反过来讲，无论任何时候，党内批评和自我批评只有坚持辩证唯物主义和历史唯物主义的指导，才能真正全面深入、规范有序地开展，从而使我们党始终不忘初心，继续前进。

三　新时期党内批评和自我批评作风培育的重要性

从属性层面来讲，批评和自我批评并非共产党所独有；但从特征层面来讲，马克思主义政党赋予批评和自我批评新的寓意，把批评和自我批评提高到一个全新的境界。党内批评和自我批评是我们党生存和发展的关键性的基本条件，是区别于其他政党的显著标志之一，并在不同的历史时期显现出与时代相适应的特点。新时期加强党内批评和自我批评作风培育既体现了新时期新境遇的需求，又体现了发扬其具有的对推进党的建设新的伟大工程的基本功能的需求。

（一）加强党内批评和自我批评作风培育是合理应对新时期世情国情党情变化的需要

改革开放是当代中国最鲜明的特点，其开启了并推进着中国特色社会主义的伟大历史进程。坚持和发展中国特色社会主义是一项长期而艰巨的历史任务，全党同志都要自觉勇敢地承担起历史所赋予的重大责任，时刻准备着迎接和应对各种困难和挑战、抵御和克服各类风险和阻力，科学解决各种矛盾和冲突以维护党的团结统一，只有这样，才能巩固和增强党的执政地位和领导地位，领导人民跨越艰难险阻，不断把中国特色社会主义事业推向新阶段。而要真正做到这一点，对我们党的综合能力和素质提出了很高的要求，为此，必须要加强党内批评和自我批评作风培育。这是因为党在领导中国人民进行中国特色社会主义建设过程中，面对新形势新境遇，很难避免不犯错误或出现其他负面因素，犯错误并不可怕，可怕的是不承认错误和不能及时发现错误并及时纠正，这会玷污党的健康的肌体，降低党的能力和素质，进而损害党和人民的事业；相反，如果我们勇于和善于运用党内批评和自我批评这一武器，错误及一切负面因素就难有藏身之所，修正错误和消除负面因素就成了提升我们党的综合能力和素质的重要契机。总之，只有加强党内批评和自我批评，党才能不断发展和完善自我，从而始终做到与时俱进，认识和把握整个社会局势，抓住事业和工作的切入点和着力点。

新时期世情国情党情的总体特点可概括如下：世情方面，和平与发展仍是时代主题，国际格局充满多重变数。一方面，世界多极化、全球化深入发展，各国之间相互依赖程度空前加深，发展成为人们的共同追求，和平的力量成为主体，国际形势总体稳定。另一方面，国际格局深度调整，各方力量分化与组合、冲突与合作转换频繁而复杂，世界存在很多不确定不稳定因素。表现在：国际金融危机以来全球经济增长乏力或下行，在全球化本身的固有弊端尚未有效解决的同时，抑制全球化利处的各种形式的保护主义却有强力抬头之势，致使世界经济复苏更加缓慢而复杂；霸权主义、强权政治和新干涉主义有所蔓延，局部动荡时常爆发；非传统安全威胁增大，并与传统安全威胁交织，国际性应对机制和应对效能不足；思想文化领域意识形态和价值观冲突不断；等等。

国情方面，改革开放以来，我国取得的成就举世瞩目，国际地位显著提升，社会环境和人民生活水平都有很大改善。然而，我国仍处于并将长期处于社会主义初级阶段的基本国情没有变，是世界最大发展中国家的国际地位没有变。经济社会发展中存在很多缺点和不足，离人民群众的期望还有相当距离。特别是随着全面深化改革工作的进一步推进，许多深层次的矛盾和问题暴露凸显，亟待破解。这些矛盾和问题出现在多个领域，但最终会集中体现到社会关系领域。如果得不到及时有效解决，一旦有"导火索"，就极有可能形成群体性突发事件，对党和国家的形象造成极坏的社会影响。此外，面对中国力量及国际影响力的强势提升，西方发达国家的警惕之心猛增，对中国采取了各种防范战略和具体打压措施，处心积虑地在国际社会中散播"中国威胁论"，想方设法激化中国与周边国家的领土争端，以达到挤压和遏制中国的发展空间和速度之企图，使得中国发展的外部环境总是异变难定。

党情方面，建党 90 多年特别是中华人民共和国成立 60 多年来，中国共产党发生了深刻变化，这些变化都与党所处的历史方位的转换密切相关。一方面，党已经完成了从革命党到执政党的转变。作为一个长期执政的党，其队伍越来越庞大。目前中国共产党党员总数达到 8900 多万，基层组织450 多万个，队伍所涵盖的性别、民族、学历、年龄、职业等呈现广泛性和复合型特征。庞大的队伍当然有利于巩固党的执政地位，但如何整合出身、社会地位和具体立场、利益等有差异的党员个体之间及各级组织真正做到行动一致是个巨大挑战。另一方面，在领导人民全面推进中国特色社会主义事业伟大进程中，党将长期面临着"四大考验"、存在"四大危险"。能否有效应对和经受住考验、避免和消除已有或潜存危险，关系着党的执政地位和执政基础的巩固，需引起全党的高度警觉。

中国共产党领导中国人民所做的是前人未竟的事业，新时期的世情国情党情变化对于推进党和人民的事业而言，有机遇和优势，但也充满了风险、挑战和艰辛，任重而道远。对此，"打铁还必须自身硬"，一直以来，党始终坚持先从自身做起，严格要求自己。而做到这一点，所依靠的武器正是党内批评和自我批评。"中国共产党从成立至今 90 多年来，之所以能够不断发展壮大，之所以能够战胜一个又一个困难、取得一个又一个胜利，之所以能够始终得到中国人民的拥护和支持，其中一个重要的原因就是党始终坚持在党内开展批评和自我批评。"①

"历史总是要前进的，历史从不等待一切犹豫者、观望者、懈怠者、软弱者。只有与历史同步伐、与时代共命运的人，才能赢得光明的未来。"② 新时期，加强党内批评和自我批评能够使全党面对长期、复杂、

①　张荣臣、谢英芬：《向我开炮——开展批评和自我批评的艺术与方法》，中共中央党校出版社 2014 年版，第 21 页。

②　《习近平谈治国理政》第 2 卷，外文出版社 2017 年版，第 32 页。

严峻的时代考验时始终保持清醒，调动和激发全党的积极性、主动性和创造性，让自己的思想和行动保持与时俱进的优秀品格。"千磨万击还坚劲，任尔东西南北风"，无论形势如何变幻、如何复杂严峻，党内批评和自我批评的武器都是我们党领导全国人民不断取得新的胜利的重要法宝，绝不能放弃或放松。

（二）加强党内批评和自我批评作风培育是新时期推进党的建设新的伟大工程的需要

办好中国的事情，关键在党，因此，新形势下必须不断加强和改进党的建设以确保党的领导地位和执政地位不动摇。党的建设是一项全面的、复杂的系统性工程，只有进行时没有过去时。在长期的执政实践中，党不断总结自身建设的正反两方面的经验，及世界上其他一些执政党兴衰成败的教训，从理论和实践上持续回答着"建设什么样的党，怎样建设党"这个重大课题。

在我们党的历史上，培育和形成了一系列优良作风。作风建设问题涉及多方面、多领域、多层次，具有综合性、整体性特征，贯穿和渗透于党的建设的其他所有内容中。党内批评和自我批评作风作为党的三大优良传统作风之一，不仅对保持和培育其他作风具有促进作用，而且从整体上保障和规定着党的建设新的伟大工程始终在正确的轨道上进行。在《中国共产党章程》中明确指出了党的建设必须坚决实现四项基本要求：一是坚持党的基本路线；二是坚持解放思想，实事求是，与时俱进，求真务实；三是坚持民主集中制；四是坚持全心全意为人民服务。这四项基本要求构成了党内开展批评和自我批评来推动党的建设新的伟大工程进程的基本评判标准，为加强党的建设指明了政治方向。

新时期加强党内批评和自我批评能够推进党的思想建设。"党的建设中最主要的问题，首先就是思想建设问题"[1]，坚持把思想建设作为党的基础性建设，这是一直以来党的建设工作的基本经验。"从思想上建党"在党成立早期就已经明确提出，体现了我们党善于通过推进马克思主义理论的创新发展和学习教育来立党、兴党的政治优势。思想建设包括两

---

[1] 《刘少奇选集》上卷，人民出版社1981年版，第327页。

个层面，一是思想理论本身的继承和发展问题；二是马克思主义理论的学习教育问题，特别是要用马克思主义的最新理论成果教育和改造全党，同一切反马克思主义和非马克思主义做斗争，牢固思想阵地。两个层面的思想建设本身就蕴含着对强烈的批评精神的需求，一方面，任何一种科学的理论都必须随着实践的发展不断进行调整、丰富和完善才能有强大的生命力，为此，我们党必须始终正视指导思想中可能存在的与时代不相适应的一些不足或缺点，及时发现并进行补充和完善。只有坚持与时俱进的马克思主义才是科学的马克思主义，这也是党内进行马克思主义理论学习教育的基本前提。另一方面，用马克思主义理论对全党进行教育和改造，目的就是要消除党内存在的旧的和错误的认识，建立起新的和正确的认识，这要求对党内各类主体本身存在的负面因素首先进行揭露、把握和分析，否则，就达不到教育和改造的目的。党的思想建设过程中，重视党内批评和自我批评作风培育是党在思想上追求自我完善和发展的自觉性和主动性的体现。必须要主动拿起批评和自我批评的武器来推动党的思想建设。

当前，我国的意识形态领域内的形势是非常复杂的，各种文化思潮和意识形态的共生和斗争成为一种常态。反映到党内，我们必须要警惕其对马克思主义作为党的指导思想的地位产生的负面影响。近些年来，一些党的领导干部和党员由于受反马克思主义或非马克思主义意识形态的影响，导致出现思想上的混乱和困惑，甚至丧失了马克思主义信仰。他们思想上的问题和表现于行动上的错误在一定程度上污损了党的形象。面对意识形态领域内的复杂形势，新时期要更加重视批评和自我批评这一武器的运用，而且要用好。通过党内批评和自我批评，能够及时有效地把握党内思想动态，教育全党坚定马克思主义信仰，使全党同志坚持用发展着的马克思主义武装自己，剔除落后的、腐朽的、错误的思想的影响，从而起到统一全党思想、凝聚全党力量开创党和国家事业新局面的重要作用。

新时期加强党内批评和自我批评是促进党的组织建设的重要途径。党的组织建设是遵循党的组织原则，基于形势的发展不断加强和改进党的组织制度、组织机构、组织纪律、领导制度，提高领导干部和党员队伍整体素质的活动。党的组织建设在党的建设中具有重要作用。完成党在不同历史时期的使命，不仅要创新科学的理论、制定出正确的路线方针政策，而且还要有强有力的党组织和队伍来确保理论、路线、方针和政策的严格执行，因此要始终重视党的组织建设。加强党内批评和自我批评，首先，在总体上有利于党及早察觉组织方面存在的问题，从而在建设过程中做到有的放矢；能够促进党内民主，调动全体党员同志的主动性，积极参与到党的组织建设中去，"必须提高党员群众的积极性，党员群众所关心的一切问题，只要可以公开讨论，都让他们进行讨论，对于各级党机关所提出的一切建议，保证能够自由地进行批评。因为只有这样，才能使党的纪律成为真正自觉的真正铁的纪律"①。其次，能够更好地坚持民主集中制，增强党的团结统一。民主集中制是党的根本组织原则，党内开展批评和自我批评是坚持民主集中制基本内容的要求，又以民主集中制为实践标准。一方面，充分发扬民主，通过批评和自我批评有利于统一思想和纪律，而不是强求一致。"如果在所有问题上都是一种意见，一种声音，那倒是不正常的，甚至是危险的。"② 另一方面，开展批评和自我批评以坚持原则、坚持真理和严守党的纪律为要义，绝不允许因单纯追求民主而丢了集中，这样的民主不是真正的民主，不利于党的团结统一。再次，能够推动党的基层组织建设，焕发基层组织活力。党的基层组织建设是党的组织建设的基础性工程，党的一切决定最终都要靠基层组织来贯彻和落实。为了适应新形势新任务的要求，扩大党的工作的覆盖面，必须加强和改进党的基层组织建设。一方面，立足现实需求，适时建立或撤销一些基层党组织；另一方面，不断强化所有基层党组织的作用和功能的发挥，这是党的基层组织建设的关键。毋庸讳言，当前，在现实中我们经常会发现一些基层党组织有名无实、力量涣散，难以在群众中起到真正的领导和凝聚力量的作用。开展批评和自我批评，可以充分暴露党的基层组织中存在的各种问题和不足，通过评估促进党的基层组织系统建构更加科学合理；通过分析、批判和对负面状况的纠

---

① 《斯大林选集》上卷，人民出版社1979年版，第150页。
② 江泽民：《论党的建设》，中央文献出版社2001年版，第42页。

正，有利于对基层组织进行全面系统地整顿，提升其存在感、执行力和领导力，巩固和增强党在群众中的威望，密切党群关系。最后，有利于不断提升领导干部和党员的能力和素质，壮大党的队伍。通过开展批评和自我批评，有利于在实践中充分考察和识别干部，把那些德才兼备、敢于担当、成绩突出和大家公认的优秀党员及时选拔到领导岗位上来；有利于领导干部和党员始终处于组织和同志们的日常监督之中，增强党性锻炼，保持先进性和纯洁性，远离腐败和违法犯罪行为；有利于党的队伍保持健康和清洁，及时发现和清除腐败分子，妥善处理不合格党员；有利于同志之间消除隔阂、沟通感情，增进团结。而党内开展批评和自我批评活动向党外展现出的党的自信和力量并由此使党保持的先进性和纯洁性形象，必将有助于培养和吸收更多社会中的优秀分子向党组织靠拢，加入党组织中。

新时期加强党内批评和自我批评是促进党的作风建设的有力武器。作风建设关系着党和国家的前途和命运。党的作风是指党在思想、政治、组织和生活中一贯表现出来的态度和行为，是党的性质和宗旨的集中体现。在实践中要靠端正各级党组织和党员个体的具体言行来表现和维护。当前，由于经济利益、生活方式和价值选择的多元化取向得不到合理引导，各种落后、腐朽思想得不到有效遏止，使我们党经过长期历史积淀所形成的许多优良传统作风面临冲击和挑战。党的作风问题是新时期亟待正视和解决的突出问题。党内批评和自我批评对党的作风建设具有统领作用，是促进党的作风建设的有力武器。首先，运用批评和自我批评这一武器可以衡量和评估党的其他优良传统作风在党内的存在状况和对各级党组织及党员个体的影响程度，由此指导党的作风建设过程中正确采取相应的对策。其次，通过开展批评和自我批评，能够全面和深刻揭示各级党组织和党员个体身上可能存在的违背党性和宗旨的一些言行和做派，及时纠正，消除负面社会影响。最后，在批评和自我批评开展过程中，针对新情况新问题，可以适时发现、总结和凝练出体现新时代的应该固定下来并倡导和发扬的一些新的党的作风，从而丰富和完善党的作风的内容。

新时期加强党内批评和自我批评是促进党的制度建设的有效手段。重视和加强党的制度建设是改革开放以来，我们党总结历史经验在新形势下党的建设的新思路。党内批评和自我批评的作用体现在，首先，党重视制度建设缘于党对历史上所犯错误的深刻反思。"我们过去发生的各种错误，固然与某些领导人的思想、作风有关，但是组织制度、工作制度方面的问题更重要。"① 我们党正是通过严肃认真地开展批评和自我批评，对以往所犯错误不避讳、不掩盖，从而得出必须重视党的制度建设的结论。其次，通过批评和自我批评可以改革党的制度中的弊端，增强制度执行力，防范以往错误的再犯。任何制度及其形式都不是静止的，需要随着时代的变化而不断健全和完善。对制度的发展坚持批评和自我批评这一武器的运用，能够发现现行制度的不足和缺陷，特别是对以往所犯错误的教训的总结，把获得的教训规定到制度之中，有利于以制度具有的强制性来规范和约束全党避免再犯同类错误。无论何时何地，都要对违反制度的言行在党内进行批评和自我批评，党内批评和自我批评以制度作为判别是非的标准又确保着制度的严格执行，有利于少犯或不犯错误，或者使错误在还不严重时就得以及时发现和纠正。最后，在批评和自我批评过程中，能够与时代相适应，不断发现制度中有待进一步补充和修正之处，使党在实践中形成和发展起来的优良作风以制度的形式保存下来、流传下去，促进党的制度更加成熟、更加完善。总之，党的制度建设在党的建设中处于根本性地位，加强党内批评和自我批评能够使党的制度建设实践真正落到实处。

新时期党内批评和自我批评在反腐倡廉建设中有着不可替代的作用。党的十七大政治报告中第一次将反腐倡廉建设确立为党的建设的基本任务。在反腐倡廉建设过程中，也要重视党内批评和自我批评这一武器的不可替代作用。反腐倡廉以预防和惩治权力滥用为中心内容，坚持惩防并举，注重预防，明确惩治的目的也是为了更好地预防。那么如何更好地预防呢？必须发挥党内批评和自我批评这一武器的作用。党的十八届中央纪委六次全会明确指出，监督执纪的"四种形态"② 是全面从严治党

---

① 《邓小平文选》第2卷，人民出版社1994年版，第333页。

② 四种形态：经常开展批评和自我批评、约谈函询，让"红红脸、出出汗"成为常态；党纪轻处分、组织调整成为违纪处理的大多数；党纪重处分、重大职务调整的成为少数；严重违纪涉嫌违法立案审查的成为极少数。《中国共产党党内监督条例》，《求是》2016年第22期。

的具体举措，其中第一种形态是指"党内关系要正常化，批评和自我批评要经常开展，让咬耳扯袖、红脸出汗成为常态"。党内批评和自我批评作为监督执纪第一种形态的基本要求，指出了党的反腐倡廉工作要从日常做起，发现问题要严格执纪，抓早抓小，有效防止小问题、小错误转化成大问题和违法犯罪行为。党内严肃认真地开展批评和自我批评有利于建构起缓冲区或防护网，避免和遏制一些党组织和领导干部、党员由前一种形态向后一种形态的恶化趋势，提升党的反腐倡廉建设的科学化水平。

此外，党的十九大明确将党的政治建设摆在新时期党的建设新的伟大工程的首位，既是加强党的各方面建设的集中体现，更是对新时期党内开展批评和自我批评提出了新的要求。党的十九大政治报告明确指出，"旗帜鲜明讲政治是我们党作为马克思主义政党的根本要求。党的政治建设是党的根本性建设，决定党的建设方向和效果"。那么，如何加强党的政治建设，凸显政治建设的根本性？党的十九大政治报告规定了基本的内容要求，而党内批评和自我批评作风的功能发挥则是促进党的政治建设效果实现的必然选择。在党内政治生活中，要严格按照基本的内容要求开展批评和自我批评，及时发现和纠正错误，避免和防止一些同志犯更大的错误，给党和人民的事业带来损害。同一切背离党的政治路线、违反党的政治纪律和政治规矩、破坏党的集中统一领导等政治乱象做斗争。党内开展批评和自我批评就是要强化全党同志特别是高级干部的党性修养，提高政治觉悟和政治能力，永葆共产党人政治本色。

综上所述，党内批评和自我批评这一武器，无论在任何时候我们都要坚持和弘扬。只有这样，我们党才能永不僵化和停滞，永远拥有创新和发展的动力和源泉，从而始终保持先进性和纯洁性，向历史、向人民交出新的更加优异的答卷。

第二节 新时期党内批评和自我批评作风的成长土壤

成长土壤是指事物生成和发展的基本条件和环境，离开了这些基本条件和环境，党内批评和自我批评作风的生成和发展将失去根基或举步维艰，难以真正实现。因此，党内批评和自我批评作风的培育任何时候都必须坚定地维护、创建和优化其成长土壤。

一　中国共产党的本质属性是培育批评和自我批评作风的根基

批评，是与人类社会的产生过程相伴随的一种社会现象，自人类产生以后成为人类生活中不可或缺的重要组成部分。然而，只有马克思主义政党能够真正认真地开展批评和自我批评，这是因为中国共产党的本质属性决定了其具备培育真正的批评和自我批评作风的根基。

（一）阶级根基

《中国共产党章程》明确指出："中国共产党是工人阶级的先锋队，同时是中国人民和中华民族的先锋队，是中国特色社会主义事业的领导核心，代表中国先进生产力的发展要求，代表中国先进文化的前进方向，代表中国最广大人民的根本利益。党的最高理想和最终目标是实现共产主义。"党的"两个先锋队"的阶级性质决定了其始终坚持全心全意为人民服务的根本宗旨和为共产主义而奋斗的最高理想和目标。这样的政党不是以本身私利为目的的，是光明磊落、大公无私的党，其全部活动从根本上都是为了实现最广大人民群众的意志和利益。因此，对一切阻碍和损害人民群众意志和利益实现的东西，党都坚决地进行批判和克服，而对一切有益于人民群众意志和利益实现的进步的、真理性的东西，党都坚决地拥护和支持。由此可以看出，党的阶级性及其决定的利益观、最高理想和目标使党具备开展批评和自我批评的先天素质或条件。对党来讲，其随时都愿意抛弃一切不符合人民群众意志和利益的错误的东西，在党内进行批评和自我批评，党除了失掉自身的缺点和错误以外，什么都不会失掉，而得到的是健康的肌体和人民群众的对党的高度认同与衷心支持，有利于促进党和人民的事业的进一步发展。

"以中国最广大人民的最大利益为出发点的中国共产党人，相信自己的事业是完全合乎正义的，不惜牺牲自己个人的一切，随时准备拿出自己的生命去殉我们的事业，难道还有什么不适合人民需要的思想、观点、意见、办法，舍不得丢掉的吗？难道我们还欢迎任何政治的灰尘、政治的微生物来玷污我们的清洁的面貌和侵蚀我们的健全的肌体吗？无数革命先烈为了人民的利益牺牲了他们的生命，使我们每个活着的人想起他们就心里难过，难道我们还有什么个人利益不能牺牲，还有什么错误不能抛弃吗？"①毛泽东同志的这段话告诉我们，只有中国共产党能够真正拿起批评和自我批评的武器，也必须在党内坚持和培育批评和自我批评的作风。要坚持党的阶级性不动摇，这是党内批评和自我批评作风培育的阶级根基。

（二）思想根基

马克思主义作为党的指导思想，其基本立场、观点和方法是党的行动指南。一切从实际出发，坚持实事求是，按客观规律办事，是辩证唯物主义和历史唯物主义的基本要求，因此，党能够正视自身发展过程中出现的缺点和错误，并坚决进行改正。辩证唯物主义和历史唯物主义要求承认矛盾的客观普遍性和特殊性，因此，党能够正视和揭示矛盾并分析和解决矛盾，而不是忽视和掩盖矛盾。从而使矛盾中的负面的、否定的因素得以抑制，正面的、肯定的因素得以支持，推进党及其领导的事业持续发展和壮大。辩证唯物主义和历史唯物主义要求一切从人民群众的利益出发，坚持和贯彻群众路线，因此，党始终坚持党性和人民性的统一，一切以群众的利益要求作为其想问题、办事情的出发点和对错的判断标准。总之，发展的马克思主义以其科学的、博大精深的理论指导着党不断追求进步和完善自己，为党内坚持和培育批评和自我批评作风奠定了坚实的思想根基。

（三）历史根基

党从来就承认由于主客观形势的复杂性，党组织和党员个体在自己的活动中不可能没有缺点和错误，因此，中国共产党自成立以来，就一向忠实于批评和自我批评这一马克思主义政党的建党原则。"我们应该把自己看作是需要而且可能改造的。不要把自己看作是不变的、完美的、

---

① 《毛泽东选集》第3卷，人民出版社1991年版，第1096—1097页。

神圣的，不需要改造的、不可能改造的。"① 革命战争年代，正是由于坚持了批评和自我批评的作风，党不断纠正了党内不同时期存在的右倾和"左"倾错误，使党从幼稚逐渐走向成熟。在党的历史上，1929 年 12 月的《古田会议决议》是一篇系统的将批评和自我批评这一武器成功运用到党和军队建设中去的光辉文献。在党的七大上，会议通过的党章把批评权和建议权明确为党员的基本权利，毛泽东同志所做的《论联合政府》政治报告中指出"有无认真的自我批评，也是我们和其他政党互相区别的显著的标志之一"②。新中国成立后，党内批评和自我批评在党内最高法规《中国共产党章程》中更加明确地规定下来并在内容上不断走向完善，要求全党必须严格遵循。事实证明，无论是革命、建设还是正在进行的改革开放阶段，我们党都非常重视批评和自我批评这一武器在党内的运用，重视这一作风在党内的培育。虽然在党的历史上，出现过对党内批评和自我批评这一武器的错用、滥用，给党带来了重大损失，但我们又正是通过批评和自我批评纠正了这些错误，并使党内批评和自我批评作风在内容要求及应用机制等方面更加科学规范有序。党在马克思主义指导下，经过长期的历史实践淬炼、打磨、改造而成的批评和自我批评传统是新时期党内批评和自我批评作风培育的历史根基。

（四）现实根基

任何事物的发展都必须立足现实，即面向现实、把握现实、解决现实问题。新时期党内培育批评和自我批评作风在继承党的传统的同时，还必须与时代相适应，以解决现实问题，这是其意义或价值所在，也体现了党的与时俱进的优秀品质。党的十八大以来，中央提出"四个全面"的战略布局，指明了当前和今后一个时期党和国家各项工作的关键环节、重点领域和主攻方向。党要始终保持先进性和纯洁性，推进新时期党的建设新的伟大工程就必须在深入推进"四个全面"战略布局的过程中加强党内批评和自我批评作风培育。深入推进"四个全面"战略布局体现了新时期中国共产党党性和人民性的根本要求，构成了党内培育批评和

---

① 《刘少奇选集》上卷，人民出版社 1981 年版，第 98 页。

② 《毛泽东选集》第 3 卷，人民出版社 1991 年版，第 1096 页。

自我批评作风的现实根基。从总体上来说，新时期党内批评和自我批评必须围绕"四个全面"战略布局而展开，把是否有利于深入推进"四个全面"战略布局作为党内开展批评和自我批评的基本标准和行动取向。具体来说，党和国家的建设事业涉及多个领域、多个层次，都有其时代性特点，党内开展批评和自我批评所针对的问题对象自然有其复杂性和时代性，因此必须要进行调查研究，坚持一切从实际出发、实事求是，做到与时代同步，从而使党内批评和自我批评这一武器在新时期放射出新的时代光芒。

二　充分的党内民主文化氛围是批评和自我批评作风培育的可靠保障

充分的党内民主文化氛围与党内批评和自我批评作风紧密相连，也可以说是相辅相成。"如果没有充分的民主生活，没有真正实行民主集中制，就不可能实行批评和自我批评这种方法。"① 在党的历史上，时常会出现一些不良倾向，非常不利于或严重破坏了健康有序的党内民主生活的建构和保持。新时期党内要严肃认真地开展批评和自我批评和进行作风培育，必须清除这些不良倾向的负面影响，努力创建和优化党内民主文化氛围。

（一）增强党内民主意识

创建和优化党内民主文化氛围主要包括党内民主的意识、制度和作风三个层面，其中，意识是思想基础，制度是关键，作风是保证。

探讨党内民主意识的前提是理解和把握党内民主的概念和内涵。就我们党而言，党内民主是指全体党员同志以直接或间接方式平等地参与决定和处理党的一切事务的过程，简单地讲，就是全体党员主人翁地位的实现过程。增强党内民主意识也就是提升全体党员的主人翁意识的过程。

1. 增强党内民主意识，要重视强化党内主体的阶级意识。关于党的阶级性问题在前面已有探讨，但党自身应该具有的特定阶级性并不意味着每一个党内主体就一定能具有和保持较强的特定阶级意识。党内主体

---

① 《毛泽东文集》第 8 卷，人民出版社 1999 年版，第 293 页。

的阶级意识是需要通过党内思想政治教育来不断进行强化的。强化党内主体的阶级意识就是提升党内主体的工人阶级先锋队及中华民族和中国人民的先锋队意识，从而形成马克思主义的利益观，认识到人民群众的根本利益高于一切。党内主体只有拥有较强的阶级意识，才能自觉筑牢其政治身份归属和使命意识，指导其始终以主人翁的态度对待党的一切事务，也就是说，明确阶级归属是增强党内主体民主意识的前奏。

首先，党内主体要时刻不忘自己的阶级归属，才能对"你是谁，为了谁"做出正确回答。在现实生活中，要坚持阶级分析法，站在人民群众的立场上想问题、办事情；要遵循群众路线，接受群众监督，把是否符合最广大人民群众的意志和利益作为衡量工作成败得失的根本出发点和标准。

其次，党内主体要坚持马克思主义的党内民主观念。党内主体对党内存在的错误的非马克思主义民主观念要注意鉴别和批判，尤其是极端民主化和权力过分集中两种错误认识倾向。极端民主化是指片面强调民主，反对以集中为指导的思想，表现为不要纪律、不要组织、不要领导，主张自行其是，其实质是以个人利益为中心的自由主义、个人主义体现。这违背了党的无产阶级的阶级属性和立场。"共产党是无产阶级的政党，除开无产阶级解放的利益以外，共产党没有它自己特殊的利益。"[①]"党的利益是无产阶级和人类解放利益的集中表现。绝不能把共产党看作是图谋党员私利的、行会主义的小团体。"[②] 无产阶级及其政党要承担起解放全人类的重大历史使命，必须具有整体意识和纪律观念。党内主体任何时候都要服从党的利益、人民的利益，在主张民主的同时，还要追求和服从全党思想的统一和行动的一致。极端民主化相对应的另一个认识倾向则是权力过分集中。权力集中有利于确保政令畅通、机制高效运行，但如果权力长期缺乏的有效制约和制衡而过分集中，极易导致独断专行、唯我独尊，民主权利被压制。表现为一支笔、一言堂、一边倒等"家长制"现象，以维护党的集中统一之名遏抑党内不同意见和建议，其实际

---

① 《刘少奇选集》上卷，人民出版社 1981 年版，第 130 页。
② 同上书，第 134 页。

上是违背党的阶级属性和立场的另一变种，与极端民主化具有同质性。权力过分集中会严重束缚党内民主意识的觉醒和培养，伤害党内主体的政治参与热情，最终也会导致党的整体创造力、领导力的下降。因此，不加任何限制的民主权利的过分释放和权力的过分集中都不是马克思主义的党内民主观念，增强党内民主意识要坚决反对这两种错误倾向，从党的阶级性出发，始终遵循党用来处理党内权利和权力关系的民主集中制这一组织原则。

最后，党内主体要适应新形势的变化。随着改革开放和社会主义市场经济的扩展和深化，工人阶级和人民群众内部出现分化和重构，社会阶层越来越趋向复杂，党的阶级意识正面临着严峻的考验。在复杂的形势面前，党内一些人对党的阶级性产生了困惑和怀疑，近年来理论界出现的关于我国当前是否仍存在阶级和阶级斗争的争论就体现了这一点。甚至出现了由于没有看到当代工人阶级自身的新变化和发展而否定工人阶级是先进生产方式的代表、仍是当今社会最先进的阶级的看法。这种认识表面上高呼是顺应时代发展的要求，实则起到淡化和消退党的阶级性的作用，一旦蔓延，将使党面临倾覆之险。因此，党内主体必须时刻保持清醒的头脑，用发展的马克思主义理论武装自己，坚定无产阶级的阶级意识，只有这样，才能真正树立起马克思主义的党内民主意识。

2. 增强党内民主意识，要重视提升党内主体的平等意识、权利意识和责任意识。我们没必要否认，当前在推进党内民主建设过程中，党内民主意识还相对滞后于民主实践。由于许多党内主体缺乏系统的、科学的民主锻炼，民主意识普遍不强或存在偏差和简单化倾向，使得党内民主在实践中走样或流于形式，反过来又对党内民主意识的培养和增强产生消极影响。增强党内民主意识，要从最基本的做起。

首先，要使平等观念深入人心。平等原则是党内民主首要的、根本的原则，其内涵丰富最能体现党内民主的本质，所以在一定意义上，有时将党内民主与党内平等相等同。在党内，平等观念主要包括，主体方面是指党组织、党的领导干部和普通党员群众之间的平等。内容方面是指党内主体除了在组织上、在政治权力行使过程中上下级之间存在领导和被领导关系之外，人格尊严及政治意义上享有的权利和应履行的义务等都是平等的。为了确保内容上的平等，一方面，要反对权力上领导和被领导关系的异化，即这一关系突破其存在边界，统摄和贯穿到党内一切关系领域和范围，使党内主体间的关系单一化，这是对党内平等本质的背叛。另一方面，以权利来监督和制约权力。只有权力来源于权利，权力才会对权利负责。对侵犯权利的现象，党内主体可以通过行使权利进行有效监督和撤销权力或撤换权力的执行者，从而实现党内平等本质的复归，维护平等。实现形式方面，党内平等分为直接和间接两种实现方式，随着时代发展和条件的不断成熟，我们将逐渐扩大直接平等的实现范围。此外，党内平等追求的是一种事实上的平等，而不只是停留于形式上。用这些平等观念来提升党内主体的平等意识，无疑有利于强化党内主体的自觉自主性，在参与党内政治生活过程中保持相对独立而不是依附他者，促进其当家做主的地位得以实现。

其次，要提升权利意识。权利意识在这里是指党内主体对自己享有的权利要有所认知和理解，并勇于和善于行使权利的意识，它是党内民主意识和精神的核心。提升党内主体的权利意识，一是要领会和理解权利的价值和意义，认识到权利的行使是党内民主实践的最直接体现。二是要全面了解权利的内容，做到权利的行使要符合规范。在这里，党内主体的权利主要是《中国共产党章程》和其他党内法规和制度所规定的权利，是政治上的和法制上的，有其特定的范围，而不是一切意义上的，应避免权利的泛化和滥用。因此，党内主体要学习和把握党的各项制度中所规定的权利内容，使权利的伸张做到有章可循，这是树立正确的权利意识的基础。三是要勇于与不利于权利行使的现象做斗争，如无视权利、权利意识淡漠、弱化权利、遭挤压等现象。四是要适当掌握有效有序行使和捍卫权利的方式和渠道。

最后，要加强责任意识。责任意识与权利意识相对应，是党内民主意识另一层面的直接体现。它是指党内主体对党和人民的事业和利益所负有的职责和使命意识。加强党内主体的责任意识，一是要牢记政治身份及政治身份所意味或背负的责任，全身心地投入到党和人民的事业发展中去，维护党和人民的利益。二是绝不能把责任理解成服从甚至依附，在党内随风倒、随大流，而要敢于表达自己真实的看法和意见，将自己的命运与党的命运紧密联系在一起，为党的不断进步和发展做出自己应有的贡献。三是要知道自己所负的政治义务和责任，从党和人民的立场和利益出发，敢于将党内存在的腐败现象和不正之风揭露出来并进行坚决的斗争。

3. 增强党内民主意识，要克服中国传统政治文化中的一些不利因素。中国传统政治文化源远流长，发轫于夏商周三代，定型和臻熟于秦汉时期，经后世历代封建王朝沿袭、发展，到近代走向式微。以现代性视阈来审视中国传统政治文化，其主要是一种权威性政治文化，注重权威与伦理相结合，其中包含的重民、亲民、利民、恤民等"民本"思想与现代意义的"民主"理念有本质的不同。这种"民本"不是"人民主权"或人民当家做主，而是主民和治民，"民"与权威是分开的，在权威面前"民"是受动者、被统治者，是所谓的"子民"或"草民"，而权威对"民"则处于主动地位，权威的象征者是"民"之"父母"、统治者。①中国传统文化历经几千年，对我们的影响是根深蒂固的。当然，中国传统政治文化中的民本思想博大精神，有许多应该继承的优秀的因子，通过加以改进和创新，能够成为当代中国民主发展的重要思想渊源，但其中的不利因素更应引起足够的重视。在党内，增强民主意识，主要是克服中国传统政治文化中"官本位"思想、"臣民"意识和"人治"思维的负面影响。

首先，破除"官本位"思想。"官本位"顾名思义以官为本，就个体而言，是一种尊官、崇官和以当官、求官为个体人生追求的价值观。"官本位"思想作为传统政治文化的糟粕在党内仍有很大市场，原因在于"官"与权力、利益紧密相连，许多人认为当官者可以通过权力满足其各方面的欲望和需求，而且官越大能够获得的利益就越大。"官本位"思想将权力置于至高无上的地位，完全漠视了权力根植于群众权利的本质；同时，权力又是分级的，在此思想主导下，官员内部的"官大一级压死人"现象也就不可避免。因此，其与发展党内民主的要求是相悖的。在

---

① 常士闇：《中国传统政治文化与当代中国民主》，《中共福建省委党校学报》2005 年第 4 期。

党内，增强民主意识，破除"官本位"思想，一是要批判家长制作风，坚持党内集体领导；二是要反对权力凌驾于一切之上，坚持党内一切权力只能来源于全体党员的权利，接受全体党员的权利监督，把权力关进制度的笼子，让权力在阳光下行使；三是要严肃处理党内存在的特权现象及相关责任人，牢固树立全体党员一律平等的思想。领导代表着权力，破除"官本位"思想就是要实现领导尊重权利、维护权利的政治目的。

其次，肃清"臣民"意识。"臣民"意识是一种只唯上的绝对服从、顺从意识。"臣民"意识主导下，人的主体性被最大限度地抑制，个体缺乏独立性和理性，具有很强的依附性特点，人的活动表现为民众遵守和执行官员的意志、下级遵守和执行上级意志来进行。中国封建社会时期的"清官"思想就是"臣民"意识的一种体现，作为"臣民"的群体将其正当利益需求能否满足和命运归宿完全寄希望于所谓的"清官"。在党内，其则表现为绝对一切地信奉领导、服从上级，完全按照上级领导的指示和要求想问题，办事情，不容许有丝毫变通。"书上没有的，文件上没有的，领导人没有讲过的，就不敢多说一句话，多做一件事"①，导致主观能动性不足，创新能力缺失。肃清党内存在的"臣民"意识，党员要提升对其主人地位的认识，除了要求党内保持团结统一外，党员在个体上是独立的，党内不应有依附现象；厘清权力和权利之不同，权力之外，党内主体，无论是领导还是普通党员享有同等的权利、履行同等的义务，绝没有无义务的权利和无权利的义务；提高普通党员参与党内政治生活的积极性和主动性，在实践中培养其主人翁意识。

再次，根除"人治"思维。人治与法治相对应，是依赖某个人或某个政治集团、组织的权威来进行阶级统治和社会治理的一种政治表现形式。"人治"思维体现了对权力的膜拜、对权利的漠视，"官本位"思想和"臣民"意识就是人治思维下的产物，其显然与民主相冲突或者会将民主引向歧途。民主与法治相辅相成，民主是法治的前提，法治是民主的保障。因此，在党内，推进民主健康有序发展必须要加强法治建设，排斥"人治"。只有加强法治，党内才能真正树立起正确的民主意识。

---

① 《邓小平文选》第2卷，人民出版社1994年版，第142页。

最后，中国传统政治文化中公共政治精神欠缺也不利于党内民主意识的增强。梁启超曾言："昔者吾中国有部民而无国民……与他方大国，未一交通，故我民常视其国为天下。耳目所接触，脑筋所濡染，圣哲所训示，祖宗所遗传，皆使之有可以为一个人之资格，有可以为一家人之资格，有可以为一乡一族人之资格，有可以为天下人之资格；而独无可以为一国国民之资格。"① 公共政治精神的欠缺反映到党内，则表现为一些党内主体把参与党内公共政治事务看作是可有可无的事，漠不关心。对一些损害党的利益的行径熟视无睹、置若罔闻，坚持所谓的"事不关己，高高挂起；明知不对，少说为佳；明哲保身，但求无过"、"自家扫取门前雪，莫管他人屋上霜"之类的为人处世态度。一般来说，公共政治精神与党内民主密切相关，增强党内民主意识离不开公开政治精神的弘扬，而公共政治精神的缺乏极易助长专制思维的滋生蔓延，因此，增强党内民主意识需要不断推进党内公共政治精神的培养。

（二）健全党内民主制度

制度是保障和规范党内民主健康、稳定、有序发展的必然选择。健全党内民主制度是一项复杂的系统性工程，涉及的范围与领域是非常宽泛的，它是创建和优化党内民主文化氛围的关键内容。建党 90 多年来，随着对党的建设规律认识的深化，党内民主制度体系得以不断完善和发展，新时期要着重在如下方面做出努力。

1. 以落实党员知情权、参与权、选举权和监督权为重点，健全党员权利保障制度。要认真贯彻《中国共产党党员权利保障条例》，并进一步修改和完善，丰富党员权利，细化保障机制，明确保障程序。

首先，落实和保障党员的知情权。党员对党内事务的知情权是党内民主发展的逻辑起点，是实现其他一切权利的前提。"没有公开性而谈民主制是很可笑的。"② 党的各级组织除涉及机密以外，要注重党务公开，增强党务工作的开放性和透明度，真正做到让权力在阳光下运行。要加强党务公开的平台建设，特别基于信息技术和网络技术的新媒体平台建

① 梁启超：《新民说》，中州古籍出版社 1998 年版，第 54—55 页。
② 《列宁选集》第 1 卷，人民出版社 2012 年版，第 417 页。

设。要逐步建立健全促进各级党务公开的各项具体机制。

其次，落实和保障党员的参与权。参与权具有综合性特征，渗透于党员其他各项权利之中，某种意义上讲，其他党员权利的实现同时也是参与权的实现。为了进一步提高党员对党内事务的参与度，要通过相关制度建设强化对侵犯党员权利行为的责任追究，给予严肃处理。要健全党内对话沟通制度，建构和畅通党员群众民意的向上输送的各种有效渠道和平台，使党的上层领导及上级组织能够直接、迅捷地听到党员群众的意愿和呼声。要探索和完善党内情况、决策及时通报、听证和辩论制度，征询党员的意见和建议，开展充分的讨论，从而实现广大党员对党的决策过程的参与。

再次，落实和保障党员的选举权。选举权是一种决定权，党员选举权的实现程度是党内民主发展水平的重要衡量标准。推进和深化党员选举权的实现，要适应党的建设新形势和发展党内民主需要，总结吸收近年来地方各级党委和基层党组织在选举工作中创造的好经验好做法，将其及时上升到制度层面。要进一步改革和完善党内选举办法，严格选举程序，严明选举纪律；改进候选人提名制度，候选人的提出和确定要充分发扬党内民主，加强与广大党员群众的沟通，将他们的意愿和要求作为候选人提名标准的根本要求，进一步探索扩大普通党员参与推荐候选人路径和渠道的制度，同时正确发挥党组织的引导功能；完善候选人介绍制度，把组织介绍（包括选举单位和候选人所在党组织及工作单位、生活社区等）、所在组织和单位的同志和同事代表介绍、候选人自我介绍有机结合起来，并确保相关介绍内容的客观、真实和公正；健全党内选举竞争制度，规范差额提名，扩大差额选举的比例和适用范围，探索增大直选的范围并完善相关制度；建立健全选举责任追究制度，严厉打击选举过程中出现的侵犯党员正当选举权的行为；等等。总之，以制度来建构能充分体现选举人意志的程序和环境。

最后，落实和保障党员的监督权。党员的监督权是指在党内事务处理过程中，党员对党内权力运行系统的监察和督促权利。党员监督权的实现是党内民主政治生活健康正常的基本保障。来自党外的监督，如民主党派的监督、人民群众的监督及新闻媒体的舆论监督最终要通过党内监督来发挥作用，特别是应重视通过党员监督权的实现来发挥其效能。"要有群众监督制度，让群众和党员监督干部，特别是领导干部。"① 实现党员的监督权，必须坚持和体现党内权力根源于全体党员权利，对全体党员负责，接受全体党员监督的根本原则。具体制度层面，要完善述职述廉制度、党员质询制度、弹劾和罢免制度等；建立健全党内党外监督互动制度，扩大征集社情民意的范围，拓宽征集渠道，使党员监督最大限度地反映党内外群众的意愿和呼声；建立健全党内舆论监督制度，规范党员舆论监督行为；健全巡视制度，使党员监督能够及时与上级党组织监督有效对接；建立健全监督登记制度，对党员的监督行为及时登记，及时反馈结果。

2. 完善党的代表大会制度。党的代表大会制度是党内民主的基本制度，是党员参与党内事务的主要渠道。新时期完善党的代表大会制度：

首先，深化县（市、区）党代会常任制试点，试行乡镇党代会年会制。新中国成立后，作为执政党的中国共产党在党内一直未停止过对党代会年会制和常任制的理论探讨和实践尝试。党代会常任制和年会制建设是今后坚持和完善党的代表大会制度的重点内容。

其次，落实和完善党的代表大会代表任期制。从党的十六大提出"积极探索党的代表大会闭会期间发挥代表作用的途径和形式"，到党的十七大提出"实行党的代表大会代表任期制"，并写入党章，再到党的十八大提出"落实和完善党的代表大会代表任期制"，可以说，党的代表大会代表任期制与党代会常任制、年会制一样，是我们党近年来党代会制度建设的重点内容。落实党代表任期制是推进党代会常任制的应有之义。要加快建立健全党代表任期内职权制度，明确代表任期内的权利和义务的内容；要建立健全党代表的活动制度，如代表团活动制度，党代表提案、质询、评议、听证制度，代表联系党内外群众制度等；建立健全党代表行使权利和履行义务的保障制度。

最后，同步建立和完善地方党的代表大会的全委会和常委会制度。在党代表常任制不断推进的过程中，要在不同阶段建立健全相关制度来

----

① 《邓小平文选》第2卷，人民出版社1994年版，第332页。

规范和正确处理好党代会、全委会和常委会的关系。要完善全委会和常委会议事决策制度，坚持民主决策，这对党内民主生态的整体建构有重要引领作用，而为了更好地发挥这一作用，应加快建立健全党员和党代会代表旁听、列席有关会议的制度。

除以上两点外，还要进一步完善党内组织生活会和民主生活会制度。党内组织生活会和民主生活会是党员和领导干部参与处理党内事务的最直接载体和形式，能够提高党员和领导干部的民主素质，锻炼党员和领导干部的民主能力。此外，党内民主制度的健全不能仅着眼于内容方面，还要注重建立健全程序方面的制度。科学合理的程序设定对制度中党内民主内容的落实和贯彻具有保障作用。

（三）发扬党内民主作风

党内民主作风侧重于具体实践活动，是党内民主政治文化氛围在行动层面的体现。党内民主意识和民主制度能够促进党内民主作风建设，但这并不绝对意味着党内民主意识和民主制度就一定能够直接转化为行动作风。党内民主作风是在党的建设的长期实践过程中逐渐生成起来的，并随着实践的扩展和深化得以巩固和发展。除了党内民主意识和民主制度以外，它是多方面因素共同作用的结果。

1. 反对一切有悖党内民主本质的作风。有悖党内民主本质的作风整体上可以分为两类，一类是将党内民主引向歧途的实践；另一类是否定和压制党内民主的实践。

首先，反对个人主义及其表现。个人主义强调个人利益是决定行动的核心要素，将个人自由和个人权利置于第一位。在党内，个人主义作风把党组织当作实现党员个体利益、自由和权利的工具，保护个体在不侵犯他人同等利益、自由和权利的情况下做任何想做的事情。这种作风现实中只会为自己考虑，无视党的阶级性，有这种思想作风的人为了个体私利就会拉拢一些人、排挤一些人，吹吹拍拍、拉拉扯扯，滑向宗派主义，宗派主义是个人主义的主体扩大化表现。个人主义作风如果在党内蔓延开来，必会破坏党的纪律和统一，是严重违背党的民主集中制和党性的表现。发扬党内民主作风绝不是否定纪律和集中，抛弃党性，否则党内民主必将走上歧途，破坏党的团结统一和社会威信，损害党和人民的意志和利益。"在中国这样的大国，要把几亿人口的思想和力量统一起来建设社会主义，没有一个由具有高度觉悟性、纪律性和自我牺牲精神的党员组成的能够真正代表和团结人民群众的党，没有这样一个党的统一领导，那就只会四分五裂。"① 要坚决反对极端民主化、自由主义、无政府主义、宗派主义、报复主义、享乐主义及好人主义等个人主义作风及其表现。

其次，反对主观主义及其实践表现。主观主义是一种唯心主义的、形而上学的思想方法和工作作风，是长期存在于党内的一种顽症。"它是反对马克思列宁主义的，它是和共产党不能并存的。"② 主观主义对党内民主发展的危害表现在，主观主义只凭主观意志、经验或书本、文件想问题、办事情，脱离客观实践，不听取大家的意见，不作细致周密的调查研究，盲目随意地决定和处理问题，那么，有主观主义作风的人，其民主权利的行使不仅不会推进党内民主和党的事业的发展，而且还"往往酿成党内的无原则纠纷，破坏党的组织"③。在实际工作中，主观主义一旦与权力相结合就容易滋生出形式主义、官僚主义或命令主义等。无论是形式主义还是官僚主义都是权力高高在上，民主遭到无视、否定甚至被压制，对党内事务的处理取决于领导干部和领导机关，实际上就是一个人或几个人说了算。决策过程和结果与广大党员群众无关，党员群众只是承担着决策过程和后果的接受者、执行者及拥护者的角色。形式主义、官僚主义这种践踏民主的本质，要求我们发扬党内民主作风，必须对其进行坚决打击和消除。"形式主义、官僚主义作风，对我们党是一大祸害。全党上下，全国上下，必须狠刹形式主义、官僚主义的歪风。"④

最后，反对家长制作风。家长制作风是权力过分集中，不受监督和制约的结果。"权力过分集中的现象，就是在加强党的一元化领导的口号下，不适当地、不加分析地把一切权力集中于党委，党委的权力又往往集中于几个书记，特别是集中于第一书记，什么事都要第一书记挂帅、

① 《邓小平文选》第2卷，人民出版社1994年版，第341—342页。
② 《毛泽东选集》第3卷，人民出版社1991年版，第812—813页。
③ 《毛泽东选集》第1卷，人民出版社1991年版，第91页。
④ 《江泽民文选》第3卷，人民出版社2006年版，第133—134页。

拍板。"① 这种权力过分集中的个人领导或"一把手"现象，即家长制作风在建党初期曾在党内盛行，来自党内不同方面的意见和建议得不到重视，给党的事业带来极大的损害。在国际共产主义运动史上，苏共倒台并退出历史舞台就与其党内家长制作风积重难返导致民主难以正常伸张密切相关。因此，新时期发扬党内民主作风，必须有效制止党内存在的家长制作风，以防止权力腐败，避免产生个人专断和独裁现象。否则，党内民主的实现只能陷入空谈或流于形式。

2. 发扬党内民主作风，重在领导干部。就目前我们党内的政治系统格局而言，党的领导干部对党内民主的发展方向和推进速度与质量起着关键作用。他们了解和掌握着党内众多的资源，作为处理党内事务的负责人拥有更多的发言权，对党内民主的发展能够起到其他党内民主主体难以企及的作用。因此，党的领导干部在坚持和发扬党内民主过程中应当仁不让，党内民主作风的巩固和发展在某种意义上也取决于他们的态度和创新意识与能力。反过来讲，如果缺少他们的参与和支持或参与和支持的程度不够，民主作风在党内要成为主流就将步履维艰、困难重重。然而，党内民主意味着权力的行使会受到监督和限制，人们通常认为这很大程度上会制约领导干部的行动，于是，一些领导干部对发扬民主作风顾虑极多，态度暧昧，动力不足，甚至拖延贻误。所以，必然要加强对领导干部队伍的教育和监督，培养高素质的干部队伍。"政治路线确定之后，干部就是决定的因素。"② 要培养大批能够坚持和发扬党内民主作风，不断推进党内民主改革、创新和发展的领导干部。

首先，教育领导干部坚定民主信念，认清政治形势。党中央对发展党内民主的立场和态度是坚决而明确的，近年来更是采取许多重大举措在实践中推进党内民主建设。要教育领导干部深刻认识到这一趋势和潮流及其不可逆转性，坚定民主信念，做到胸怀大局、把握大势、着眼大事，不怕可能的政治风险又善于规避风险。特别是帮助那些对发展党内民主有疑虑、消极懈怠的领导干部及时转变态度，排除负面因素，领导

---

① 《邓小平文选》第 2 卷，人民出版社 1994 年版，第 328—329 页
② 《毛泽东选集》第 2 卷，人民出版社 1991 年版，第 526 页。

和推进所在党组织的民主实践和创新发展，培养和发扬民主作风。

其次，教育领导干部真正懂得发扬党内民主作风对自身的积极意义。领导干部坚持和发扬党内民主作风，一方面，能够使其在全体党员的监督下代表组织行使党的权力，有利于保证领导干部行使权力过程中少犯错误、不犯错误或者即使犯了错误也能及时纠正，这是对领导干部的一种政治保护，避免其所犯错误的扩大和加重，以至违反党纪国法，甚至走向犯罪的深渊。另一方面，有利于其在工作中攻坚克难，做到政绩斐然。领导干部做工作时总会遇到很多困难，阻碍工作的开展和持续进行，对此，毛泽东同志曾告诫：“凡是忧愁没有解决办法的时候，就去调查研究，经调查研究，办法就出来了，问题就解决了。”① 这里的调查研究，简单地说，就是从群众中来、到群众中去，是尊重民主、发扬民主作风的过程。教育领导干部充分明白发扬党内民主作风对自身的积极意义，能够促使其对发展党内民主逐渐建构起高度的认同，从而赞成、支持和推进党内发扬民主作风，抵制有悖民主、伤害民主的行为。

最后，监督领导干部在发扬党内民主作风方面的做法和行动。领导干部必须承担起在党内发扬民主作风的责任，做到率先垂范，及时纠正其不当或错误的做法和行动，对于胡作非为、屡教不改的人，绝不能姑息，必须严惩不贷。否则，正如其对发扬党内民主作风能够起到强大的正面作用一样，其起到的反面作用也不容小觑，会给党内民主的发展带来重大损害。

3. 发扬党内民主作风，根在全体党员。发扬党内民主作风的主体内容是全体党员党内民主权利的实现，也就是说，广大党员才是推进党内民主发展、发扬民主作风的根本依靠力量。从广大党员自身的本源特点来看，大多数人在入党之前曾是其所在社会群体或组织中的先进分子，具有较高的综合素质和能力，他们加入中国共产党正是为了实现其政治抱负和理想，从内心上当然希望能在党内事务中发挥更多更大的作用，因此对党内民主问题具备一定程度的价值理性和工具理性认知。如果以此简单推导，作为党员自然会在党内大力发扬民主作风，然而事实并非

---

① 《毛泽东文集》第 8 卷，人民出版社 1999 年版，第 261 页。

全然如此。一些党员对待民主权利如同儿戏，不珍惜党组织提供的各种发扬民主作风的机会，敷衍以对；或者对党内存在的违背党内民主，侵犯民主权利的作风或现象漠然置之，不敢进行斗争以坚守民主权利阵地；或者民主权利的行使超出了一定程度或范围及党组织的承受力，给党带来负面影响等等。还有一种情况就是一些党员对民主权利的行使曾经充满政治热情，但由于受到来自其他方面力量的压制或打击，抑或对其民主权利行使的效果不满意而逐渐消退了参与党内事务，行使民主权利的积极性和主动性。要发挥全体党员对发展党内民主的作用，必须排斥和消除这些不利于发扬党内民主作风的状况，因为这些非正常状况具有很大的传染性，会影响到全党同志的民主政治热情，玷污党内健康的民主环境。

首先，教育党员端正行使民主权利的意识和态度。发展党内民主是全党同志共同的事业和目标，离不开每一位党员的参与和努力，每一位党员都不能被忽视或身居其外，要教育党员对此形成充分的认识。对于党员中存在的不利于发扬党内民主作风的现象，在对党员进行思想政治教育的过程中要作详细调查研究，进行深入总结并公开揭示出来，通过分析其产生的原因并提出有针对性的解决方法促进全体党员按照"有则改之，无则加勉"的方针端正对民主的意识和态度，践行民主之风。

其次，教育党员敢于清除一切不利于行使民主权利的障碍。作为党员，是否能够行使民主权利关系着党的事业能否健康发展，因此，立足于党的事业和前途的高度，无论是谁、无论哪一级组织都不能违背党内有关规定，对民主权利的行使设置障碍。要教育我们的党员敢于站出来，对一切阻碍民主权利行使的因素进行清理和消除。

最后，教育党员对发展党内民主的前景充满信心。任何事物的发展都不是一帆风顺的，前进的道路上总是伴随着曲折，党内民主的发展也不例外。要教育党员正确对待坚持和发扬党内民主作风过程中可能产生的不和谐因素及让人不满意的地方，承认党内民主发展的曲折性和渐进性特征，在此基础上，排除干扰因素，保持发扬党内民主作风的恒心不变并力行于实践。

综上所述，要以增强党内民主意识、健全党内民主制度、发扬党内民主作风三个方面为着力点创建和优化党内民主政治文化氛围，从而为党内批评和自我批评作风培育提供可靠保障。

三　新时期党内批评和自我批评作风培育的社会环境条件

新中国成立后，中国共产党成为执政党，其所有政治活动都必然与国家和社会的前途和命运紧密相连，而国家和社会的时代状况也构成了党不断发展和壮大无法脱离的基础和条件。因此，新时期党内批评和自我批评作风培育必须立足于当前的国家和社会环境，坚持从实际出发，实事求是。

当前我国所处的国际环境虽然复杂多变，国与国之间在局部地区或个别问题上矛盾和冲突时常发生，但整体上和平与发展是当今世界的时代主题。我国与其他国家特别是周边国家之间基本上保持着友好与合作的关系，这为党关注自身建设事务提供了良好的国际环境。与良好的国际环境相比，国内稳定、健康、有序的国家和社会环境为新时期全面深入推进党的建设新的伟大工程，培育党内批评和自我批评作风奠定了根本基础和条件。主要表现在以下几个方面：

（一）政局稳定，人心平稳

随着改革步入攻坚阶段，社会也进入"矛盾凸显期"，但我国经济总体发展态势良好，综合国力不断增强，人民生活水平不断提升，人心思定、人心思安是不可阻挡的趋势和潮流。社会矛盾涉及的是根本利益一致基础上的具体利益调整问题，因此社会矛盾不可能激化到不可调和的地步，也就是说，其可以得到和平解决，从而维护社会安定团结的政治局面。这种政治稳定，人心平稳的社会环境有利于党内批评和自我批评作风培育。表现在，一方面，党不用过多担忧改革扩展和深化可能带来社会动荡不安局面以致威胁到党的执政地位的情况，在当前中国的政治格局下，这种情况几乎不可能发生，从而便于党能够腾出和花费更多时间和精力来加强党内批评和自我批评作风培育，推进党的建设。另一方面，维护国家和社会安定是最大多数人的共识和愿望，反映到党内则表现为全党大多数同志竭力维护党的团结统一。这种情势下，党内开展批评和自我批评一般不会故意走极端或走捷径，以破坏党的团结统一为代价来推进党内民主，确保了批评和自我批评作风培育在正确的轨道上进行。

（二）社会主义市场经济体制不断健全和完善，市场经济已经确立起来

改革某种意义上也是一场深刻的革命，搞不好就会断送党和国家的前途和命运，苏共败亡的历史就验证了这一点。改革的根本在经济领域，经济改革是其他一切领域改革的根基。在党的领导下，新中国在经济领域首先进行了一次根本制度层面的革命，即消灭旧的生产资料私有制，建立和健全社会主义生产资料公有制。这一经济革命顺应了时代，解放和发展了我国社会生产力，促进了我国社会主义建设早期取得巨大经济成就，展现了社会主义的优越性。然而，随着社会发展和时代进步，我国经济制度在具体体制机制方面的弊端和不足逐渐呈现出来，对经济发展的束缚和抑制越来越严重，进而影响到社会的整体推进。党的十一届三中全会做出了实行改革开放的重大决策，改革的重点和关键就是经济体制改革。随着认识的不断深化和实践中的不断尝试，党的十四大最终提出建立和完善社会主义市场经济体制的要求；党的十四届三中全会则制定和通过了《中共中央关于建立社会主义市场经济体制若干问题的决定》。可以说，历经几十年的探索和努力，在党的领导下中国特色社会主义市场经济体制在中国基本建立、逐步定型并走向成熟。社会主义市场经济的确立和步入正轨表明了党领导人民进行的改革开放伟大事业度过了最困难、最危险的阶段。其能够按照形成的和正在形成和完善的制度体制机制有序运行，党面对的考验和风险大大降低。虽然经济建设仍是党和国家的中心工作，但与以往相比，党可以调配更多资源去加强和改进党的建设，为党内批评和自我批评作风培育创造了更好的时机和社会条件。

（三）人民民主的不断深化和发展

我国是中国共产党领导下的人民民主专政的社会主义国家，发展人民民主是社会主义民主政治建设的根本性和主体性内容，与坚持党的领导和执政地位具有内在统一性。自党的十六大首次提出"党内民主是党的生命，对人民民主具有重要的示范和带动作用"的观点以后，理论界

对此进行了深入探讨，认为这一观点指出了在中国现存政治系统中发展社会主义民主政治的突破口和生长点，[①] 或者说明确了社会主义民主建设的新的路径选择[②]。这里需要澄清的是，我们不能由此而得出"党内民主与人民民主是决定和被决定的关系"的认识，这种逻辑推导的前提和结果完全是两个方面的问题。事实上，二者之间不是谁决定谁或谁被谁决定的关系。党内民主和人民民主都是社会主义民主的基本内容，相辅相成、互相促进。以辩证唯物主义和历史唯物主义为指导可以将党内民主和人民民主的关系简单概括为，既相互区别，又相互统一。其中，统一性体现的是党内民主和人民民主之间的可转换性和互通性，党内民主对人民民主的发展具有示范和带动作用，人民民主同样也对党内民主的发展具有反作用。而且人民民主的不断深化和发展有利于整个社会建构起能够促进党内民主的优良的民主政治环境。具体表现在以下几个方面：

1. 有利于提高党内主体的民主意识和能力。从政党内民主的起源来讲，现代意义的政党产生之前，民主和人民民主意识和实践就已经存在，政党内民主是参照和依据人民民主生成和发展起来的，所以，人民民主对政党内民主发展的促进作用具有先天性特点。而在人民民主与政党内民主在共生中共同发展的现代社会，人民民主对政党内民主仍然保持着这一特点。具体到我们党而言，一方面，党的阶级性决定了党员也是人民群众中的一员，党员自然也是人民民主的参与者和实践者；另一方面，党的阶级性决定了党的一切行动必须代表人民，发展人民民主自然成为党的政治行动职责。因此，在人民民主的深化和发展过程中，党承担着领导者、组织者、参与者和实践者等多重角色，这对全党同志来说是一种极好的民主锻炼过程和方式，必将有利于提高其民主意识和能力。这种意识和能力反映到党内，对党内民主的推动作用是不言而喻的。

2. 有利于为党内民主发展提供重要借鉴。近年来，我国在发展人民民主方面取得了很多成就，如发展人民民主的制度体系持续建立健全、

---

① 胡伟：《新世纪中国民主政治发展与政治学的使命》，《浙江学刊》2004 年第 1 期。

② 王俊拴：《党内民主对人民民主的示范和带动作用分析》，《政治学研究》2003 年第 2 期。

通过"试点"进行民主尝试和全面推行获得的经验、人民群众民主素质整体提升方式和路径的探索和创新等，为党内民主发展提供了重要借鉴，有利于指引党内民主健康有序发展。此外，人民民主与党内民主之间的可转换性和互通性，使得二者能够互补不足、互通有无，在互动中协同共进。简单地说，党内民主发展的成功经验可以引入到人民民主实践中进行尝试，以提高人民民主的水平，而在实践尝试中又能够进一步丰富和完善这些民主发展经验，并返回到党内民主实践中进行推广，这是一个循环往复的不断上升的过程，有利于人民民主与党内民主之间互为基础，共同发展。

新时期党内批评和自我批评作风培育是党内民主发展的基本内容，人民民主的不断深化和发展当然也有益于党内批评和自我批评作风培育，为其提供优良的社会民主政治环境，推进党内批评和自我批评作风不断深化。

（四）群众对党的拥护和支持

这里的群众是指党外群众。党和人民群众是内在统一的，人民群众是党领导和执政的力量之源。群众的拥护和支持是新时期党内批评和自我批评作风培育的社会根基，或者说新时期党内批评和自我批评作风培育需要继续巩固和加强群众对党的拥护和支持。

1. 坚持以人为本、人民至上，保持党的先进性和纯洁性。要不断巩固和加强群众对党的拥护和支持，党必须始终坚持为人民服务的根本宗旨；要切实满足人民群众最关心的意愿和要求，解决人民群众反映最强烈的突出问题，对一切损害人民群众正当权益的行为及时纠正、严肃追责；要加强反腐倡廉建设，保持党的纯洁性形象，这是党取信于民、赢得民心的重要路径。有了群众的强有力的拥护和支持，党就不用担心太多外患和敢于突破各种阻碍因素对党的一切正当行动的干扰和束缚。社会中的那些抹黑和非议党的形象的言行会遭到大部分群众的抵制和批判，只能停留在极小的范围，不会产生大的社会负面影响，这为党内批评和自我批评作风培育营造了健康清洁的社会氛围。

2. 增强群众对党内批评和自我批评这一党的作风的认知水平。要通过各种方式和途径教育群众充分认识党内批评和自我批评这一作风对党和对人民的价值和意义。党内开展批评和自我批评是坚持和贯彻党的群众路线的有力武器，是从人民群众的意志和利益出发，对全体党员进行揭短亮丑的行动，以使有缺点和错误的各级党组织、党的领导干部和广大党员及时纠正其行为，即通过批评和自我批评，实现"照镜子、正衣冠、洗洗澡、治治病"的效果，从而更好地为人民服务。人民群众把握住这一点，一方面，群众在党外就会凝聚成力作为我们党严肃认真开展党内批评和自我批评活动的坚强后盾，以宽大包容之品格体谅批评和自我批评过程中揭示出来的有损党的先进性和纯洁性的各种负面现象，并通过党改正缺点和错误的坚定决心和实践行动进一步高度认同中国共产党领导和执政的正当性和有效性。另一方面，群众可以通过法定的或其他形式的正当渠道和途径为党开展批评和自我批评提供各种资料和素材，对党内批评和自我批评作风培育提出改进意见和建议。群众的这种拥护和支持必将使党内批评和自我批评作风走向深化和创新获得持久的动力基础。

3. 创造条件使群众亲身感受党内批评和自我批评作风。"纸上得来终觉浅，绝知此事要躬行。"党内开展批评和自我批评活动，行使权利和履行义务的是党内主体，普通群众因不具备相关政治身份资格而不能与党内主体拥有相同的权利和义务。来自群众的对党内主体的批评虽然应归属到党内批评和自我批评的范围，但这些批评和建议是通过党内主体反映到党内的，在前面的理论探讨中是将党外群众作为"派生性主体"来对待的。然而，这并不是说群众就不能亲身感受党内批评和自我批评作风，要对"躬行"作另一层面的理解。在不违反党和国家相关法律和制度规定的前提下，一方面，可以抽选群众代表列席和旁听党内批评和自我批评活动，使群众近距离观察和体验党内批评和自我批评作风的严肃性、认真性，直面感受党的力量和魅力。另一方面，创造条件，通过各种媒体特别是新媒体平台对党内批评和自我批评活动进行现场直播，使更多的群众全面、及时了解活动现场情况。这两个方面的举措，既是群众对党内批评和自我批评活动的另一种意义上的参与，实际上也是一种有效的监督手段，促使党内批评和自我批评真正地、实实在在地开展而避免成为空谈或流于形式。更重要的是，群众的亲身感受最终会转化成拥护和支持党内批评和自我批评作风培育的实际行动。

综上所述，笔者主要从党的本质属性、充分的党内民主政治文化氛围和社会环境条件三个维度对新时期党内批评和自我批评的生成土壤进行了探讨。这三个方面是相互统一、不可分割的，既有原本的基础和条件，也有新时期应该创建的和正在创建的基础和条件，全党同志对其要真诚和忠实地呵护和推进，从而实现在健康、洁净、营养的生态政治环境中培育新时期党内批评和自我批评作风的党建要求。

第 二 章

党内批评和自我批评作风的历史考量

> 一切向前走，都不能忘记走过的路；走得再远、走到再光辉的未来，也不能忘记走过的过去，不能忘记为什么出发。面向未来，面对挑战，全党同志一定要不忘初心、继续前进。①
>
> ——习近平

党内批评和自我批评作风是经过长期的历史实践生成和发展起来的，作为党的建设的重要内容，在不同的历史时期呈现出不同的特点。"欲知大道，必先知史"，任何时候都不要忘记历史，这样我们才能牢记初心、继续前进。一部党史就是一部党内批评和自我批评史，对历史进行回顾和反思，总结经验和教训，是新时期搞好党内批评和自我批评作风培育工作的逻辑起点。

第一节　新民主主义革命时期的党内批评和自我批评

五四运动爆发的重大历史意义在于中国工人阶级及其政党从此登上了政治舞台，标志着我国新民主主义革命的开始。关于"新民主主义革命"的概念，毛泽东在《中国革命与中国共产党》中指出："所谓新民主

---

① 《习近平谈治国理政》第 2 卷，外文出版社 2017 年版，第 32—33 页。

主义的革命，就是在无产阶级领导之下的人民大众的反帝反封建的革命。"① 同时谈道，新民主主义革命"是从第一次世界大战和俄国十月革命之后才发生的，在中国则是从一九一九年五四运动开始的"。② 《新民主主义论》对此又做了进一步全面而深刻的理论分析。后来，由于官僚资本主义这一反动力量在中国的不断壮大，毛泽东 1948 年在《在晋绥干部会议上的讲话》中补充了"新民主主义革命"的基本内涵，指出"新民主主义的革命，不是任何别的革命，它只能是和必须是无产阶级领导的，人民大众的，反对帝国主义、封建主义和官僚资本主义的革命"③。新民主主义革命与旧民主主义革命的根本区别在于领导阶级的不同，前者是在无产阶级领导的革命，后者则主要是小资产阶级或资产阶级领导的革命。中国共产党是中国工人阶级的先锋队，"这个革命不能由任何别的阶级和任何别的政党充当领导者，只能和必须由无产阶级和中国共产党充当领导者"④。因此，在某种意义上说，新民主主义革命的开始与党的历史的开启基本是同一历史过程，研究和探讨党内批评和自我批评的历史自然应以此为始。

一　新民主主义革命时期党内批评和自我批评历史回顾

"革命"是这一时期的主流文化话语和主体实践，这构成了中国共产党党内批评和自我批评作风生成和发展的社会历史背景。考察和研究这一时期的党内批评和自我批评绝不能脱离此社会现实。从时间上来讲，如果以新民主主义革命的中心任务是否完成为标准，新民主主义革命时期始于 1919 年的五四运动，止于 1953 年上半年全国土地改革的普遍完成；如果从政治视角以新民主主义政权的建立为标准，则时间止于 1949 年 10 月 1 日中华人民共和国的成立。本课题取后者为标准。

（一）党内批评和自我批评作风的开端

早期的党内批评和自我批评作风萌芽于党外，即对当时社会中存在

----

① 《毛泽东选集》第 2 卷，人民出版社 1991 年版，第 647 页。
② 同上。
③ 《毛泽东选集》第 4 卷，人民出版社 1991 年版，第 1313 页。
④ 同上。

并有一定影响力的非马克思主义思潮和意识形态的反击和批判,并促使中国共产党在建党过程中非常重视对马克思主义的学习、研究和传播以启发工人阶级及其先进分子的阶级觉悟和政治热情。中国共产党的正式诞生,标志着党内批评和自我批评作风的开端。

1. 在论战中改造思想与批评和自我批评。十月社会主义革命的胜利,给灾难深重的黑暗旧中国送来了马克思主义,一批具有共产主义意识的先进知识分子对马克思主义学说进行译介和研究,并在社会中进行传播,不断扩大其影响力,但马克思主义在中国的传播并不是想象中的一帆风顺。20 世纪的中国正处于大分化大动荡时期,西方各种意识形态和文化思潮涌入中国,都试图为中国未来的前途和命运找到一条明路,形成了附于救国救民之名下的古今中外学说百家争鸣的局面。马克思主义逐渐成为当时的主流思潮,是在五四运动发生之后,是同其他各种非马克思主义思潮进行斗争的结果。标志性事件就是理论界的 1919 年 7 月至 1920 年 9 月的"问题与主义"之争。通过"问题与主义"之争,具有共产主义意识的先进知识分子以比较清晰透彻的理论指出了其他非马克思主义流派存在的错误及反动性;打击了社会中存在的对马克思主义、社会主义的歪曲与诋毁;证明了马克思主义、社会主义的合规律性和优越性,适合中国的需求。这一论战过程持续了一年多的时间,其中贯穿和体现了早期马克思主义者的批评作风,"工人运动的基础是最尖锐地批评现存社会"①。同时,在批评过程中,早期马克思主义者也不断纠正着自己对马克思主义、社会主义在思想认识上的缺点和错误,越来越坚定马克思主义信仰。组织层面则影响了更多的青年逐渐树立了对马克思主义的科学认知,走上了马克思主义道路。而一些伪马克思主义者被清洗出或自动脱离中国共产党正式成立前的共产主义小组,纯洁了早期的党的队伍。从中可以看出,早期马克思主义者及其所在组织的实践中具有从批评他人走向批评自己的特点,蕴含着强烈的自我批评精神。这一时期可称之为党内批评和自我批评作风的孕育或酝酿时期。

---

① 《马克思恩格斯选集》第 4 卷,人民出版社 2012 年版,第 595 页。

2. 中国共产党诞生与批评和自我批评。1921 年 7 月，中国共产党正式诞生，其诞生的过程就是批评和自我批评的过程，也标志着党内批评和自我批评作风的开端。

从 1920 年 8 月到 1921 年 7 月，全国多地和海外的日本、法国等地都成立了中国共产党的早期组织，后被统称为共产主义小组。共产主义小组及其成员在学习、研究和宣传马克思主义及与反马克思主义思潮进行斗争的过程中，深刻认识到马克思主义必须被广大工人群众所掌握才能真正转化成强大的物质力量。为了掌握群众和说服群众，早期马克思主义者深入工人群众进行马克思主义理论教育宣传。他们遭遇到了许多原来意想不到的困难和挫折，例如，语言晦涩难懂、不接地气造成与工人群众交流不畅的情况、如何寻找和充分利用工人群众的空闲时间进行理论教育宣传的问题等，但并没有因此而灰心泄气，而是不断创新和改变教育宣传的内容、策略、方式和方法，纠正工作中存在的不足，有效促进了马克思主义与工人运动、早期马克思主义者与工人群众的迅速结合。同时，他们也在与工人群众对接交流的过程中受到了深刻的马克思主义的教育、锻炼和改造，更加坚定了共产主义理想信念，使自己得以不断完善和发展。

1921 年 7 月 23 日中国共产党第一次全国代表大会召开，宣告了中国共产党正式成立。中国共产党是以马克思列宁主义为指导的，以实现社会主义和共产主义为奋斗目标的完全新式的、统一的无产阶级政党。自从有了中国共产党，中国革命的面貌焕然一新。党成立后，思想上，更加重视有组织地加强对每个党员和工人群众的马克思主义理论教育和宣传工作。特别是要求共产党员在言论上更重在行动中都必须表现出来是共产主义者。[①] 在党的队伍发展问题上，党发起成立时基本上都是知识分子，发展过程中，党决定在工人群众中大力发展党员。党的二大通过的党章更是指出只要是承认本党宣言及章程并愿意忠实为党服务的人都可以成为本党党员，这有利于增强党的阶级和社会基础的广泛性。在工人运动问题上，党领导工人群众掀起了中国工人运动的第一次高潮，时间

---

① 《中共中央文件选集》第 1 册，中共中央党校出版社 1989 年版，第 91 页。

上以 1922 年 1 月至 3 月的香港海员大罢工为起点，以 1923 年京汉铁路大罢工为终点。第一次工人运动的高潮彰显了工人阶级的力量，扩大了中国共产党的政治影响，但京汉铁路大罢工的失败也反映了党的革命斗争经验的不足。此时，年幼的党并没有掩盖自己的缺陷，而是及时总结经验和教训，结束自己原来的以为单纯领导工人运动就能取得民主革命胜利的认识和做法，开始寻找在中国社会中的革命同盟军。于是，一方面将目光投向了农民，"因此种种压迫农民自然发生一种反抗的精神……故我党第三次大会决议认为有结合小农佃户及雇工……促进国民革命运动之必要"①；另一方面加快了与在当时的中国政治影响力最大、比较革命的民主派政党——国民党团结联合的步伐。"共产国际执行委员会议决中国共产党须与中国国民党合作，共产党党员应加入国民党，中国共产党中央执行委员会曾感此必要，遵行此议决。"② 此外，党从二大就开始提出要重视青（少）年运动、妇女运动的国民革命作用。中国共产党作为新成立的政党，其对中国革命认识的深化，既体现了认识发展规律和实践推动的作用，更散发着党勇于自我批评的精神光辉。

3. 国民革命与批评和自我批评。谈国民革命就不得不从国共两党走向合作的过程谈起。党的二大议决加入第三国际，中国共产党成为共产国际的中国支部。按照共产国际的规定，中国共产党必须执行共产国际的一切决议。③ 因此，对于 1923 年共产国际做出的《共产国际执行委员会关于中国共产党和国民党的关系问题的决议》，党的三大决议遵行。事实上关于国共两党要不要合作的问题，就共产党一方来讲，党内的反对意见刚开始是相当大的。比如当时党的主要领导人陈独秀同志就代表党内同志在给维经斯基的信中对两党合作持反对意见，并列举了不赞成的理由。④ 此后在共产国际代表马林的劝说下，以陈独秀为代表的中国共产党才逐渐改变了以往的认识，并公开表达了国共两党合作的希望。⑤ 然

---

① 《中共中央文件选集》第 1 册，中共中央党校出版社 1989 年版，第 151 页。
② 同上书，第 147 页。
③ 同上书，第 71 页。
④ 同上书，第 31—32 页。
⑤ 《中共中央文件选集》第 1 册，中共中央党校出版社 1989 年版，第 33—46 页。

而，马林回到共产国际后发现共产国际执行委员会已做出高估中国革命形势的相关决议，为此，此问题在共产国际的相关会议上进行了激烈的争论，最终通过了上述决议。这才有了后来党的三大上通过《关于国民运动及国民党问题的决议案》决定执行此决议。回首这段历史，可以看到，陈独秀及党内众多同志认识的改变过程践行着党内（这里的党内是指共产国际及所属支部）批评和自我批评作风，批评和自我批评的主体包括共产国际内部相关主体和中国共产党党内的诸多同志。

党的三大之后，中国共产党实质性推进与国民党在国民革命中的合作。但如何把握好与国民党之间既通力合作又保持独立之间的度，面对复杂多变的革命形势，对幼年的共产党来说不是一件容易的事。此后的民主革命进程中党的历史上出现的"左"倾和右倾的错误，涉及内容多与此有关。1924 年 1 月 20 日至 30 日中国国民党一大召开在历史上标志着第一次国共合作的正式形成。中国共产党与国民党一致行动，国民革命进入了新时期。自此直到 1927 年国共决裂，中国共产党对外主要以国民党的名义活动。

这一时期，在处理国共两党的关系方面，党的认识和工作方法是一个不断自我修正和发展的过程，在不同时期根据国民党内部阶级分化的实际状况，党及时出台和发布了相关决议案。1924 年 2 月党的中央执行委员会通过的《同志们在国民党工作及态度决议案》主要是对以个人身份加入国民党并在国民党内从事有关工作的我党同志提出许多严格要求，强调与国民党的忠诚合作。例如：对国民党内不接近我们的分子，要加强与他们的联络以改变他们的态度；对其中的腐败分子，则宜敬而远之，避免矛盾和冲突。此时党对国民党内部的分化状况还未有太多关注并采取相应策略和行动。1924 年 5 月党的中央扩大执行委员会通过的《共产党在国民党内的工作问题议决案》体现了充分认识国民党和巩固我们党的重要性，提出要正视国民党内部的左右派之别，并将我们党划归为左派之列。特别是在议决案中明确要求要在国民党内推行批评自由，利用国民党和共产党的机关报和各种集会在国民革命的根本问题上批评国民党右派的错误。面对国民党右派的进攻和诬蔑，1924 年 7 月 21 日党的《中央通告第十五号》文件中指出，基于国民党内部力量分化得越来越明显，党为了巩固革命的联合要尽量忍耐与国民党特别是其中右派力量的合作，但是对非革命的右派政策决计不可隐忍不加以纠正。党指导下的组织力量应向国民党员中央委员会正当表达对右派政策的不满，在国民党各级党部开会时提出左右派政见不同之争论。孙中山先生逝世后，党发出了为巩固国共合作，要加强发展国民党左派力量的通告。1925 年 10 月党的中央扩大执行委员会通过的《中国共产党与中国国民党关系议决案》指出孙中山逝世后，国民党内部阶级分化彻底显现，官僚买办阶级的分了另立组织，右派势力分立明朗化，其排斥共产党、反对左派。要求我们党的同志改变在国民党内部忽略自己的独立地位而事实地成为国民党左派成员的状况。此外，议决案归纳了国民党内左派、右派和反动派具有的特点。共产党要团结左派力量并推动其与右派和反动势力进行斗争，同时，在阶级斗争问题上我们对他们也不能有丝毫让步。1926 年 5 月的中央特别会议就国民党工作问题指出，在与更反动的势力斗争中"对于右派采用联合战线的政策，去取得他下面'左'倾的分子，去分散右派下面的群众，去暴露右派首领的罪恶"①。应该说，此时我们党对国民党内存在的派别力量划分情况的把握是比较客观的（后来虽然理论上进一步细分为反动的右派、共产派、左派和新右派等，但都是由左、右两派划分演化而来）。1926 年 7 月党的中央扩大执行委员会在《中国共产党与国民党关系问题议决案》中就国民党内中、右派势力的反革命行动和对我们党的进攻问题进行了深刻的自我批评，指出产生这种结果的原因之一就是我们党指导国民党的方式错误，致使国民党内部的派别斗争被掩盖而造成了共产党和国民党斗争的形势。纠正的方法是执行去年十月党的《中国共产党与中国国民党关系议决案》，使党真正在政治上独立，与国民党左派相区分，然后与之相联合，共同应付中派，公开反攻右派。然而后来的历史表明，当时的党中央及主要领导同志在国民革命具体实践中很难真正看清国民党中一些主要领导成员及派别的真实面目，即对以左派面目出现的国民党内政治投机分子和反动势力的革命性估计过于乐观，而对右派分子的反革命性又估计不充分、提防不够。这导致

---

① 《中共中央文件选集》第 2 册，中共中央党校出版社 1989 年版，第 60 页。

在面对国民党右派发动的反革命政变时，党内产生右倾投降主义和"左"倾盲动主义两种错误倾向，给国民革命和共产党带来重大伤害。当然，这并不能否认在对国共两党关系的处理上，我们党在认识和实践上的不断进步及其这一过程中显现出的批评和自我批评的行为品质。

这一时期，对农民阶级和农民运动在革命中的地位和作用的问题，党的认识是在党内存在争论的过程中不断提升的。从党的三大首次针对国民革命中的农民问题通过决议案，此后党的四大通过《对于农民运动之议决案》、党的五大通过《对于土地问题议决案》、在党的领导下1925年5月召开的第二次全国劳动大会通过《工农联合的决议案》、1925年10月党中央扩大委员会通过《告农民书》等政治文件，这些文件中指出了农民阶级是无产阶级的同盟军；中国革命的成功离不开农民，因此必须组织和发动农民，搞好农民运动；调动农民的革命积极性必须解放农民，因此要消除封建土地所有制和封建式剥削，把土地无偿转给农民；不经过农民革命，革命的民主主义的政权是不能建设的；等等。党对中国农民的问题随着革命形势的发展认识越来越深刻。但是，党内在执行党的关于农民问题决议的具体实践中存在两种错误倾向，"第一种倾向，以陈独秀为代表，只注意同国民党合作，忘记了农民，这是右倾机会主义。第二种倾向，以张国焘为代表，只注意工人运动，同样忘记了农民，这是'左'倾机会主义"。[1] 毛泽东撰写的《中国社会各阶级分析》主要就是为了反对党内存在的这两种倾向，文中指出中国无产阶级的最广大和最忠实的同盟军是农民。以毛泽东、彭湃为代表的共产党员在国民革命期间非常重视培训农运骨干、组建农民协会，主张采取多种多样、生动活泼的途径和方法加强对农民阶级的思想政治教育。然而，当时党内主要领导同志不愿意接受正确的意见，坚持错误见解，为了迁就国民党，他们宁可抛弃农民这个天然的同盟军。[2] 为了回应一些同志对农民革命运动的责难，毛泽东同志在亲自深入湖南农村进行调查研究的基础上撰写了《湖南农民运动考察报告》一文。在整体上这是两篇对党内存在的错

---

[1]《毛泽东选集》第1卷，人民出版社1991年版，第3页。

[2] 同上书，第12页。

误倾向进行严肃认真地批评和自我批评的经典文献，又是毛泽东同志面对党内对正确意见和建议的责难和批评而进行的正确的反批评——另一种形式的批评的光辉文献。在内容层面，毛泽东同志在文中对国民党中的反动力量进行了严厉的批判，对国民党内和我们党内指摘和否定农民运动的认识和做法进行了批评。"嘴里天天说'唤起民众'，民众起来了又害怕得要死，这和叶公好龙有什么两样！"① 而且，毛泽东同志还对自己以前存在部分否定农民运动的错误进行了自我批评②。毛泽东同志的这种实事求是的批评和自我批评态度和精神彰显了一个真正的无产阶级革命家风范。

　　这一时期，党的思想政治教育工作经验不断积累，成效显著。党对批评和自我批评这一武器的运用体现在：一方面，党在革命军队中开展了卓有成效的思想政治教育工作。围绕第一次国共合作、东征和北伐战争，党在黄埔军校、国民军和国民革命军中主持和参与了思想政治教育工作。无论是在军校还是在军队、平时还是战时，党在思想政治教育工作中都及时总结经验教训，从方方面面、深入细微之处纠正工作中存在的缺点和不足，形成了一系列党早期的思想政治教育方针、条例、规定等制度。另一方面，党自成立以来，就非常重视思想政治教育工作，并及时纠正工作中的错误和缺点。自党的一大在中央局三人组中由专人负责宣传工作以来，党的宣传部门及工作队伍就不断健全和完善（除"文革"期间被取消外）。国民革命时期，党颁布了《教育宣传问题议决案》（1923年11月）、《对于宣传工作之议决案》（1925年1月）、《宣传问题议决案》（1925年10月）、《关于宣传部工作议决案》（1926年7月）等一系列重要的文件指导党的思想政治教育工作健康有效开展。从纵向来看，其内容规定是不断修正和完善的，其中充满了总结、反思和批评的

---

① 《毛泽东选集》第1卷，人民出版社1991年版，第42页。

② 毛泽东在谈到农民的文化运动时写道："我从前做学生时，回乡看见农民反对'洋学堂'，也和一般'洋学生'、'洋教习'一鼻孔出气，站在洋学堂的利益上面，总觉得农民未免有些不对。民国十四年在乡下住了半年，这时我是一个共产党员，有了马克思主义的观点，方才明白我是错了，农民的道理是对的。"《毛泽东选集》第1卷，人民出版社1991年版，第39—40页。

精神。

此外，关于党内批评和自我批评实践还有一些具体的历史事例，如：在党的五大上讨论陈独秀同志的报告时，许多代表的发言都直言不讳地对陈独秀的右倾错误进行了批评，从而否决了他的一些错误主张，陈独秀本人也承认了一些错误；后来在武昌召开的党中央扩大委员会会议上，以任弼时为代表的党内同志继续对陈独秀同志的错误进行了针锋相对、不屈不挠的斗争，批判了其专制和武断的家长制作风。① 不足的是，虽然党内许多同志对陈独秀的错误有所认识并进行了批评，但并没有从全党的高度明确提出改正错误的方法，使得右倾错误路线仍在全党处于主导地位，这也说明党内批评和自我批评这一武器在当时的应用并不彻底。

自中国共产党创立后，随着其对国家和社会事务的参与面逐渐扩展和参与度持续加深，党面对的党内党外各领域、各层次的矛盾和问题越来越多，犯错难以避免。如果不能及时正确地解决面对的矛盾和问题，改正错误和不足，党就举步维艰，难以真正承担起挽救民族危亡、实现民族独立和人民解放的历史使命，这要求党必须与时代同步不断发展和完善自己。可以说，党在这一时期展现出的批评和自我批评品质和精神风貌更多缘于形势和问题的倒逼作用，具有较强的自发性特征，这是本课题研究将这一时期定性为党内批评和自我批评作风的开端的主要原因所在。当然，在先进的马克思主义理论指导下，加上轰轰烈烈的革命运动的历练促使党利用批评和自我批评这一武器来发展和完善自我的自觉性越来越强。

（二）党内批评和自我批评作风的形成和发展

国民党反动势力集团相继背叛革命，标志着国共合作破裂，第一次国内革命战争结束，国民革命彻底失败。中国共产党领导和发动的南昌起义，打响了武装反抗国民党反动派的第一枪。之后，全国各地都爆发了党领导的起义。从此，党开始建立革命根据地，创建自己领导的人民军队，我国的新民主主义革命进入党领导下的土地革命时期。党在以往经验的基础上，为了巩固党的生存与发展和保持党的先进性，主动对党

---

① 洪梦、成晓明：《"党的骆驼"任弼时》，《党史文汇》2013 年第 3 期。

内存在和流行的各种错误倾向进行了批判和清除。也正是在对党内出现的各种错误的剖析和批判过程中，党内批评和自我批评作风逐渐形成。

1. 八七会议与党内批评和自我批评。面对国民党反动派对共产党和革命群众猖狂屠杀和清洗的反革命政策和行动，1927 年 8 月 7 日党中央在汉口召开紧急会议，史称"八七会议"。这次会议批判和纠正了陈独秀和全党内部存在的右倾错误，选出了新的临时中央政治局，确定了土地革命和武装斗争的总方针，明确了当前和今后革命斗争的正确方向和主要任务。

八七会议虽然只开了一天，但重温这次会议的整个过程可以发现，批评和自我批评这一武器的功能和作用得到了在当时情况下最大限度的释放和发挥，或者说其历史地展示了党内一次比较成功的批评和自我批评实践。出席人员自由自主讨论了大革命失败的经验和教训，对党和党的主要领导人所犯的路线错误进行了深刻的批评和自我批评。充分体现了我们党和党内同志具备不掩盖、不回避和敢于揭露党内存在的错误的优秀品质。会议通过的《中国共产党中央执行委员会告全党党员书》和关于最近农民斗争、职工运动及组织问题等的议决案的内容是党对以往错误的深刻剖析及制定出的今后行动举措，这正是批评和自我批评实践所要追求的效果。

八七会议主要是反对以陈独秀为代表的右倾错误，然而却忽视了防"左"，使党内"左"倾错误得以滋生和蔓延，给党的力量造成了损害，这是一个应当深刻汲取的历史教训。随后，党就认识到了"左"倾错误及其危害，当时主持中央工作的瞿秋白同志在临时中央常委会上就自己应承担的责任作了自我批评，到 1928 年 4 月党在实践中基本结束了全国范围内的瞿秋白为代表的"左"倾错误。而中共六大则对党内的陈独秀为代表的右倾错误再次进行了清算，同时批判了瞿秋白为代表的"左"倾错误，党内许多同志在批评党内存在的错误的过程中受到了深刻的教育。

八七会议相关决议文件的生成过程和内容规定及八七会议后党对右倾、"左"倾错误的清算过程，表明了党不仅在认识上而且在实践中利用批评和自我批评这一武器来推动党的完善和发展的自觉性程度大大提高。

2.《古田会议决议》与党内批评和自我批评。1928 年 4 月底毛泽东率领的秋收起义部队与朱德、陈毅领导的南昌起义部队余部和湘南暴动武装在井冈山胜利会师，组建了中国工农红军第四军。红四军在毛泽东、朱德、陈毅等人的正确领导下不断发展壮大，开创了党领导的革命事业的新局面，成为令人瞩目的党正确领导中国革命的一面旗帜。然而，连续不断的军事斗争，在取得节节胜利的同时，红四军党内暴露出很多问题，这些问题可以统称为非无产阶级或非马克思主义思想路线的消极影响，其对党的正确路线的产生和执行阻碍非常大。1929 年 6 月下旬红四军召开第七次党代会，会上党内分歧和争论公开化。由于前敌委员会（以下简称前委）未能有效地科学引导，放任内部斗争，毛泽东同志的许多正确主张不被多数代表接受，暂时失去了在党内的领导权。新当选的前委书记陈毅同志去上海向中央汇报。1929 年 9 月 28 日中共中央发出由陈毅起草、周恩来审定，中央政治局讨论通过的致红四军前委的指示信，即"九月来信"，由陈毅同志带回传达。"九月来信"的内容对红四军党内存在的缺点和错误进行了批评，并对今后的出路和行动作出指示。"九月来信"带到红四军并在前委会议上传达后，对统一红四军党内思想和开好古田会议产生了重大影响。

1929 年 12 月 28 日—29 日红四军第九次党的代表大会在古田村召开，即著名的"古田会议"。会上，陈毅传达了"九月来信"的内容，毛泽东同志作政治报告，朱德同志作军事报告。与会同志讨论了中央指示和上述报告，共同总结了红四军党和军队建设的经验和教训，一致通过了《中国共产党红军第四军第九次代表大会决议案》，简称《古田会议决议》。决议整体上包括八个部分的内容。首先，第一部分"关于纠正党内的错误思想"是决议最为核心的内容和逻辑前提，"指出四军党内各种非无产阶级意识不正确倾向的来源，表现，及其纠正方法，号召同志起来彻底的加以肃清"[1]。其针对性解决的是党内思想层面的问题，深刻体现了从思想上建党的原则。在内容上第一部分列举了党内存在的单纯军事观点、极端民主化、非组织观点、绝对平均主义、主观主义、个人主义、

―――――――――

[1] 《中共中央文件选集》第 5 册，中共中央党校出版社 1990 年版，第 800—801 页。

流寇思想、盲动主义残余八个方面的错误思想观念及其具体表现形式，并提出了纠正的方法。从整体上讲这是红四军党内在自觉地进行深刻的自我批评，而对具体的党内主体特别是存在相关错误和缺点的党内主体来说则是公开的批评，自然也蕴含着党内主体应按照决议要求查摆自身、进行自我批评的意义。其次，决议中多次谈到党内存在的关于"党内批评"的一些错误的认识和做法及可能产生的负面后果，并指出正确进行党内批评的原则、方法和要求。最后，在透彻揭示和分析党内的错误思想并提出纠正方法的基础上，决议对红四军及党内的各项工作进行了部署，即决议的第二部分至第八部分的内容。在行文理路上，第二至第八部分的规定与第一部分基本上是一致的，指出了有关工作的意义或必要性、工作中存在的问题和错误、纠正的原则和方法或者说对工作做出新的部署。决议内容所呈现出的以上特征，足以证明党内批评和自我批评的自觉性在此时已然形成。可以说，《古田会议决议》是党的历史上一篇充满了党内批评和自我批评理性思维和精神的、全面系统地自觉运用党内批评和自我批评这一武器的佳作。鉴于当时红四军在党领导的所有武装力量中的地位及后来中央革命根据地的形成，《古田会议决议》很快就突破红四军的范围而对全党全军产生着重大影响作用。关于《古田会议决议》的历史地位，有学者甚至认为，由于党的六大通过的党章许多方面已经不适用当时的形势，在新的党章不能及时制定出来的情况下，《古田会议决议》发挥了临时党章的作用。① 总之，《古田会议决议》是党的建设史上的一个里程碑式的纲领性文件，在整体上标志着革命时期我们党党内批评和自我批评作风的形成，党内批评和自我批评真正发展成为我们党的一种自觉性习惯。

3. 长征前后的党内批评和自我批评。面对复杂多变的革命环境和形势，应澄清的是，党内批评和自我批评作风在这一时期即使已经形成，也并不代表党就不会再犯错误或有缺点，当然也不代表批评和自我批评这一武器的运用在实践中就不会出现偏差。而党及其领导的事业发展过程中经常出现难以避免的错误和缺点反过来论证了任何时候都不能丢掉

① 齐雪、陈坚：《党章为镜》，《刊授党校》2014 年第 7 期。

党内批评和自我批评作风，绝不可有丝毫松懈；批评和自我批评这一武器应用中出现偏差及其危害则警示我们正确开展党内批评和自我批评极其重要。

党的六届二中全会之后，党领导下的全国革命形势如火如荼，与此同时国内外环境也给革命带来了有利时机①。然而，中共中央在李立三同志的主持下对革命时机太过乐观以致做出了错误的估断。1930 年 6 月 11 日中央政治局通过了《新的革命高潮与一省或几省的首先胜利》的决议，以李立三为代表的"左"倾冒险主义开始在中央居于主导地位。"左"倾冒险主义给党领导的革命造成的伤害是巨大的，一方面中心城市的工人罢工和武装暴动失败，党在国民党统治区的组织和工作又遭到摧残和破坏；另一方面苏区红军也遭到重大伤亡，部分根据地丧失或基本丧失。对于李立三为代表的"左"倾冒险主义，不仅党内许多同志以各种方式进行了一定程度的批评和抵制，而且也受到了共产国际的批判和指责。为了结束"左"倾冒险主义在党内的统治和危害，1930 年 9 月 24 日至28 日，中国共产党召开了扩大的六届三中全会。"在二中全会后，就提出自我批评的问题，尤其是最近中央因策略上犯了部分的错误，于是号召同志在国际路线之下，来检查自己的工作，以自我批评的精神，来纠正这些错误，这就是布尔什维克党的原则。"② 六届三中全会是一次系统深刻的体现党内批评和自我批评作风的会议。会上党中央对二中全会以来党的全部工作以及政治局的工作进行了梳理和检查，在共产国际的指导下，坚持批评和自我批评，公开揭露了工作中的缺点和错误及产生的根源，并坚决予以纠正；李立三同志主动承担责任，真诚地做了自我批评；三中全会通过的各项决议也就以往各项工作中存在的错误及原因做了说明，并指出应坚持的正确路线和策略。为宣传和贯彻三中扩大全会的精神，党发布的《中央通告第九十一号》对其作了总结性阐述和评价。通告强调指出在复杂的政治变动中，中央政治局犯了不少策略上的错误，

---

① 在国内，1930 年 5 月，蒋介石与冯玉祥、阎锡山、李宗仁之间发生了"中原大战"；国际上，1929 年 10 月开始，资本主义世界爆发了空前严重的经济危机。

② 《中共中央文件选集》第 6 册，中共中央党校出版社 1989 年版，第 382 页。

全会的重要任务就是要纠正错误，开始策略上必要的转变；为了做到这一点，中央政治局坚决执行布尔什维克的自我批评精神，在全会中进行了反省，相关责任人也受到了批评并做了自我批评。通告最后得出结论：全会是一次成功的大会，在这个基础上，党将更有力量领导起中国革命走向更大的胜利。

　　然而，共产国际在满意中共中央纠正以往错误做法的同时，又发出新的指示。其在《共产国际执委关于立三路线问题给中共中央的信》中指出，"国际执委坚决地希望：中国共产党中央委员会能够有布尔什维克的坚持性和彻底性，去实行国际执委的决议案，决议以及政治指令中所包含的政治路线，这样去保证中国反帝国主义土地革命的前进"。① 这实际上是一种隐含的批评，信中表达的内容充分说明了这一点。该信指出李立三的"左"倾错误在于与共产国际路线的对立，是路线错误，而不仅仅是策略错误，这一错误的实质是用"左"倾的空谈掩盖机会主义的消极。此结论一定程度上否定了三中全会做出的将中央政治局及李立三为代表的"左"倾错误定性为坚持正确路线下所犯的具体策略错误的决议。于是，中央政治局迅速召开会议，对三中全会决议和李立三同志的错误作了补充报告，1930 年 11 月 25 日通过了《中央政治局关于最近国际来信的决议》，明确指出李立三犯的是路线错误。认为"立三同志在三中全会之上也已经承认自己的错误，但是三中全会没有把与国际路线相互矛盾的立三同志的半托洛茨基路线彻底的揭发出来，亦还没有对于立三同志路线的影响占着优势的时期里面政治局的工作，给以正确的估量"②，三中全会对"左"倾错误的模棱两可的调和态度是不正确的。1930 年 12 月 9 日中央政治局通过的决议则进一步对三中全会的调和主义立场作了批判，认为三中全会犯了严重的错误，大有全盘否定三中全会功绩的趋势。1930 年 12 月 11 日的《中国共产党中央委员会告同志书》对立三同志路线的内涵和本质按照共产国际指示作了更加明确界定。1930 年 12 月 23 日的《中央紧急通告》（中央通告第九十六号）号召全

---

① 《中共中央文件选集》第 6 册，中共中央党校出版社 1989 年版，第 644 页。
② 同上书，第 500 页。

党坚决执行共产国际路线，反对立三同志路线和党内调和主义。通告认为："三中全会的决议和最近两次补充决议及告同志书是不能领导全党执行国际路线进行反立三路线的斗争的。……在这里，共产国际的七月决议与最近来信是党的目前行动的根本方针。"① 此外，还做出其他保障国际路线与反立三同志路线的决定。通告最后指出"全党同志，动员起来！要挽救目前革命进展中的部分失败和消极，要挽救目前党内的危机，全党同志只有团结一致地站在这一反立三路线之绝不调和的立场上，来执行国际路线，来实现上述决定，这才能领导中国革命到新的伟大胜利"。② 至此，我们会发现，在共产国际路线面前，此时党中央基本失去了自我。对共产国际路线和主张不敢有丝毫批评、怀疑和否定的态度，使得党内批评和自我批评作风走上歧路，结果是党内"左"倾错误不但未得以彻底纠正，而且在以反对右倾错误为主要任务的政治路线下党内新的"左"倾错误逐渐在中央确立统治地位，给党和革命事业带来重大创伤。1931年1月党的六届四中全会之后，以王明为代表的"左"倾教条主义错误开始统治全党达四年之久。

"左"倾错误对党和革命事业的巨大破坏性，可以通过其引起的两大历史性后果来认识。一是革命根据地肃反扩大化。肃反扩大化是党内以"残酷斗争，无情打击"为主要手段的党内斗争，是党内"左"倾教条主义错误走向恶化和不断放大的表现，其名目众多，包括反对取消派、AB团、第三党、陈托派等。表面上，肃反工作看似发扬了党内批评和自我批评作风，是对党内错误路线的纠正，实则混淆了敌我矛盾，是对批评和自我批评这一武器的滥用，违背了批评和自我批评的本质精神，组织上陷入宗派主义错误。到1934年7月肃反工作在各根据地停止时，肃反扩大化造成党和军队中许多高级领导干部和优秀指战员、革命群众被无辜伤害或杀害，导致全国各地革命根据地党及所领导的革命力量迅速下降的严重后果和不可挽回的重大损失。二是第五次反"围剿"失败，中央红军被迫战略转移，开始长征。1930年底至1933年初，蒋介石调集越

---

① 《中共中央文件选集》第6册，中共中央党校出版社1989年版，第548—549页。
② 同上书，第550页。

来越多的兵力对中央革命根据地进行了四次"围剿",但在毛泽东、朱德、周恩来等人的正确指挥下,中央红军都取得了反"围剿"的重大胜利,这也表明了党内"左"倾错误此时在红军对敌的战争中还未有根本性影响。然而,1933 年 9 月蒋介石调集重兵对中央及附近的革命根据地进行第五次军事"围剿"时,红军的指挥权已经掌握在王明"左"倾教条主义的执行者和拥趸者代表博古和李德的手中。这些"左"倾领导者在军事战争中坚持错误路线,实行冒险主义,遇挫折后又实行防御中的保守主义,使红军在许多战役战斗中均遭失利,最终第五次反"围剿"失败。为了保存实力,党和红军不得不进行战略转移,于 1934 年 10 月开始长征。这一时期,"左"倾错误造成的两大历史性后果,对党来说教训是深刻的,同时也说明错用和滥用批评和自我批评这一武器不但不能及时纠正错误,还会使错误产生更长久的伤害和恶劣影响。

1935 年 1 月 15 日至 17 日,中共中央政治局在遵义召开扩大会议。这次会议是在红军第五次反"围剿"失败和长征以来屡受挫折的情况下召开的,是党的历史上一个生死攸关的转折点。多数同志在会上发言,进行了批评和自我批评,经过激烈的争论,统一了思想。会议批评了中共中央在军事领导上的错误,明确指出博古和李德应负主要责任。为了更好地领导红军的军事行动,会议肯定了毛泽东关于红军作战的正确主张,在组织上结束了博古和李德的军事领导权,并选举毛泽东同志为中央政治局常委。会后成立的由毛泽东、周恩来、王稼祥组成的三人小组负责军事行动。中国共产党正确运用批评和自我批评这一武器,再一次纠正了党在革命征程中所犯的错误,结束了以王明为代表的"左"倾错误在党中央长达四年的统治。而毛泽东同志在党和红军中领导地位的确立,为长征的胜利奠定了坚实基础。正是在毛泽东同志的正确领导下,1935 年 10 月红一方面军即中央红军胜利到达陕北,1936 年 10 月红二、红四方面军历经重重困难也到达陕北,三大红军主力在甘肃会宁会师标志着长征结束。

(三) 党内批评和自我批评作风的成熟

全面抗战时期中国共产党党内批评和自我批评作风日趋成熟。党内思想政治教育始终坚持和发扬批评和自我批评作风巩固了党的团结统一,促使党不断改进工作,保证了党的各项决策得以正确贯彻执行和严格遵循，教育和培养了一大批优秀的党员和领导干部，保持了党在革命时期的先进性和纯洁性，从而使党领导的抗日根据地为全国抗日战争胜利做出了特殊贡献。延安整风运动促进了党内批评和自我批评作风走向成熟，某种意义上说，延安整风运动就是一场党内批评和自我批评运动。在党的七大上，毛泽东同志指出："以马克思列宁主义的理论思想武装起来的中国共产党，在中国人民中产生了新的工作作风，这主要的就是理论和实践相结合的作风，和人民群众紧密地联系在一起的作风以及自我批评的作风。"① 党内批评和自我批评作风由此被确定为党在长期的历史实践中形成的三大优良传统作风之一。在这里，自我批评的内涵界定是以广大人民群众为参照从党的整体视角而言的。在党内，自我批评的内涵界定就转变和扩展成党内不同主体之间的批评和自我批评两个方面的内容。

1. 抗日民族统一战线与党内批评和自我批评。1935 年华北事变以后，中日民族矛盾上升为中国社会的主要矛盾，中华民族面临着亡国灭种的危险，抗日救国成为中国革命的首要任务。在此形势下，中国共产党及时调整战略方针，推动国内革命战争向抗日战争转变。

首先，提出建立抗日民族统一战线。中共驻共产国际代表团在共产国际第七次代表大会期间于莫斯科起草了《为抗日救国告全体同胞书》，史称《八一宣言》，提出在中国要建立抗日民族统一战线的政策。《八一宣言》（最早刊载于法国巴黎出版的中文版《救国报》第 10 期，1935 年10 月）发表后在国内外产生了重大影响，对中国革命进入新的阶段产生了重要推动作用。

其次，制定和贯彻抗日民族统一战线的策略方针。《八一宣言》在建立抗日民族统一战线方面的作用是应当肯定的，但也有缺点和不足，表现在：由于参与起草的中共驻共产国际代表团成员远在莫斯科，缺乏对中国革命形势和实际状况的具体分析，因而只是提出了合作抗日的号召，未能提出具体的政策，更没有认识到中国共产党和红军在统一战线中坚持独立自主原则的重要性。1935 年 12 月 17 日至 25 日中共中央政治局在

---

① 《毛泽东选集》第 3 卷，人民出版社 1991 年版，第 1093—1094 页。

瓦窑堡通过的《关于目前政治形势和党的任务决议》和1935年12月27日毛泽东同志的《论反对日本帝国主义的策略》的报告对《八一宣言》的内容起到了具体修正和补充作用。这两个政治文件详细分析了目前政治形势的特点，指出建立抗日民族统一战线政策的必要性和重要性，对狭隘的"左"倾关门主义及其危害进行了批评。同时强调要防范和批判右倾，目前反对右倾是为了更顺利地克服"左"倾，彻底击破关门主义。之后，为了进一步贯彻党的政策方针，纠正党内对抗日民族统一战线、国共两党关系的错误认识，加强党内思想政治教育，党做出了多项决定和指示。1936年12月12日发生的"西安事变"最终得以和平解决，体现了党对抗日民族统一战线的认识进一步深化。1937年5月党中央在延安召开的中国共产党全国代表会议（又称苏区代表会议）上就向国民党让步和建立抗日民族统一战线等相关问题进行了一次系统的说明，对统一全党思想起了决定性作用。1937年8月22日至25日的洛川会议则进一步强调了党在统一战线中保持独立自主性及新形势下加强党对军队的绝对领导的重要性。

再次，对党内出现的右倾主义错误的批评。在中国共产党的努力下和国内外强大舆论的压力下，南京国民政府逐渐真正承担起抗击日本侵略者的领导责任。面对蒋介石为首的国民政府在抗战爆发后采取的进步措施和在军事上国民党军队力量较强的事实，1937年11月回国的王明开始在党内宣扬"一切经过统一战线"、"一切服从统一战线"等右倾主义观点，这种违背党在统一战线中独立自主原则的错误认识对党和中国革命产生了严重的负面影响，不利于保持和巩固国共两党合作的统一战线。为了克服这种错误倾向并防止其蔓延和总结抗战以来的经验教训，1938年9月29日至11月6日党召开了六届六中全会。会议强调了党必须独立自主地领导人民进行抗日战争，批判了在统一战线问题上党内存在的"左"倾关门主义和右倾主义，尤其是后者。"我们的方针是统一战线中的独立自主，既统一，又独立。"① 六中全会通过的政治路线，基本克服了以王明为代表的右倾错误，推动了全党在统一战线问题上思想的统一

① 《毛泽东选集》第2卷，人民出版社1991年版，第540页。

和各项工作的迅速开展。会后，各地党组织和各部队全面传达和深入学习了六中全会通过的政治文件，澄清了党内存在的许多困惑，确保了党所坚持的抗日统一战线政策的正确贯彻落实。

最后，抗日战争进入相持阶段以后，针对国民党内顽固派不断制造摩擦，企图分裂国共合作和统一战线的行为，党始终坚持团结到底与坚决斗争相结合；及时制定和宣传了新的相关策略原则和应对举措，纠正了执行统一战线实践中的错误，从而不断丰富和完善了党的抗日民族统一战线方针。

2. 延安整风与党内批评和自我批评。我们党是一个学习型政党，坚持在学习中认识自我、纠正错误，在学习中自我完善和发展、保持先进和纯洁。党的六届六中全会后，党内存在的"左"倾、右倾错误及其负面影响在一定程度上得以遏制。"但是我们还是有缺点的，而且还有很大的缺点。"①一方面，党的历史上发生的许多错误的恶劣影响还没有从思想上彻底清算，非马克思主义的思想作风仍在一定范围内存在；另一方面面对革命形势和工作的复杂性，基于多方面的原因，党内会产生一些新的问题和错误。这不利于党的团结统一及党领导的中国革命事业的健康发展，因此，我们党迫切需要适时在全党集中进行一场系统的马克思主义学习教育活动。抗日战争进入相持阶段后，党中央所在的陕甘宁边区形势和环境渐趋稳定，再加上以毛泽东为首的党中央领导集体权威的全面确立和巩固及理论层面毛泽东就中国革命和党的建设经验教训撰写和发表了多篇著作等，到1941年，在全党开展马克思主义学习教育活动的各项基本条件已经成熟。

毛泽东同志所做的《改造我们的学习》的报告，标志着马克思主义学习教育活动正式开始，史称"延安整风"运动。延安整风经历了三个阶段：第一阶段是全党整风学习准备阶段（1941年5月至1942年2月），主要对象是党的高级干部，着重政治路线学习；第二阶段是全党普遍整风学习阶段（1942年2月至1943年10月），主要对象转为全体党员和领导干部，着重清除错误的思想方法和工作作风；第三阶段总结党的历史

---

① 《毛泽东选集》第3卷，人民出版社1991年版，第796页。

经验阶段（1943 年 10 月至 1945 年 4 月），重点转移到中央高级干部的路线学习。1944 年 5 月至 1945 年 4 月 20 日召开的中共六届七中全会全面总结了党的历史经验，对党内若干历史问题特别是党中央的领导路线问题作了正式结论，至此，历时近四年的延安整风运动宣告结束。

在《改造我们的学习》中，毛泽东指出党内存在的在学习问题上的错误作风和不足，揭示其实质是"不注重研究现状，不注重研究历史，不注重马克思列宁主义的应用"①。并强调坏作风的传播和蔓延，害了我们的许多同志，因此其虽不是普遍如此，但不可等闲视之，必须加以发现、揭露、批评和纠正。为了反复地说明这个意思，文中列举了党内相互对立的两种态度，即主观主义态度和马克思列宁主义态度。主观主义的态度，"是共产党的大敌，是工人阶级的大敌，是人民的大敌，是民族的大敌，是党性不纯的一种表现"②。马克思列宁主义的态度，"就是应用马克思列宁主义的理论和方法，对周围环境作系统的周密的调查和研究"③，"这种态度，就是党性的表现，就是理论和实际统一的马克思列宁主义的作风。这是一个共产党员起码应该具备的态度"④。那么，怎样纠正错误的态度和作风呢？毛泽东在文中谈了三点具体提议⑤，并总结性地指出改造学习的重要意义，"我们走过了许多弯路。但是错误常常是正确的先导。在如此生动丰富的中国革命环境和世界革命环境中，我们在学习问题上的这一改造，我相信一定会有好的结果"⑥。为确保整风学习取得实效，中央加强组织领导，设置了领导这项工作的专门机关，编辑出版了政治文件集和马克思列宁主义著作文献集。此阶段运动要求和目标的基本实现为之后的全党普遍整风创造了重要条件。

在全党普遍整风阶段初期，毛泽东的《整顿党的作风》的报告和《反对党八股》的演讲全面阐明了整风运动的内容，即"反对主观主义以

---

① 《毛泽东选集》第 3 卷，人民出版社 1991 年版，第 797 页。

② 同上书，第 800 页。

③ 同上书，第 800—801 页。

④ 同上书，第 801 页。

⑤ 同上书，第 802—803 页。

⑥ 同上书，第 803 页。

整顿学风、反对宗派主义以整顿党风、反对党八股以整顿文风"。这两篇文章一方面，对主观主义、宗派主义和党八股在党内存在的具体表现及危害性进行了细致透彻的分析与总结，号召全党同志抵制这些错误，并剖析自己的情况，把自己有的毛病切实改掉。另一方面，明确了反对主观主义、宗派主义和党八股应遵循的宗旨，即"惩前毖后、治病救人"。自此，"惩前毖后，治病救人"成为党内批评和自我批评作风必须遵循的基本方针或应有之义。党在之后领导整风工作过程中做出的所有决定或出台的相关文件和毛泽东的其他相关讲话与著作、其他中央领导人所做的相关报告、发言都是与这两篇文章的精神相一致的。这一阶段党还成立了中共中央总学习委员会专门负责整风工作，加强了组织保障。批评和自我批评这一武器在整风过程中得以自觉、规范并充分的运用。

通过全党普遍整风，各项工作顺利推进，取得重大成就。总结党的历史经验阶段，是整风运动发展逻辑的必然结果。这一阶段，整风学习的重点转移到中央高级干部路线学习上来。首先，1943年9月30日，中央公开宣布讨论党的路线问题。接着，12月初开始在各抗日根据地的高级干部中展开路线问题的学习讨论。此后，中央决定在延安的高级干部中开展路线问题的研究、学习和讨论。这一阶段党的六届七中全会召开，会议通过了《关于若干历史问题的决议》。决议指出，1927年至1937年这十年，我们党不仅取得了伟大成就，而且在某些时期也犯过一些错误。特别是"左"倾错误最为严重，给我们党和中国革命造成重大损失。决议的主体内容就是对1927年革命失败后党内曾经发生的"左"倾、右倾偏向的总结和分析。其明确指出，这十年党内主要发生了一次右倾和三次"左"倾错误，即以陈独秀为代表的右倾、八七会议后的"左"倾、以李立三为代表的"左"倾、以王明为代表的"左"倾（这些错误倾向在前面已作探讨，在此不再赘述）。就"左"倾错误而言，虽然每一次"左"倾错误影响范围和程度有差别，但与右倾错误相比其在党内统治的时间总体上较长。而在三次"左"倾错误中，前两次"左"倾错误由于推行之初就使党和革命力量招致许多损失，引起了党内许多同志的批评和非议，并迅速得以纠正，因此在党内统治的时间都不长。第三次"左"倾错误则在党内统治时间较长，影响也最大。"为了使同志们进一步了解各次尤其是第三次'左'倾路线的错误，以利于'惩前毖后'，不在今后工作上重犯这类错误起见"①，决议从政治上、军事上、组织上、思想上分析了"左"倾错误与正确路线相违背的主要内容，并强调了这四个方面错误的产生不是偶然的，有着很深的社会根源，反映了中国小资产阶级民主派的思想。决议最后做出总结：党在个别时期所犯的"左"倾、右倾错误，相对于党领导下的轰轰烈烈发展着的、取得伟大成绩和丰富经验的整个中国革命事业来说，不过是一部分现象。这些现象是难以完全避免的，而党正是在克服这些错误的斗争中更加坚强起来，逐渐认识到了毛泽东同志的路线的正确性，在毛泽东同志的领导下实现了自觉的空前团结。

中共六届七中全会通过的党的《关于若干历史问题的决议》坚持了一切从实际出发，实事求是，贯彻了严肃认真的党内批评和自我批评作风，是党内批评和自我批评作风发展史上的经典性文件，在某种意义上是革命时期党内批评和自我批评作风成熟的标志。两天之后召开的党的七大上，毛泽东同志代表党中央作的《论联合政府》的报告将批评和自我批评的作风正式确定为党的三大优良传统作风之一，是区别于其他任何政党的显著标志。

3. 解放战争时期②党内批评和自我批评的成功实践。抗日战争胜利后，全国人民渴求和平，反对内战。顺应人民群众的利益和意愿，党提出了"和平、民主、团结"三个口号和和平建设的要求。1945 年 8 月 28日至 10 月 10 日国共两党在重庆进行了和平谈判，签订了《政府与中共代表会谈纪要》，即"双十协定"，国民党同意和平建国的方针。1946 年1 月，各党派在重庆举行政治协商会议，商讨和平建国大业，形成了一系列协议。然而，1946 年 6 月 26 日，国民党撕毁停战协定和政协协议，向中共领导的军队——人民解放军发起进攻，全面内战爆发。面对革命形势的变化，党及时调整路线和策略，教育全党认清形势，及时抛弃和纠正以往过时的认识，领会和学习党的最新决定和指示，从而使全党及所

---

① 《毛泽东选集》第 3 卷，人民出版社 1991 年版，第 970 页。

② 在这里，此表述时间截至中华人民共和国成立。

领导的军队和人民群众不断消除害怕战争的恐惧心理，极大增强了同帝国主义和国民党反动派做斗争的勇气，逐渐树立起必能赢得战争胜利的信心和决心。

经过抗日战争时期延安整风运动的学习改造，党的整体状况是好的。但在土地改革和战争激烈进行的环境下，许多党组织特别是农村基层党组织中存在的组织不纯和作风不纯问题暴露出来。一方面，以前的党内整风运动并未对党的地方组织特别是农村基层组织的作风不纯问题进行解决。另一方面，随着党的队伍的不断壮大，党员质量变得复杂起来。许多混进了我们党的反动分子在农村中把持了党的、政府的和民众团体的组织。他们使这些组织脱离群众，欺骗和压制人民，肆意歪曲我们党的政策。如果不解决这些问题，党领导的农村土地改革工作就不能前进，会进而影响到党领导的人民解放战争。因此，"为了坚决地彻底地实行土地改革，巩固人民解放军的后方，必须整编党的队伍"①。

1947年7月17日至9月13日，中央工作委员会在河北省平山县西柏坡村召开了全国土地会议。会议过程中各解放区代表汇报了土地改革情况，相互交流经验，充分开展批评和自我批评，指出工作中存在的问题和不足。在此基础上，讨论新的土地政策，制定了《中国土地法大纲》，同时提出和研究了土地改革过程中进行整党工作的问题。1947年9月13日刘少奇在大会闭幕式上就会议讨论的主要问题作了总结报告，指出近两个月的全国土地会议，大家充分发扬批评和自我批评的精神，"发现真理，发现错误，坚持真理，纠正错误"②，形成了正确的结论。总结报告阐明了"五四指示"③ 之后所进行的土地改革运动不彻底的原因有三个：指导土地改革的政策不彻底、党内不纯和官僚主义，并进行了详细地分析。明确强调会议通过的《中国土地法大纲》使得政策不彻底这一问题基本解决了，另外两个问题的解决是今后工作的重点。并就坚持批评和自

① 《毛泽东选集》第4卷，人民出版社1991年版，第1252页。
② 《刘少奇选集》上卷，人民出版社1981年版，第384页。
③ "五四指示"是指1946年5月4日中共中央发出的《关于清算减租及土地问题的指示》，简称《关于土地问题的指示》，又称《五四指示》。其内容见《刘少奇选集》上卷，人民出版社1981年版，第377—383页。

我批评精神正确解决这两个问题谈了一些看法和观点。10 月 10 日中共中央正式通过和发布《中国土地法大纲》后，各解放区的土地改革掀起了热潮。

结合土地改革运动，党在 1947 年 10 月至 1949 年春开展了以"三查三整"为内容的整党运动，即"查阶级、查思想、查作风和整顿组织、整顿思想、整顿作风"，主要目的是解决党内成分不纯、思想作风不纯和官僚主义等问题。在此期间，在党的领导下，人民解放军中也开展了新式整军运动（又叫"诉苦三查运动"，诉苦是为了追究和勇于消灭苦之根源和原因，三查包括"查阶级、查工作、查斗志"），这是党内整风运动在党领导的军队中的扩展和延伸。关于整党整军的方针方法则要求应重视充分发扬民主，"首先重要的，是在党内展开批评和自我批评，彻底地揭发各地组织内的离开党的路线的错误思想和严重现象"①，教育说服，治病救人。此外各地整党工作开展过程中，创造了许多具体方法，"其中，以经过党的支部，邀集党外群众参加党的会议，共同审查党员及干部的方法，为最健全的方法"②。同时，针对整党过程中出现的对党内不纯问题估计过头、组织处理过重、不加区别的"唯成分论"、"搬石头"等"左"倾错误，党中央发出了一系列指示进行克服和纠正，坚决主张严肃认真地运用党内批评和自我批评这一武器，申明要贯彻"惩前毖后，治病救人"的基本方针不动摇。

人民解放战争三大战役之后，国民党的主要军事力量基本上被消灭，面对即将到来的全国性的胜利，1949 年 3 月 5 日至 13 日党召开了七届二中全会。二中全会正确分析了解放战争的新形势和党内已经出现及可能出现的新情况，提出了当前和今后的新任务、新政策和新方针。强调必须加强党的优良传统作风教育以应对党可能面临的各种风险，为党顺利成为执政党打下了良好的基础。毛泽东同志指出，"因为胜利，人民感谢我们，资产阶级也会出来捧场。敌人的武力是不能征服我们的，这点已

①　《毛泽东选集》第 4 卷，人民出版社 1991 年版，第 1253 页。

②　《周恩来选集》上卷，人民出版社 1980 年版，第 294—295 页。

经得到证明了。资产阶级的捧场则可能征服我们队伍中的意志薄弱者"①。因此，要告诫全党，中国革命是伟大的，但将来的路还很长，夺取全国胜利只是走完了第一步，以后的工作会更伟大、也更艰苦。"务必使同志们继续地保持谦虚、谨慎、不骄、不躁的作风，务必使同志们继续地保持艰苦奋斗的作风。"② 要勇于和善于运用党内批评和自我批评这个武器，不断纠正错误，增长才干，保持先进性和纯洁性。

坚持党内批评和自我批评作风是加强党内思想政治教育的利器，推动了党领导中国人民解放军和人民群众最终取得解放战争的彻底胜利，中华民族步入新的发展阶段。

二　新民主主义革命时期党内批评和自我批评的经验和教训

在新民主主义革命的历史环境中滥觞、形成和成熟的党内批评和自我批评作风，使其必然带有革命的特点和色彩。哲学意义上的革命是新事物的产生、旧事物的灭亡，新事物代替旧事物的根本性变革。而在通常认识上，革命则是指社会革命和政治革命。社会革命是新旧社会形态更替的决定性环节，在阶级社会里集中表现为争夺国家政权的政治斗争或政治革命。政治革命是社会革命产生和发展的必然要求，为社会革命开辟道路，是社会革命取得胜利的前提和先决条件。党领导的新民主主义革命属于政治革命，要看到政治革命境遇对党内批评和自我批评作风发展的影响作用。

（一）基本经验

新民主主义革命的胜利是多种因素共同作用的结果，但中国共产党的领导是关键。而党之所以能够领导起这场轰轰烈烈的伟大革命走向胜利，主要原因或经验就在于正视自身的缺点和错误，坚持批评和自我批评的精神。对共产主义的信仰要求党要坚持批评和自我批评以发展和完善自我，反过来，对批评和自我批评这一武器的正确运用促使我们党在任何恶劣的环境下都能更加坚定信仰，保持先进性和纯洁性，从而经受

---

① 《毛泽东选集》第 4 卷，人民出版社 1991 年版，第 1438 页。
② 《毛泽东选集》第 4 卷，人民出版社 1991 年版，第 1438—1439 页。

住了多次磨难和生死考验。党的成功、中国革命的成功已经证明了这一阶段的党内批评和自我批评作风形成和发展过程中有许多成功的经验应当继承和遵循。

1. 提升认识水平，增强实践自觉性。新民主主义革命时期党内批评和自我批评作风的形成和成熟是一个从自发走向自觉的过程。马克思和恩格斯很早就讲过，先进的无产阶级及其政党是要批判一切的，当然也包括自己。因此，中国共产党具有进行批评和自我批评的先天品质，但这并不意味着中国共产党一朝产生，党内批评和自我批评作风就自然而然形成了，它们完全是两回事。党内批评和自我批评作风是在长期的历史实践中生成和发展起来的，而且随着时代的变化和推进其也需要不断加强更新和巩固，与时代相适应，否则就有丧失或削弱这一作风的可能。从党内批评和自我批评作风的历史来看，党本身就是在批评社会中的非马克思主义、反马克思主义思潮和自我批评、自我修正过程中正式成立起来的。成立之初，百事新起，一切从零开始。随着对各种社会和政治事务参与范围的扩大和参与程度的加深，任何人或组织都将很难避免工作中犯错误或存在不足，更别说处在幼年时期的中国共产党了。此时，党内开展批评和自我批评来纠正党在处理各项事务中存在的错误和缺点的实践，某种意义上更多的是自然需求或天性使然，具有自生自发性特征。当由于国民党的背叛使中国共产党第一次处于生死存亡之际后，党召开会议运用批评和自我批评这一武器来纠正党内错误的自觉性能力大大提升，党内批评和自我批评作风基本形成，并走向成熟和完善。延安整风就是党发起的一场成功的党内批评和自我批评运动。在运动过程中，党就整风工作与批评和自我批评作风形成了科学的认知系统，提出了发扬党内批评和自我批评作风应坚持的原则和方法，并及时纠正了一些错用、滥用批评和自我批评这一武器的做法，从而推进了党关于批评和自我批评作风的思想理论体系的完善和发展。思想支配行动，党对批评和自我批评认知水平的提升推进了具体实践的深化。此后的党内思想政治教育的成功实践，非常自觉地运用批评和自我批评这一武器，使党内发生的或可能会发生的错误和缺点得以及时清除和有效防范。历史已经清晰地昭示我们，党内批评和自我批评作风对党及其领导的事业的重要性。

随着时间的推移，党内机构和成员会持续变革和更新，因此任何时候都必须重视提升党内主体对批评和自我批评的认识水平，增强其实践自觉性，这是继承和发扬优良传统作风在党内主体建设方面的根本要求，切忌有丝毫懈怠和松懈之心。

2. 关键在于领导层面的率先垂范。党内批评和自我批评作风的形成和发展首先是从党的中央领导层开始的。在早期，党中央最终形成和向全党发布的各项决定一般都要经过中央领导集体组成人员充分激烈的内部讨论，并越来越重视对批评和自我批评这一武器的自觉运用。而全国各地党组织对党中央的决定则主要承担着必须严格贯彻和执行的职责和义务，因此关系党的前途和命运的批评和自我批评活动主要发生于中央领导层。这一历史现象体现了组织上更多强调集中统一、服从中央的政党内部政治运行逻辑，符合革命战争年代我们党及领导下的中国革命主要处于逆境中的客观形势的特点和要求。直到抗日战争时期的延安整风运动，整风学习中党内开展批评和自我批评活动的重点对象也是先从中央和各抗日根据地的党的高级干部开始的，然后逐渐扩展到全体党员，最后又回到对党的高级干部的整顿。到了解放战争后期，在革命形势和环境对我们党越来越有利的情况下结合土地改革进行的整党运动，把党内批评和自我批评作风真正深入贯通到了党的基层组织特别是农村基层党组织和党员之中，要求基层组织开展党内批评和自我批评活动必须从在基层工作的党的领导干部开始。领导干部的率先垂范对全体党员正确开展批评和自我批评能起到很强的教育和引导作用。总之，革命战争年代，党内批评和自我批评作风能够逐渐走向成熟，在全党推行开来，是与党的领导层的率先垂范密切相关的。党内开展批评和自我批评首先从领导、从上级党组织做起，这是继承和发展批评和自我批评优良传统作风的重要经验。

3. 不进行调查研究，就没有发言权。党内开展批评和自我批评不是主观的、随意的，而是要坚持一切从实际出发，实事求是。做到这一点，则必须重视实际调查研究，"没有调查，没有发言权"①。首先，党内主体

————————

① 《毛泽东选集》第 1 卷，人民出版社 1991 年版，第 109 页。

认识到党内存在的错误和缺点离不开实际调查研究。错误的存在是党内开展批评和自我批评的必要前提，那么如何发现和判断党内是否有错误发生或错误是什么呢？可以归纳为两种情况，一是思想上的错误已经付诸实践，造成的恶果证明了错误的发生或存在，这是最直接、最简单的方法；二是错误尚存于思想层面未付诸实践或虽付诸实践但未造成恶果，人们从客观事实出发认识到错误及可能会在实践中产生的危害性。无论哪一种情况，都要求必须从客观实际出发，开展调查研究，否则，对错误的发现只能是一种行动上的假象和自欺欺人，不仅不能真正发现错误，更有甚者会把正确当成错误。其次，纠正错误，树立正确认识及寻求解决问题的出路离不开实际调查研究。"调查就像'十月怀胎'，解决问题就像'一朝分娩'。调查就是解决问题。"① 错误产生的根源在于主客观相分离，这种分离指的是认识的形成在根本上从主观出发，而非从客观出发，其往往不是产生于对客观事实的分析和研究过程，而是因忽略或无视客观事实造成的。重视调查研究就是为了能够收集和掌握大量解决问题所需的各种必要材料，这实际就是从问题的来源入手。现实情况搞明白了，错误和问题的解决也就容易多了。最后，在调查研究基础上运用批评和自我批评这一武器，能够使其功能得到更大程度发挥。重视调查研究，能够使批评和自我批评保持客观性，即实事求是地揭露和批判错误，这有利于批评者建构起对错误和缺点进行批评的勇气和信心，即"理直气壮"；有利于增强批评的说服力，促使被批评者不仅在表象上而且从本质上真正认识到自己所犯的错误和存在的缺点，增强对批评的合理性的认同。而被批评者基于客观的调查研究一旦发现自己确实存在这样或那样的错误，就有利于其诚恳地接受批评，公开承认自己的错误，进而作深刻的自我批评，采取措施纠正错误。当然如果发现批评存在一定的不合理性，也可以进行适当的反批评，反批评作为批评和自我批评的另一种表现形式，其合理性也必须以客观的调查研究为前提性基础。

注重客观的调查研究是批评和自我批评活动始终健康、有序开展的根本保障。从某种意义上说，革命时期党内批评和自我批评作风能够不

---

① 《毛泽东选集》第 1 卷，人民出版社 1991 年版，第 110—111 页。

断走向成熟正是坚持和重视调查研究的结果。从毛泽东同志在这一时期为批评党内发生的种种错误而撰写的文章中，我们可以深刻感受到其始终把实实在在的调查研究放在基础性地位的品质。其明确指出，全党同志都应该重视调查研究，让全党兴起调查研究之风。"许多巡视员，许多游击队的领导者，许多新接任的工作干部，喜欢一到就宣布政见，看到一点表面，一个枝节，就指手画脚地说这也不对，那也错误。这种纯主观地'瞎说一顿'，实在是最可恶没有的。他一定要弄坏事情，一定要失掉群众，一定不能解决问题。"①

4. 注重合适的时机的选择。合适的时机和方式选择关系着党内开展批评和自我批评的效果。怎样才算是"合适"，这个问题说起容易，却很难把握。要做到"合适"，理论上有两个基本前提：一是批评者已经真实地发现了党的工作中存在的问题和错误，并具有一定程度的认知，这是进行批评的前提。二是被批评者面对形势和事实不得不接受批评，或者一定程度上认识到自身错误而主动愿意接受批评。此时被批评者与自我批评者就重合成为一体，或者说所指对象同一。有了这两个前提，一定程度上批评者和自我批评者、批评和自我批评两个方面才可能实现联结和统一，党内开展批评和自我批评的目的和效果也才能真正实现。当然，我们反对消极地把"合适"状态或情境的出现看作是事物变化发展过程中的一种完全被动的、自然的结果，而是提倡党内主体要充分发挥主观能动性，善于捕捉和利用机遇，积极地促进条件的成熟。1925 年底毛泽东同志就注意到了党内存在的忘记和忽视农民阶级和农民运动在中国革命中的地位和作用的，以陈独秀为代表的右倾错误和以张国焘为代表的"左"倾错误，指出他们的共同点都是忘记或忽视了农民的力量在革命中的重要地位和作用，并预见了这两种错误可能会使党和革命陷入危亡之境地。面对这两种类型的错误在党内的统治地位，毛泽东同志没有退缩，勇敢提出了自己的意见和建议，对错误进行批评。当党内主要领导人坚持错误见解并提出责难时，毛泽东同志也没有放弃正确的立场和观点，而是通过亲身的实地调查研究，进一步夯实了其认识的客观基础，丰富

---

① 《毛泽东选集》第 1 卷，人民出版社 1991 年版，第 110 页。

和完善了其思想体系，并寻求合适的时机和方式来纠正党内的错误认识。国民党掀起反共浪潮导致国共两党政治决裂和国民革命失败后，纠正党内主要错误的条件基本成熟。八七会议上，毛泽东同志表达了其对农民和农民运动在革命中的地位和作用的观点，得到了许多同志的高度支持和赞同。重视农民和农民运动，到国民党统治薄弱的农村地区去搞革命，建立革命根据地由此成为党正确领导中国革命的重要努力方向。在以王明为代表的"左"倾错误统治中央时期，正是以毛泽东为代表的党内诸多同志的积极推动，党中央才在关系党的生死存亡之际及时召开了遵义会议，通过开展严肃认真的党内批评和自我批评对错误进行了纠正。当党内在抗日统一战线问题上出现右倾和"左"倾错误时，党又及时进行了批判和纠正。延安整风运动的开展，更是充分利用了党领导的抗日根据地处在相对和平稳定的环境给党所带来的时机，使党开展了一次全面系统的党内思想政治教育活动，对党的历史上出现过的错误及其遗留影响进行了一次比较彻底的纠正和消除。总之，党内开展批评和自我批评要注重把握和利用合适的时机，而当时机未来临时要保持积极的状态，即既要做好迎接时机的准备，又要善于创造条件，推动时机的到来。

（二）基本教训

这一时期，党内进行思想政治教育，开展批评和自我批评活动中有一些教训也需要引以为鉴。

1. 反对"家长制"作风，坚持民主。受中国传统集权制政治文化和中国革命形势的影响，早期的中国共产党党内"家长制"作风影响甚重。党对革命形势的判断和相关政策的制定主要依赖于党的主要领导人的智慧和能力，这在特定阶段应该说是必要的。但随着党的队伍的扩大，党要处理的各种事务越来越复杂，其弊端也就越来越凸显出来。"家长制"作风的弊端最重要的表现就在于难以形成有效的党内监督，一旦错误产生往往不能及时被纠正，从而给党及领导的事业带来损害。因此，党内需弘扬民主之风，反对独断专行的"家长制"作风。

批评和自我批评作风是党内民主的根本体现，有利于克服"一言堂"现象，抑制"家长制"作风。历史上以陈独秀为代表的右倾错误和以王明为代表的"左"倾错误能够在党内统治较长时间，与"家长制"作风密切相关。表现在：首先，受传统观念影响，党内许多同志并不明确地反对"家长制"作风，对上级领导习惯于教条式的服从，不注重独立思考和合理变通，这助长了错误的滋生和蔓延。其次，党内相关制度尚不健全，党内民主的制度启蒙不足，党员同志对党内主要领导人行使党内权力过程的有效监督和制约缺乏制度保障。最后，过于强调党内主要领导人的个人意志和观点，不同的意见和建议被忽视，提出这些意见和建议的党内同志甚至遭到排挤或冷遇，批评和自我批评的党内作风难以真正贯彻。总之，"家长制"作风是民主的毒瘤，是错误滋生的温床，坚持党内批评和自我批评作风一定要克服"家长制"作风。

2. 反对过激的行为，坚持团结的目的。新民主主义革命阶段的社会矛盾主要是阶级矛盾或民族矛盾（抗日战争时期民族矛盾上升为社会主要矛盾），其性质属于敌我矛盾，往往是你死我活的斗争，解决方式主要采取暴力手段。处于这一社会境遇中的党内批评和自我批评在实践中由于有时未能摆脱对敌斗争的思维，导致党内矛盾常常一开始就被当成敌我矛盾来解决。结果，党内批评和自我批评本来是为了澄清党内困惑，纠正错误，统一思想，达到团结的目的，却变成了以"残酷斗争，无情打击"为特点的把党内同志当成敌人来进行斗争的武器。一些优秀的同志因所犯的错误或者是被认为是犯了错误而遭受不公正待遇，甚至来不及改正和辩解就付出了生命的代价。教训是非常沉痛而深刻的。这样的党内批评和自我批评活动削弱了党的力量，损害了革命事业，已经失去了其本真精神和意义。战争年代，及时清洗党内的不可靠分子、异己分子、内奸分子等是非常必要的，但这类人员未被清洗或开除出党之前，党内开展批评和自我批评时仍应将其作为党内同志对待，而不能采取过激的行为，这是批评和自我批评需严守的边界。

3. 保持正确心态对待党内批评和自我批评。党内开展批评和自我批评，说通俗一点就是一场"揭短亮丑"的活动，因此，无论对于批评者，还是对于被批评者或自我批评者来讲，都需要保持正确的心态。否则，批评和自我批评就可能走上歧路，事与愿违。在党内，作为批评者，首先，要有"敢为天下先"的无畏精神，把揭示和批评党内存在的错误真正作为其应尽的职责和使命，绝不能事不关己，高高挂起；明知不对，少说为佳；

明哲保身，但求无过。其次，要有一颗"大公无私"的心。绝不能以正当的批评为借口，搞个人攻击，闹意气，谋私利，泄私仇，图报复，否则，批评和自我批评会就成了私斗会，团结会变成了分裂会。再次，要明白批评是为了纠正错误，更好地团结同志，而不是为了整人或把人打倒。最后，要切忌急躁心理，真心地帮助有错误者。纠正错误、弥补不足不是一蹴而就的事情，要有循序渐进的心理准备。切不可因被批评者一时未能真正认识到并承诺纠正错误而"放弃"被批评者，此非真正同志之所为。这四个方面是相辅相成，不可分割的。作为被批评者或自我批评者，首先，真诚地对待来自他者的批评，消除抵制心理。即使面对错误的批评，被批评者也不应有太过强烈的反应，而应以谦虚平和之态度进行适当的反批评，从而在批评和反批评的信息互动中达成共识。其次，绝不可存在报复心理。对批评者指出的错误和不足，应坚持"有则改之，无则加勉"的原则。来自党内的批评是一种更高层次的党内关怀，切不可有"丢面子"的思想，否则就犯了界限不清的错误。最后，被批评者或自我批评者对自己的错误和不足要有改正的决心和意志。自我批评要深刻。思想上认识越深刻，行动上纠正错误就越彻底，要有坚定的决心和意志，做到思想和行动的统一。总之，和谐团结的党内环境是开展批评和自我批评的前提和保障。每一个活动的参与者都应培养和保持一种正确的心态虚心接受他者的批评并进行自我批评，努力维护和优化和谐团结的党内环境。

4. 坚持独立自主的党内批评和自我批评。党的一大是在共产国际的帮助下召开的，标志着中国共产党的正式成立。党的二大在党与共产国际的关系上，做出"中国共产党为国际共产党之中国支部"的决议，由此党的一切行动都必须严格遵守共产国际的纲领和决议。应该说，这一时期，直到共产国际1943年5月25日宣布解散，除非党与共产国际的联系因战争形势恶劣而出现中断外，对于共产国际的指示特别是对中国共产党所发的关于中国问题的指示，我们党都坚决地严格贯彻和执行。这对于年轻的中国共产党来讲是非常必要的，事实也证明了，正是在共产国际的领导下，我们党在整体上不断地走向胜利。然而，共产国际的指示可能带来的问题也不能忽视。首先，由于各方面条件的限制，共产国际的指示往往有滞后性，难以完全适应中国革命复杂多变的形势。其次，共产国际的指示有些并不能真实完整地反映中国共产党党内的实际情况，容易打乱或改变党的正常发展节奏。最后，个别时期党的主要领导人犯教条主义错误，不能立足中国国情和中国革命的实际，科学对待和处理共产国际的指示和精神。由于党的独立性相对不足，一旦涉及共产国际的指示，党内纠正错误时就很难真正自主地开展批评和自我批评。一方面，对共产国际的指示不能进行批评和否定，这几乎是党内比较一致的政治立场、习惯和态度。而一旦党内有同志提出不同看法和质疑，则往往会被压制。另一方面，党内开展批评和自我批评有时会因共产国际的指示而出现方向性的变化，不能在既定的正确轨道上健康开展。随着党的六届六中全会上马克思主义中国化理念的提出，党在独立自主发展的道路上走得越来越坚定有力，也促进了党内批评和自我批评作风更加成熟。总之，党内开展批评和自我批评要取得预期效果，必须坚持独立自主的原则，切忌盲目跟从。也就是说，既要重视外在力量的作用，更要从自身的实际情况出发，具体问题具体分析。

综上所述，对新民主主义革命时期，党内开展批评和自我批评的实践及所获得的经验和教训，要基于中国革命的客观历史境遇科学理解和对待。无论是经验还是教训都将对我们党批评和自我批评作风的未来发展起到正向促进作用。

第二节　社会主义改造和建设时期的党内批评和自我批评

中华人民共和国的成立，开辟了执政条件下中国共产党党内批评和自我批评作风发展和完善的新时期。在相对和平稳定的政治环境和执政条件下如何通过开展党内批评和自我批评，继承和发扬这一优良传统，来保持党的先进性和纯洁性，巩固和提高党的执政能力和领导水平，是新中国成立后党的建设面临的新课题。社会主义改造和建设时期党内批评和自我批评作风的发展过程，同样存在着积极和消极、正确和失误两种走向，需要进行正确总结，以启当代。

一　社会主义改造和建设时期党内批评和自我批评历史回顾

中华人民共和国的成立开辟了中国历史的新纪元，标志着中国共产党成为执政党。同时，实现新民主主义社会向社会主义社会的转变成为党执政后承担的第一个重大历史使命。1956年底，随着社会主义改造的基本完成，中国进入社会主义阶段，社会主义建设也开启了探索的征程。在社会主义改造和建设时期，面对执政后的各种风险、威胁、漩涡和逆流，要做到少犯或不犯错误、少走或不走弯路，坚持合理运用党内批评和自我批评这一利器加强党的建设以巩固和坚定党的领导是关键。从时间上讲，这一时期起于中华人民共和国成立之日，止于1978年12月党的十一届三中全会决定实行改革开放政策之时。

（一）社会主义改造时期的党内批评和自我批评

中华人民共和国成立初期，中国共产党面临的主要工作可概括为：巩固新生的国家政权，恢复国民经济，从而在此基础上进行社会主义改造，建立社会主义制度和国家政权。社会主义改造时期在时间上起于中华人民共和国的成立之日，止于1956年底社会主义改造的基本完成，社会主义制度和国家政权的确立。

1. 报纸刊物与党内批评和自我批评。为了能够更好地领导新生的国家政权披荆斩棘，破浪前行，党非常重视通过开展批评和自我批评活动来处理好党和人民群众之间、党内主体之间的关系以凝聚推进事业发展的强大合力。而报纸刊物是开展批评和自我批评活动的重要载体和平台。为此，新中国成立之初，党专门做出了《中共中央关于在报纸刊物上展开批评和自我批评的决定》①，其内容主要包括：首先，强调报纸刊物对公开地进行批评和自我批评具有突出的作用。新中国成立后，我们党成为执政党，其任何政治行动都将关系到国家和人民群众的利益。为了避免有意或无意地对群众造成利益上的损害和完成新中国的建设任务，就需要及时对党开展批评和自我批评。报纸刊物为开展批评和自我批评提供了重要的渠道或条

---

① 《中共中央文件选集》（一九四九年十月——一九六六年五月）第2册，人民出版社2013年版，第316—319页。

件。其次，指出要正确开展批评和自我批评，应做好两方面的工作。一是
教育党员特别是领导干部正确对待报纸刊物上的批评，对来自各方的批评
和建议都要虚心接受，并进行公开的自我批评，反对官僚主义。同时，教
育和鼓励群众要敢于自由地对党及党的领导干部提出批评和建议。二是教
育大家区别正确的批评和破坏性的批评。报纸刊物要支持正确的批评，抵
制和拒绝错误的批评。再次，规定了一些办法来保障批评和自我批评能在
报纸刊物上得以顺利而有效地进行。其中谈到，对于报纸刊物上的批评，
党内相关主体应给予及时合理的回应。对拒绝回应者或打击批评者，党的
相关工作部门要予以监督和处理；触犯党纪国法的，按党纪国法的规范进
行严格处理。最后，决定还指定了一些各级党委和党报党刊执行本决定时
的关于批评和自我批评问题的学习资料，以深化和提升大家对批评和自我
批评作风的认识。并提到对于党外报纸刊物正确地批评党的组织和个人时，
党要给以应有的合作和支持。总之，新中国成立没多久，党就做出《中共
中央关于在报纸刊物上开展批评和自我批评的决定》，深刻反映了中国共产
党成为执政党后，仍然坚持批评和自我批评作风的立场和态度，而且明确
指出要扩大这一作风作用的适用主体范围，特别是批评者所属群体的范围、
批评和自我批评的可以利用的载体或平台范围。

2. 整党整风运动与党内批评和自我批评。1950 年 5 月 1 日党做出了
整风指示，即《中共中央关于在全党全军开展整风运动的指示》[①]，指出
随着党的队伍的迅速扩大，由于还未来得及开展有计划的系统的教育训
练，党内很多人作风极为不纯；一些老党员老干部中也有很多人骄傲自
满，命令主义作风盛行，工作态度蛮横，破坏了党和政府在群众中的威
信；甚至时有发生贪污腐败、政治颓废、违法乱纪等极端现象。这些现
象迫切要求必须进行一次严格的整风运动。

1950 年 5 月 21 日党又做出《中共中央关于发展和巩固党的组织的指
示》[②]，指出一年来党的组织发展工作重数量而轻质量的做法是错误的，

---

① 《中共中央文件选集》（一九四九年十月——一九六六年五月）第 3 册，人民出版社 2013
年版，第 1—2 页。

② 同上书，第 58—60 页。

必须加以纠正；要加强对新发展的党员的教育训练工作，对那些觉悟程度不高、毛病很大，经过教育又不愿纠正的党员，要采取适当的方法劝其退党或开除其党籍；反对"自报公议党批准"的建党方法，提倡公开建党。

1950 年 6 月 6 日至 9 日党召开七届三中全会，会议正确分析了党执政后面对的新形势和新任务，明确规定了国民经济恢复时期党的工作的基本路线和行动纲领。在会上，毛泽东同志代表党中央就党内存在的关于社会发展形势和环境的错误认识和工作中的错误做法进行了批评和纠正。报告最后提出，党准备搞一次大规模的整风运动，通过开展批评和自我批评，提高领导干部和党员的思想水平和政治水平，纠正工作中所犯的错误，克服以功臣自居的官僚主义、命令主义和骄傲自满情绪，改善党与人民群众的关系。[①] 此后，历经半年左右时间，这一阶段的党内整风工作基本结束。

1951 年 2 月 14 日至 16 日中共中央政治局在北京举行了扩大会议。18 日，会议通过的毛泽东起草的《中共中央政治局扩大会议要点》向党内通报。在整党问题上，会议指出，整党建党都由党中央及中央局严格控制，不许自由行动；先在全党范围内普遍进行一次关于怎样做一个共产党员的教育，用时一年；整风要一年一次，冬季进行，时间要短，任务是总结工作经验，肯定成绩，纠正缺点错误，借以教育干部。[②] 随后，中共中央第一次全国组织工作会议于 3 月 28 日至 4 月 9 日在北京召开，会议遵循和贯彻了之前党通过的各项有关开展整党整风运动的指示和精神，对整党建党工作做了具体安排。指出这次整党是要通过思想教育和组织整理，保持我们党的纯洁性，提高我们党的质量和战斗力。[③] 由此开始，直到 1953 年 6 月底，全国党的基层组织整顿工作胜利结束。这次整党过程中，鉴于在党和国家机关内部贪污、浪费、官僚主义已经成为影

---

① 《中共中央文件选集》（一九四九年十月——一九六六年五月）第 3 册，人民出版社 2013 年版，第 144 页。

② 中国共产党新闻网：http://dangshi.people.com.cn/GB/151935/176588/176595/10555509.html。

③ 同上。

响党风的罪魁祸首，中央决定将"三反"运动与整党运动相结合进行，"三反"工作成为整党运动的重点工作。"三反"工作查处了一些有影响力的大案、要案，对犯有不同程度错误的一些领导干部起到了震慑和挽救作用，使广大党员、领导干部受到一次深刻的思想洗礼，清退了一大批不合格党员，纯洁了党风、政风。不可否认，"三反"过程中各地不同程度地出现了一些过激做法，伤害了一些无辜者，但整体来讲瑕不掩瑜，"三反"对整党运动发展的积极促进作用是主要的。而中央在发现一些错误苗头后，迅速采取了相关措施进行纠正。

从1950年5月到1953年6月三年多的整党整风运动，是党执政后开展的第一次系统的党内思想政治教育活动。通过批评和自我批评，各级党组织和广大党员干部能够认识到和不断克服自身存在的缺点和错误，提高了思想政治觉悟，密切了党群关系，使全党的精神面貌和工作状态发生了明显的积极向上的变化。同时，也积累了执政条件下进行党内批评和自我批评的经验教训，进一步丰富和完善了批评和自我批评作风建设的内容。

3.《关于增强党的团结的决议》与党内批评和自我批评。1954年2月6日至10日党的七届四中全会一致通过了《关于增强党的团结的决议》。决议指出党的团结是党的生命，破坏团结就是危害党的生命，这是党绝对不允许的。决议特别论述了党内批评和自我批评对增强党的团结的重大意义及应坚持的正确做法或方针。"为了增强党的团结，不但不允许缩小党内民主和党内的批评和自我批评，而且必须保证充分发展党内民主，充分发展党内的批评和自我批评，以求竭力避免一切可以避免的缺点和错误，使党的事业得到顺利的进展。"[1] 对于那些犯了错误的同志，即使是严重或比较严重的错误，如果通过党内批评和自我批评其仍能把党的利益放在第一位，愿意改正错误，则应当从团结出发采取治病救人的方针。而对于那些与党组织对抗甚至搞危害活动的不思悔改的分子，党必须按照党规党纪给以纪律处分或制裁，直至开除出党。邓小平同志

---

[1] 《中共中央文件选集》（一九四九年十月——一九六六年五月）第15册，人民出版社2013年版，第255页。

在这次会议上作了《骄傲自满是团结的大敌》的发言，谈到了党内滋长的一些对待批评和自我批评作风的错误态度和现象以及应该坚持的行之有效的原则。特别指出绝不允许不正确的、违背原则的党内批评言论"发展到党的组织所不能允许的程度"①。

"毛泽东同志曾说过：在七大以后为什么我们能够在很短的时间内取得全国的胜利呢？主要是在七大以前，经过整风阶段，我们党在思想上、政治上、组织上形成了高度的统一，形成了坚强的团结，形成了集中统一的党中央的领导。"② 以相同的推理逻辑可以得出，三年多的整党整风运动和党的七届四中全会通过的关于增强党的团结的决议、形成的党内共识，也必将使全党更加团结一致，攻坚克难，以更大的信心和勇气去完成社会主义改造阶段的伟大历史任务。历史也确实证明了这一点。自1953 年 6 月 15 日党提出过渡时期总路线后，党领导全国各族人民只用三年多的时间就提前完成了社会主义三大改造，到 1956 年年底我国基本进入了社会主义阶段；接着又提前完成国家的第一个五年计划，为社会主义工业化发展奠定了初步基础。这些成就的取得是与整党整风，即通过发扬党内批评和自我批评作风来加强党的建设密切相关的。

（二）社会主义建设探索时期的党内批评和自我批评

在我国逐步进入社会主义阶段后，如何开展和搞好社会主义建设，成为党的执政主题，党领导人民群众开始了不懈的探索。社会主义建设探索时期在时间上止于党的十一届三中全会的召开。这一时期党内批评和自我批评作风在实践中既有成功的一面，也经历了较长时间的沉痛的、至今让人心有余悸的曲折历程。

1. 《论十大关系》与党内批评和自我批评。事实上在我国基本进入社会主义阶段之前，即在 1956 年初，面对生产资料私有制的社会主义改造不断取得胜利的趋势，中共中央已经开始将目光及党和政府的工作重点向社会主义建设方面转移。毛泽东同志用了两个多月的时间进行调查研究，经过了中央政治局的多次讨论，最后集中概括形成了《论十大关

---

① 《邓小平文选》第 1 卷，人民出版社 1994 年版，第 205 页。

② 同上书，第 207—208 页。

系》的基本思想。《论十大关系》以苏联的经验教训为鉴戒，总结自己在社会建设方面的经验和教训，对我国的社会主义建设道路进行了初步探索，明确了必须根据本国国情走自己的路的根本思想。其规定的具体内容蕴含着厚重的批评和自我批评精神和作风。我们党要学习和保护好的、对的、正面的东西，把党内党外、国内国外一切积极的、有利的因素调动起来，促进我国社会主义现代化建设；同时要揭露和避免坏的、错的、负面的东西，通过严肃认真地批评和自我批评，化解和消除党内存在的消极的、不利的因素，或使其转化成为有助于社会主义建设事业发展的积极的、有利的因素。

在谈到"是非关系"问题时，毛泽东同志说："如何对待犯了错误的人，这是一个重要的问题。"① 正确的态度应当是坚持"惩前毖后，治病救人"的方针。具体地说，包括三个层面的意思：一是区分犯错误与反革命的界限，反对不允许犯错误的人改正错误和不准犯错误的人革命的做法，更不能将犯错误的人简单地杀掉了事。二是对待犯错误的同志，既要看，又要帮。是人都会犯错误，按照情况进行合乎实际的批评甚至必要的斗争是为了帮助其改正错误。如果看而不帮，反而幸灾乐祸，就犯了宗派主义错误。三是好意对待犯错误的人，即以帮助的态度而不是敌视的态度。犯错误的人，除极少数屡教不改外，大部分是可以改正的。要反对整人思维，"对犯错误的人整得过分，常常整到自己身上。……好意对待犯错误的人，可以得人心，可以团结人"②。对待犯错误的人的态度，是区别一个人是好心还是坏心的一个标准。总之，"惩前毖后，治病救人"这一团结全党的方针，是开展批评和自我批评实践必须始终坚持和遵循的方针。

2. 党的八大与党内批评和自我批评。1956 年 9 月 15 日至 27 日党召开的第八次全国代表大会总结了七大以来党领导中国革命和建设的基本经验和教训，适时提出了一系列正确的思想、观点和路线、方针、政策，为加强和改进党的建设和推动社会主义事业的发展指明了方向，体现了党在这一时期探索执政党建设和社会主义建设规律方面所取得的最高成

---

① 《毛泽东文集》第 7 卷，人民出版社 1999 年版，第 39 页。

② 同上书，第 40 页。

就。在中共八大所做的政治报告和通过的决议、决定中有着丰富的关于党内批评和自我批评作风问题的内容及精神体现。

毛泽东同志在开幕词中明确指出：作为已经执政的党，我们在工作中取得了很大的成绩，但也犯过一些错误。这次会议就是要进行总结，使有益的经验得以推广，从所犯的错误中汲取教训。要明白，我国革命和建设的胜利是党在依靠工人阶级领导的工农联盟，团结了国内外一切可以团结的力量的基础上获得的，是马克思列宁主义的胜利。现在，比起以前我们党的理论和实践水平有了很大的提高，但是在许多同志身上仍存在着主观主义、官僚主义和宗派主义作风。这"三害"必须通过加强党内的思想政治教育来进行全面有效地克服。后来，党的八届二中全会根据毛泽东同志的提议，决定1957年开展整风运动，内容就是反对主观主义、官僚主义和宗派主义。

在刘少奇同志代表中央所做的政治报告中，关于党的领导问题，刘少奇同志明确指出，"我们在社会主义改造方面，社会主义建设方面，国家政治生活方面，都犯过暂时的、局部的错误。在国际事务的处理上，也不是毫无缺点和错误的。因此，党的领导的任务之一就是要研究和分析过去所犯的错误，取得教训，从而求得在今后的工作中少犯错误，尽量不重复已经犯过的错误，并且尽量不使小错误变为大错误"[1]。而党的历史上所犯的各种重大错误给我们带来的基本经验就是，反对主观主义，使党的领导工作符合客观实际。要做到这一点，无例外地就是要在大力开展党内批评和自我批评的基础上实现党的团结统一。此外，对犯错误的同志采取正确的态度，是党的正确领导的必要条件之一。要严格区分党内是非问题与混入党内的反革命分子、异己分子、投机分子、蜕化变质分子或其他坏分子的问题的界限，不可混为一谈。对于后者，党一旦发现，就要坚决地将这些分子清除出党。而前者则不同，应通过开展批评和自我批评，以和平的方式进行处理。"对于犯错误的同志给以严厉的处罚，以至把他们驱逐出党，这是很容易的。但是如果没有解决为什么

----

[1] 《中共中央文件选集》（一九四九年十月——一九六六年五月）第24册，人民出版社2013年版，第116页。

造成错误的思想问题，那么，严厉的处罚不但不能保证党不再重犯同样的错误，甚至还会造成更大的错误。"① 因此，对党内任何因认识上有错误而导致工作中犯错误的同志，重在思想教育。即使是犯了严重错误的同志，如果能在党内改正就在党内改正，切不可滥用组织权力给以不适当的处分。对于受到处分或因此而调动了工作的人，我们仍然要以同志的身份和态度帮助他们认识和改正错误，以达到团结的目的。反之，如果用简单粗暴的办法去纠正思想上的错误，不但思想问题解决不了，错误还会重犯，而且必定会损害党内团结，使普通的意见分歧恶化成组织的分裂。刘少奇同志关于正确对待和处理党内错误和犯错误的人的报告是当时党的历史经验教训的最新总结，是符合马克思列宁主义原则的关于此问题认识的最新成果，有利于指导和促进党内批评和自我批评活动健康有序地开展。

邓小平同志在会议上作了《关于修改党的章程》的报告，其中总结了我们党开展批评和自我批评的历史经验和教训，并指出了对待党内犯错误同志的两种错误倾向：一种是在党内实行过火斗争和惩办主义（所谓"残酷斗争"和"无情打击"）。这种错误对待同志的缺点和错误的情况，会造成党内的紧张状态和恐惧情绪，使党的力量受到损失。其"虽然在党的生活中已经不占统治地位，但是在一部分组织中还是存在的，还必须注意加以纠正"②。另一种是"对于犯错误的同志，采取包庇姑息态度，不给以应有的处分，而且也不进行思想斗争。这是一种自由主义的倾向，这也是必须坚决反对的"③。为了及时地帮助同志纠正错误，克服缺点，保持党的马克思列宁主义的团结统一，邓小平同志强调必须大力开展党内批评和自我批评，特别是鼓励和支持自下而上的批评，禁止压制批评甚至对批评者采取可耻的打击报复的行为，对于发展党内批评和自我批评有着决定性的意义。

党的八大最终通过的《关于政治报告的决议》中，在关于党内批评

---

① 《中共中央文件选集》（一九四九年十月——一九六六年五月）第 24 册，人民出版社 2013 年版，第 123 页。

② 《邓小平文选》第 1 卷，人民出版社 1994 年版，第 240 页。

③ 同上。

和自我批评及相关问题上吸取了会议上大家提出的观点和建议。强调指出，要坚持和发扬党内批评和自我批评的优良作风，反对和克服党内存在的主观主义、官僚主义和宗派主义。只有这样，才能继续巩固我们党的团结，并用这个团结来团结广大人民群众，团结国内外一切可以团结的力量。

3. 《关于正确处理人民内部矛盾的问题》与党内批评和自我批评。进入社会主义社会后，敌我矛盾基本解决，人民内部矛盾凸显出来，成为党所面临的重大理论和实践课题。1957 年 2 月毛泽东同志在最高国务会议上作了《关于正确处理人民内部矛盾的问题》的报告，对我国社会中的基本矛盾状况进行了全面的分析和探讨。首次提出敌我矛盾和人民内部矛盾是两种不同的矛盾，前者是对抗性的，后者是非对抗性的。人民内部矛盾涵盖的领域和层次是比较宽泛的。在主体上党包含在人民范围内，由此，人民内部矛盾当然包括党内矛盾，或者说党内矛盾的性质是人民内部矛盾。实践中要正确对待批评和自我批评与处理人民内部矛盾、党内矛盾之间的关系。一方面采取党内批评和自我批评的方式来推动党内矛盾和人民内部矛盾的正确解决；另一方面要注重将解决党内矛盾和人民内部矛盾的正确方法和经验及时总结和丰富到党内批评和自我批评的作风中。

毛泽东同志在报告中指出，解决人民内部矛盾应采取民主的方法，而不能用强制的、压服的方法。当然，必要的行政命令是离不开的，否则，"社会秩序就无法维持，这是人们的常识所了解的"①。其同民主的方法去解决人民内部矛盾是相辅相成的两个方面。1942 年党的延安整风运动总结出来一个解决党内矛盾的公式，即"团结—批评—团结"，根据我们党的经验，这是一个解决人民内部矛盾的很好的基本方针。民主的方法，要坚持这一方针。应当承认，许多人在很多时候对敌我矛盾和人民内部矛盾容易混淆不清，结果导致批评和自我批评超出应有的限度，出现把好人当坏人来对待的错误，影响了人民内部的团结。因此，解决矛盾的前提是以审慎的态度分清敌我，做好比较鉴别，而对混淆敌我的错误要及时纠正。在思想文化领域，马克思主义不怕批评，因为马克思主

---

① 《毛泽东文集》第 7 卷，人民出版社 1999 年版，第 209 页。

义本身就是在批评中发展起来的。如果害怕批评，怕批评倒，那么马克思主义就没有用了。由此，马克思主义者也不应该害怕批评，而是要在批评和自我批评中不断锻炼和发展自己。

《关于正确处理人民内部矛盾的问题》的报告总体上是党的八大正确方针的继续和发展。其对批评和自我批评的坚持和主张虽然主体上是在人民群众的范围内而言的，但基于党的人民性本质，无疑对党内开展批评和自我批评具有十分重要的历史价值、理论意义和现实指导作用。

4. 全面建设社会主义与党内批评和自我批评。1957 年至 1966 年这十年的全面建设社会主义时期，党内批评和自我批评作风在实践运用中因各方面原因出现了正确和失误、顺境和逆境、积极和消极两种倾向和作用，在曲折中有所坚持和推动。

1957 年 4 月 27 日中共中央发出《关于整风运动的指示》。整风的主要内容指向实际上是在党的八大上提出的，1956 年 11 月 10 日至 15 日党的八届二中全会确定 1957 年开展全党整风。"以后凡是人民内部的事情，党内的事情，都要用整风的方法，用批评和自我批评的方法来解决。"①指示对这次整风运动的方针、内容或目的、根本性质、具体方法、基本步骤和要求做出明确规定。其内容坚持了党的八大以来的正确的思想理论和路线方针政策，提出的关于党内整风与批评和自我批评的认识及新的观点，对新的历史阶段发展党内批评和自我批评作风的意义是深远的。但是，随着全国范围的反右派斗争严重扩大化，党内"左"倾错误和骄傲情绪滋长，党的原来的许多正确认识和决定被抛开或否定，使得党内开展批评和自我批评所依据的标准或出发点时常发生变化，批评和自我批评作风走上歧路，或者说有时已经不是我们党所提倡的批评和自我批评了。

自从反右派斗争扩大化后，党内民主生活就开始不正常了。在党的八届三中全会上毛泽东同志作了《做革命的促进派》的讲话，指出我们党的民主传统在过去一年有了很大发展，主要就是找到了大鸣、大放、大辩论、大字报这种形式，简称"四大"。"我们找到了这个形式，适合

① 中国共产党新闻网：http://dangshi.people.cn/GB/151935/176588/176596/10556130.html。

现在这个群众斗争的内容，适合现在阶级斗争的内容，适合正确处理人民内部矛盾的问题。"① 毛泽东同志认为，有了这种形式，对于我们的事业会有很大的好处，党内整风的目标很容易就能实现。后来，"四大"被确定为"文化大革命"的方法。从理论上讲，"四大"可能一定程度上有利于将批评和自我批评推向深入，但在实践中却极易出现极端民主化的错误，导致无组织、无纪律甚至藐视和践踏法制的社会混乱状况。其后来给党和国家的政治生活带来的破坏性影响切实证明了这一点。1959 年 7 月 2 日至 8 月 1 日和 8 月 2 日至 16 日，党在庐山召开中央政治局扩大会议和八届八中全会。前一阶段的会议，原定议题是总结经验教训，调整指标，继续纠正"左"倾错误。与会同志对国内形势的具体估计和判断各抒己见，自由交流思想，充分讨论，提出自己的认识和观点，既点出了取得的成绩，也从实际出发指出了工作中的缺点和错误。气氛是生动活泼、轻松愉快的，党内批评和自我批评的优良传统作风得以充分展现。彭德怀同志以写信的方式向毛泽东同志陈述其对"左"倾错误及经验教训的意见也是符合相关组织程序和原则的。然而，随着这封信在会议上的公开和讨论，会议的风向发生转变，批判右倾机会主义成为会议的议题，纠"左"变为反右。一些同志遭到错误的批判和不公正的对待。后一阶段的会议（党的八届八中全会）更是将这些同志的错误定性为反党集团的分裂活动。庐山会议上错误的估计、判断及其指导下的实践中断了纠"左"的进程，使存在于党和国家内的"左"倾错误非但未能得以根本纠正，反而更加严重。"反右倾"斗争使党内从中央到基层正常的民主生活遭到严重损害，助长了个人专断和个人崇拜等不良倾向。党内批评和自我批评作风在这次会议上经历了一个从正常到不正常的转变过程，遭遇挫折和逆境，其对党的危害性和破坏性在党内存在了相当长的一段时间。

然而，即使处于不利的环境下，严肃认真的党内批评和自我批评作风仍有所坚持和发展。这一时期，面对严峻的困难和挑战，党及时总结

---

① 《中共中央文件选集》（一九四九年十月——九六六年五月）第 26 册，人民出版社 2013 年版，第 246 页。

经验和教训，部分地纠正了以往工作中存在的错误和缺点。首先，党对
国家经济、科学、教育、文化等各个领域的工作进行调整。毛泽东同志
在 1960 年 6 月写的《十年总结》中谈到，对于社会主义革命和建设，我
们还有很多必然的东西没有认识到，需要花费时间和历史进行调查研究。
为了纠正党在工作中的各种错误和偏差，1960 年 9 月 30 日党中央提出
"调整、巩固、充实、提高"的八字方针。11 月 3 日，中央发出《关于
农村人民公社当前政策问题的紧急指示信》，要求刹住"共产风"。11 月
15 日，中央发出《关于彻底纠正"五风"的指示》，要求各级领导干部
下决心纠正"五风"，即共产风、浮夸风、命令风、干部特殊风、对生产
瞎指挥风。12 月 24 日至 1961 年 1 月 13 日，中共中央召开工作会议，毛
泽东在会上说，社会主义建设不能急，不要务虚名而遭实祸。他要求大
家勇于承认错误，有多少错误就说多少，做到有错必反、有错必纠。强
调恢复实事求是的优良传统，大兴调查研究之风，1961 年要成为实事求
是年。1961 年 1 月 14 日至 18 日党召开八届九中全会，会议目的就是要
切实纠正经济工作中的"左"倾错误，与此同时，也要开展批评和自我
批评来加强党内思想政治教育，解决思想上的混乱和困惑。由此，国民
经济开始转入调整的新轨道。同经济工作相配合，其他各领域各行业也
进行了调整。按照全会决定的方针和政策的精神要求，中央先后发布了
若干规定（试行草案），例如"农业六十条"、"手工业三十五条"、"商
业四十条"、"科学十四条"、"高教六十条"、"工业七十条"、"文艺十
条"（后改为"文艺八条"）等。这些条例明确了基本适合各行业领域的
具体政策。同时，在各条例中都不同程度地规定了各行各业的思想政治
教育工作要求，虽然大多是原则性的规定，而且存在一些不足和历史局
限性，但这些草案条例以"制度"形式对思想政治教育工作，对思想政
治教育制度建设的促进作用是显而易见的，当然对党内批评和自我批评
作风方面的制度建设的价值也是不言自明的。其次，对毛泽东思想的宣
传工作进行了规范。1960 年 3 月 24—25 日中央政治局召开常委会议。会
议上，毛泽东、刘少奇、周恩来、邓小平、彭真等对毛泽东思想宣传工
作中的主要错误提出了批评。一方面，批评了报刊的宣传把马克思列宁
主义这几个字丢掉，只讲毛泽东思想的做法。这在事实上把马克思列宁

主义跟毛泽东思想搞成两个东西，甚至对立起来，是非常不正确的。"光讲毛泽东思想，不提马克思列宁主义，看起来好像是把毛泽东思想抬高了，实际上是把毛泽东思想的作用降低了。"① 另一方面，批评了什么东西都跟毛泽东思想相联系，把毛泽东思想庸俗化的做法。邓小平同志举例子说，"一个商店的营业额多一点就说是毛泽东思想发展了，打乒乓球也说是运用了毛泽东思想"②。这同样是把毛泽东思想的地位人为压低了，要改变这种认识和做法。此外，彭真同志谈到有些文章对毛泽东的领导和集体的关系处理不当。邓小平同志也就集体领导问题发表了意见，指出"我们党是集体领导，毛泽东同志是这个集体领导的代表人，是我们党的领袖，他的地位和作用同一般的集体领导成员是不同的。但是，切不可因此把毛泽东同志和党中央分开，应该把毛泽东同志看作是党的集体领导中的一个成员，把他在我们党里头的作用说得合乎实际。毛泽东同志是尊重集体领导的。他昨天讲，提法要合乎实际，不合实际就站不住脚。我们应该本着这种精神，去做好毛泽东思想的宣传工作"③。党的高层领导对党内存在的问题的讨论和批评是民主而祥和的，这种政治气氛正是党内开展严肃认真的批评和自我批评需要极力构建的。

1962 年 1 月 11 日至 2 月 3 日中共中央召开扩大的工作会议，参加的人员有中央至县级的五级领导干部，由于参与人数超过七千人，人们习惯称之为"七千人大会"。毛泽东同志在会上带头作了自我批评，着重指出要健全党的民主集中制。强调要充分发扬民主，开展批评和自我批评，总结以往工作的经验教训，恢复党的实事求是、群众路线的优良作风。邓小平同志在会议主要谈了党的建设问题。关于党内政治生活，邓小平同志明确指出，"目前，我们党的生活是有严重缺陷的"④，并站在党的整体的高度对存在的各种错误进行了具体的批评和指正，强调要重视在党内正确开展批评和自我批评。关于如何坚持党内批评和自我批评作风的问题，邓小平同志的讲话主要观点包括：首先，按照传统和党章的规定，

---

① 《邓小平文选》第 1 卷，人民出版社 1994 年版，第 284 页。
② 同上书，第 283 页。
③ 同上书，第 284 页。
④ 同上书，第 305 页。

建立和恢复党员与党的正确关系。在问题没有做出决定之前，作为党员有权在党的范围内，自由提出批评和意见，或者保留自己的意见。只是有两条不准，一是不准不执行党的决议，也就是说，党一旦做出决定，就必须坚决执行。在执行过程中，也还可以提意见，但以执行为前提；二是不准搞派别活动。"至于理论上、学术上的问题，那是另外一回事，那是不论什么时候都可以自由讨论的。"① 其次，提倡党员要公开地、郑重地发表意见，进行批评和自我批评。针对一些党员担心，开展批评和自我批评后会被"抓辫子、戴帽子、打棍子"，邓小平指出这种想法虽然可以理解，但也是一种错误的想法。大家应该相信我们党有章程，不正常的现象是应该和能够迅速纠正过来的。再次，党的各级领导的态度非常重要。各级领导要端正对党内民主、对批评和自我批评的态度，一方面要求领导的度量要大一点，即要能容人，平等待人；要能听得进不同意见，特别是反面意见，做到谦虚谨慎。领导人特别是主要领导人的威信是"建立在民主作风上，建立在批评和自我批评的作风上"② 。另一方面要加强对各级领导的监督。对领导干部的监督来自各个方面，但最重要、最直接、最有效的监督应是来自党委会本身（或书记处、常委会）。同级的领导成员彼此是最熟悉的，在党委会里面，应该定期交交心，营造一个好的批评和自我批评的民主气氛。最后，加强支部和小组的经常工作。各级党委要加强对支部和小组政治生活的领导和监督作用，各级党组织必须切实要求党员按时参加党的组织生活会，"进行批评和自我批评，学习"③ 。应该说这次会议对于统一全党思想，认识和纠正党内存在的"左"倾错误，特别是在国民经济的恢复和发展问题上，是起了积极作用的。但党内仍有许多分歧并未消除，在阶级斗争问题上，"左"倾错误没有从根本上得到纠正。结果，这一问题在党内不断激化。

1962 年 9 月 24 日至 27 日的党的八届十中全会提出，两个阶级、两

---

① 《邓小平文选》第 1 卷，人民出版社 1994 年版，第 308 页。
② 同上书，第 309 页。
③ 同上书，第 314 页。

条道路的矛盾仍是我国社会的主要矛盾，阶级斗争要年年讲、月月讲、天天讲。虽然会议上提出不要因为强调阶级斗争而放松经济工作，经济工作仍应放在第一位，使得阶级斗争还未达到支配党和国家工作全局的程度，但是强调阶级斗争对党内思想政治教育和批评和自我批评作风产生的负面影响越来越大，表现在：一方面宣传教育工作中，越来越鼓吹"以阶级斗争为纲"的错误认识，改变了人们以往形成的关于人民内部矛盾已经是主要矛盾的观点，造成党内思想混乱。另一方面在思想政治教育中以阶级斗争思维和方式来分析和处理问题的氛围越来越浓。党内一些认识上的分歧，甚至一些生活中的矛盾，常常被冠以阶级矛盾或冲突，进而以对待敌人般而非同志式的阶级斗争手段进行解决。这大大压抑和破坏了党内正常的民主气氛和环境，使得党内批评和自我批评作风要么无法开展，要么被错用或歪曲利用实则变成了打击异己或报复他人的工具。随着阶级斗争扩大化错误的不断蔓延，群众性的阶级斗争运动不断升级，呈"山雨欲来风满楼""黑云压城城欲摧"之势，党内思想政治教育工作越来越偏离自身规律和正确的发展轨道，真正的党内批评和自我批评作风被忘记或忽视。

5. "文化大革命"时期党内批评和自我批评遭遇异化和破坏。1966年5月至1976年10月的"文化大革命"是阶级斗争扩大化错误持续恶化的结果，是党内"左"倾错误延展到全国范围的无限扩大和升级的继续。1966年5月中央政治局扩大会议通过的《中国共产党中央委员会通知》（《五一六通知》）和同年8月党的八届十一中全会通过的《关于无产阶级"文化大革命"的决定》（以下简称《十六条》），是"文化大革命"全面开始的标志。在"文化大革命"的国内形势和大环境下，党的思想、组织、作风及制度等各方面都遭到冲击，党内批评和自我批评活动被纳入到了"以阶级斗争为纲"的轨道，不断超越自身的限度和边界，失去了其原有的本质及面目，即遭遇异化和破坏，给党和国家带来了深重灾难和重大损失。这一时期，党内批评和自我批评作风遭受的挫折和反动，具体表现在：

首先，混淆了两类不同性质的矛盾。党内分歧和矛盾属于人民内部性质，却部分被错误地定性为敌我矛盾，这是批评和自我批评作风异化的根本原因。《五一六通知》和《十六条》完全抹杀了新中国成立以来思想文化领域的建设成就，歪曲了党和国家的阶级斗争形势和政治状况。其明确指出资产阶级虽然已经被推翻，但是他们企图用剥削阶级的旧思想、旧文化、旧风俗、旧习惯来腐蚀群众，蛊惑和征服人心，以达到复辟的目的。因此，无产阶级及其政党要保持警惕，通过开展文化大革命迎头痛击在意识形态领域来自资产阶级的挑战。而在党内、政府内、军队内及文化界都混入了资产阶级的代表人物。所以，运动的重点就是整顿党内那些走资本主义道路的当权派，要号召人们去把领导权夺回到无产阶级革命派手中。由于对什么是"走资派"和如何处理"走资派"的问题，在理论上的认识不清，没有明确的划分标准，在事实上就使一大批党和国家的各级领导干部成为"革命"的主要对象，党内分歧被作为敌我矛盾来对待和处理，"走资派"也就成了敌人和专政的对象。为了打倒这些所谓的"走资派"，党内采取的方式在形式上虽然仍是应用批评和自我批评这一武器。然而，在批评过程中，往往脱离实际、捏造事实，先定调子，再列举和坐实罪名，进行戴帽子、揪辫子、打棍子式的狂乱围攻，并无限上纲上线，又不容当事人申诉辩解。这实际上是将党内批评和自我批评的作风推向歧途和恶劣的境地，是一种历史的倒退。由于时间较长，党内批评和自我批评这一优良的传统作风因此而蒙上厚厚的灰尘。

其次，"四大"批判方法上的错误。《十六条》明确规定无产阶级文化大革命要采取"大鸣、大放、大辩论、大字报"的方法，让群众自己教育自己，而且不要怕出乱子，实际上否定和取消了党的统一领导。在运动过程中，群众对各级党政组织特别是对领导干部的"民主"的批评逐渐事实地演变成了乱打、乱批、乱斗，结果是放纵被理解成自由、无知被看作成有理、蛮干被认为是勇敢。这种自由和民主的无度严重助长了无政府主义，败坏和毁损了批评和自我批评作风的声誉。

最后，鼓吹用"派性代替党性"，宣扬"踢开党委闹革命"、"打倒一切"、"怀疑一切"的"斗争哲学"。林彪、江青一伙提出以"派性代替党性"和所谓"斗争哲学"的思想观点，实则是为"造反派"的存在及造反行动的合理性提供理论支撑。这一阶级斗争哲学和思维与党内批评和自我批评作风所主张的"团结—批评—团结"的方针是完全相对立的，其在党内的滋生和传播必定会阻碍党内批评和自我批评活动的正常开展。

还有，大搞所谓"开门整党"、"吐故纳新"，推动重建党的组织，损害了党的纯洁性和先进性。党内会议特别是民主政治生活会，适当邀请和吸收党外群众列席和参加，允许和鼓励其当面或会后对党的工作和领导干部及党员发表建议和批评，有利于密切党群关系、干群关系，促进党的发展，因此是合适的，也是我们党所提倡的。然而，这一过程必须有严格的领导、组织和纪律作保障，以避免无序或混乱。党员的"吐故纳新"是党的队伍持续发展壮大的保证，当然是必要的，但必须符合党的章程关于入党标准的基本要求，按照既定的法定程序进行。可是，林彪、江青一伙利用党的"左"倾错误泛滥之机，通过党外群众参加党的会议，发动群众突破组织要求和纪律限度对党员特别是领导干部进行大批判，揪住错误和缺点不放或虚构和编织错误进行诬陷，领导干部被打倒甚至被限制自由，造成各级党政组织遭到严重破坏，陷入瘫痪境地，而且派别对立现象严重，权力争夺和冲突不断，党内生活走向自由松散的无政府状态。这使得党内正常开展批评和自我批评的组织领导基础不断削弱或丧失。同时，一些造反派的头头和打砸抢等违法分子被吸收入党，甚至被提拔为党的干部或重要领导干部，造成了党的队伍特别是领导机关的严重不纯，党的先进性被大大降低，严肃认真的党内批评和自我批评作风对党的积极影响被消耗殆尽。总之，运动中的"开门整党"、"吐故纳新"削弱了党的领导，不仅使党内批评和自我批评这一武器的运用显得杂乱无章，而且造成的结果使得党内批评和自我批评作风步入绝境，难以开展。

此外，林彪、江青一伙大肆制造个人崇拜和迷信，宣传"顶峰论"、"天才论"，大搞"假、大、空"等形式主义。这些做法对批评和自我批评作风的坚持和发展来说都是非常不利的因素，使得党内很难出现不同声音，形成了无人敢对党内出现的错误进行揭示和纠正的"万马齐喑"的局面，恶化了党内开展批评和自我批评的环境和氛围。

当然，这一时期，党的一些重要领导干部对"文化大革命"中出现的错误也进行了一定的批判、抵制和抗争，不过，这种批判、抵制和抗争是十分艰难曲折的。主要有：一是林彪事件发生后，全国展开"批林整风"运动。此时，周恩来在毛泽东的支持下主持中央日常工作，他协助毛泽东对运动中的一些错误进行了纠正，毛泽东还进行了某种形式的自我批评。一些在运动中受到不公正对待的领导干部恢复了名誉和工作。在周恩来的主持、领导和支持下，各行各业开展了对极左潮的批判，给各行各业的工作带来了积极的变化。可是，毛泽东认为当时党内的主要错误仍然是极右，批判极左思潮是同否定"文化大革命"相联系着的。这样，到 1974 年初，周恩来领导近两年之久的纠"左"努力逐渐中断。二是从 1975 年初开始，邓小平主持党、国家和军队的日常工作期间，对"文化大革命"造成的各个领域的混乱局面进行了矫正和整顿，成效是非常显著的。关于党的整顿问题，邓小平指出，要加强党的领导，把各地党的领导建立起来；要反对派性，增强党性，按照"团结—批评—团结"的方针，维护党的安定团结；要恢复和发扬党的优良传统作风。要彻底整顿所有领域，政治领域特别是党内的整顿是先导，然而，在当时的政治环境下，对受到"文化大革命"冲击的政治领域内的整顿面临的困难和阻碍是非常之大的，其势必直接触及"文化大革命"的"左"倾错误，进而发展成为对"文化大革命"错误的系统纠正，这是绝对不被容忍和允许的。结果，这次全面整顿以 1976 年 4 月邓小平被撤销党、政、军内的一切职务而告终，接着，"批邓、反击右倾翻案风"运动在全国强行推开，党内正常的政治生活和作风未能得以复归和重构。

6. 徘徊中前进时期的党内批评和自我批评。1976 年 10 月 6 日晚，中共中央政治局顺应全党和全国人民的主体意志粉碎了"四人帮"集团，"文化大革命"就此结束。"文化大革命"结束后的两年是一段比较特殊的过渡时期，"党的工作在徘徊中前进"①。两年的时间虽然短暂，却是需要引起足够重视的一段党史。这两年，党内批评和自我批评作风逐渐回归正途，得以切实践行。正是运用批评和自我批评这一武器，我们党开始步入了批评和纠正以往所犯错误的轨道，澄清了党内思想上的混沌和

① 《改革开放三十年重要文献选编》（上），人民出版社 2008 年版，第 201 页。

困惑，为党的十一届三中全会的胜利召开做了较为充分的准备。

首先，否定了"两个凡是"。"两个凡是"的内容是：凡是毛主席做出的决策，我们都坚决维护，凡是毛主席的指示，我们都始终不渝地遵循。这实际上是将"文化大革命"中的"左"倾错误继续坚持下去，违背了党和人民的意愿和诉求。"两个凡是"一提出，就遭到了邓小平、陈云等同志的强烈反对。1977 年 7 月 21 日党的十届三中全会上，邓小平同志提出："我们不能够只从个别词句来理解毛泽东思想，而必须从毛泽东思想的整个体系去获得正确的理解。"① 这样才不至于割裂、歪曲和损害毛泽东思想。其他的老一辈革命家纷纷撰写文章表达了对邓小平的观点的拥护和支持。这对于"两个凡是"在全党的影响起到了一定的削减作用。

其次，平反冤假错案。"文化大革命"中，林彪、江青集团及其错误领导下，制造了大量冤假错案，许多党员、干部和群众遭到残酷迫害。粉碎"四人帮"后，党内外广大群众强烈要求纠正错误，平反冤假错案。1977 年 12 月，中央组织部在胡耀邦主持下，启开了全国范围内的落实干部政策、平反冤假错案的序幕，采取了积极有效的措施和策略不断推进这项工作走向深入。虽然这项工作在党的十一届三中全会后才全面展开，但无疑这一阶段的工作燃起了受到冤屈的党内外干部和群众的希望和期待，有利于促进和巩固党在新的历史阶段的团结统一，改善党群关系、干群关系。

再次，党在经济、科技、教育、军事、对外交往等各领域的整顿工作也开始展开。"文化大革命"的破坏，使党领导下的国家各个领域的工作基本处于瘫痪或半瘫痪的状态，亟待有所改变，开创新的局面。为此，党加强了对各领域工作的整顿，纠正了以往的一些错误认识。例如：在经济工作上，提出要大力解放和发展生产力，发展商品经济，贯彻按劳分配。在科技和教育发展工作上，强调要尊重知识，尊重人才，承认从事脑力劳动的人也是劳动者，反对不尊重知识分子的错误思想；指出促进科技发展要抓好教育工作，办好各级学校，重视和提高教育质量；要

----

① 《邓小平文选》第 2 卷，人民出版社 1994 年版，第 43 页。

为科技工作者、教育工作者提供良好的后勤保障。在军事领域，指出军队要把教育训练提高到战略地位，通过办学校来解决干部问题，增强军队干部指挥现代化战争的能力；要把更多的干部放到学校去训练，原有的学校，除个别外，要基本上恢复起来；要增加训练政治干部的学校数量；领导干部要以身作则。在对外交往问题上，指出要向先进国家学习，反对以往认为向先进国家学习先进的技术就是崇洋媚外的错误观点。对经济社会发展的各个领域进行整顿，纠正"文化大革命"中的错误认识，重新确立正确的指导思想，并着手在实践中贯彻和执行，体现了我们党勇于全面正视自己的错误并进行纠正的宽广坦荡的历史胸襟和政治态度。

最后，奠定了重新确立实事求是的思想路线的理论基础。思想路线的拨乱反正是一切领域拨乱反正的前提和基础。自批判和否定"两个凡是"以来，在党中央一些主要领导同志的领导、推动和支持下，顺应形势的发展，1978 年 5 月 10 日中央党校内部刊物发表《实践是检验真理的唯一标准》一文。5 月 11 日《光明日报》刊登了此文，新华社随即向全国转发；第二天《人民日报》和《解放军报》同时转载。这篇文章引发了全国范围的真理标准问题的大讨论。文章指出："实践不仅是检验真理的标准，而且是唯一的标准。"[①] 这场永载史册的具有重大历史意义的讨论，冲破了党内"左"倾错误思想的长期束缚和个人迷信与崇拜对人们思维的禁锢，是一次体现批评和自我批评作风的马克思列宁主义的思想解放和教育运动，为我们党重新确立实事求是的思想路线奠定了理论基础。思想的迷雾终于散去，未来之路逐渐变得清晰。

二　社会主义改造和建设时期党内批评和自我批评的经验和教训

中华人民共和国成立后，对执政的中国共产党来说一切都是新的，一切都要从头开始。为了适应变化了的形势和环境，我们党非常重视优良传统的继承和发扬，特别是党内批评和自我批评的传统，这对于我们党及时发现和纠正自身的错误和缺点，保持党的先进性和纯洁性，从而

---

　① 本报特约评论员：《实践是检验真理的唯一标准》，《光明日报》1978 年 5 月 11 日第 1 版。

承担起实现国家富强、人民富裕的历史性的领导重任来说是不可或缺的。这一时期，基于对党内外、国内外形势的估计和判断的变化，党内批评和自我批评这一党建武器的应用过程有成功也有失败，有欢欣也有痛苦。党内批评和自我批评作风的坚持和发扬主要呈现出整体下行、偶有上扬的变化曲线，出现了完全走向极端的异化，直至"探底"，后转入初步调适进程。这一历史过程给党内批评和自我批评作风建设带来了太多的历史启示，需要不断深入地学习、探讨、研究和把握。

（一）基本经验

通过以上的历史回顾，可以看出，直到"文化大革命"之前，党内关于批评和自我批评作风的主张和贯彻，主流是基本正常的、有序的；即使在"文化大革命"期间，党内主要是中央领导层内也开展过较为正常的批评和自我批评实践。因此，这一时期的党内批评和自我批评作风有许多正面的、积极的经验是值得学习和借鉴的，主要包括：

1. 坚持审慎的态度和原则。从轰轰烈烈的革命战争中走出来，经过血与火的深刻洗礼，中国共产党对来之不易的胜利果实是非常珍惜的。因此，党对新中国各个领域内工作的安排和部署总是极尽细心和周全。党的各项决定和政策的形成和发布都是建立在比较详细的调查研究和党内充分的讨论，听取各方面的意见和建议的基础之上的。这一过程贯彻和体现着党内批评和自我批评的作风，确保了党和政府的工作能够比较少地犯错误和少犯大的错误，且即使犯了错误也能及时发现和纠正。那么，如何才能做到审慎地在党内开展批评和自我批评呢？有两点最基本的要求，一是吸收以往的经验教训，坚持正确的，坚决防范和抛弃错误的。党关于在报纸刊物上进行批评和自我批评的决定和1950年至1953年的整党整风运动，基本做到了这一点。既表明了新时期党应继续开展批评和自我批评的重要性，又倡导和坚持了以往整党整风运动中的一些正确方法、方针和原则，维护了党的纯洁性，提升了党的执政能力和领导水平。二是立足客观实际，做到具体问题具体分析，有所创新和发展。开展批评和自我批评要注重实践的特殊性，与时代相结合拓展认识和实践水平。例如，关于党内开展批评和自我批评的主体范围的延伸，党提出应充分发挥党组织以外的人民群众在批评过程中的作用，通过来自党外群众的公开批评不仅可以推动党作为整体的自我批评，而且可以启动各级党组织内部整个的批评和自我批评活动；关于整党整风的内容和目的，党做出了符合新的历史阶段具体要求的变更，而不是停留于革命时期的思维特点和任务规定。两点基本要求体现了一切从实际出发，实事求是的思想路线，是审慎的态度和原则的根本内容。

2. 正确地估计和判断形势的变化和发展。开展批评和自我批评是党加强自身建设的一项日常性活动，但有时为了批判党内一些较为普遍存在的或在党内外影响和危害性较大的错误，党会发起较为系统而全面的集中性整改教育运动，也就是我们通常所讲的整党整风运动。而无论是日常性活动还是集中性活动，都是在各级党组织的集中领导和组织下进行的，特别是要坚持党中央的统一领导。这样，为了确保党内批评和自我批评严肃认真、健康有序地进行，党的各级组织必须对形势的变化发展做出正确的估计和判断，对组织内部存在的缺点和错误要立足客观实际情况进行科学的分析和把握，否则，党内开展批评和自我批评会发生导向性或目标性错误，或是背道而驰，或是不能抓住重点和关键。批评成了胡批、乱批、错批，必定伤害党的优良传统作风之声誉。同时，对形势的估计和判断、对错误的分析和把握涉及关于问题存在状况的程度深浅的认知，而这又决定着整个批评过程所要触及的限度的确定、引导和控制，即批评要做到恰当、适度，避免适得其反、好事变成坏事。因此，开展批评和自我批评之前，必须进行充分的社会调查研究，既要发现问题又要把握问题的深浅程度，特别是集中性的批评和自我批评运动，更要如此。只有这样，党内批评和自我批评才能真正做到有的放矢，实现预想任务和目标。1950 年至 1953 年的整党整风运动、"文化大革命"期间周恩来同志、邓小平同志主持中央日常工作对党内"左"倾错误的整顿等能够很快起到积极的效果莫不与此密切相关。

3. 重视民主政治生态环境的构建和优化。党内开展批评和自我批评离不开良好的党内民主政治生态环境的培育和维护，因为就内容要求来讲，党内民主的内容涵盖了批评和自我批评作风，批评和自我批评作风是党内民主的集中表现。所以，从另一个层面说，党内真正地开展批评和自我批评活动需要党内民主的实现这个条件和土壤。应该说，新中国成立之初到"文化大革命"开始前，党内的民主状况总体上是正常的。对于党在社会主义建设过程中可能发生的和已经发生的领导性错误，从党中央向下能够适时地通过会议的形式进行批评和自我批评，如，"七千人大会"的召开。虽然由于对复杂的党内外形势估计和判断的失误，有些错误未能得以纠正或完全彻底的纠正，但批评和自我批评作风尚未完全异化或被破坏。可是到了"文化大革命"期间，无论是党内还是党外，所谓的"民主"走向了放纵和无序。在这种形势和环境的影响下，人们的心态很容易逐渐自觉或不自觉地朝向"自我中心"的趋势转化，谁还能听得进、谁还敢去公开批评？谁还愿意、谁还敢去公开作自我批评？开展批评和自我批评，如果能进行得下去的话，结果只能是被批评的人或作自我批评的人感到尴尬和悔恨，这种尴尬和悔恨不是因为有感于批评和自我批评指向的自己的错误和缺点，而是针对批评、自我批评的行动本身，也就是说本不应该参加这种活动，更不应该在活动中做出批评、自我批评的举动。这样的心态扩展开来，对党内严肃认真的批评和自我批评作风产生的抑制和排斥作用是相当明显的，对党和社会的正常发展进程产生的破坏力是非常可怕的。因此，"文化大革命"期间，周恩来同志、邓小平同志主持中央日常工作时，出现了当对党内外存在的错误的整顿和调整刚有起色和步入正轨却被停止进行的情况。此时，真正的党内批评和自我批评作风处于比较恶劣的政治和社会环境中，其自在的功效和能量已难以正常地、完全地发挥出来。总之，党内批评和自我批评作风在这一时期出现的不同的政治生态环境中的两种不同的经历深刻昭示了，构建和优化民主政治生态环境是推进党内批评和自我批评作风的基本经验。

4. 始终坚持党的团结统一是根本。党内开展批评和自我批评的整个过程必须始终坚持党的团结统一，这是我们党总结出来的并在延安整风时就明确下来的基本方针和原则。而事实上，在批评和自我批评的过程之外，党的团结统一是党内批评和自我批评作风能够生成和发展的前提和基础，也就是说，脱离了全党的团结统一这一根基，批评和自我批评就不可能开展起来，更不用提在批评和自我批评过程中坚持党的团结统一了，那根本就不存在。也就是说，党的团结统一决定着党内批评和自我批评的存废，过程中的坚持只是对存在根基的一种反映而已，是为了并且能够加固这一根基。当然，有了这一根基，并不意味着批评和自我批评就一定能够在党内开展起来，这是由于还要受到其他多种因素的影响；但是，其他条件一旦出现，批评和自我批评作风就必然会朝着正确的方向推进，不断走向兴盛和完善。这一时期，毛泽东同志和党中央不仅继续要求开展批评和自我批评的过程要重视团结统一，更是强调党的团结是党的生命，强调民主基础上的集中，指出充分发展党内民主和开展党内批评和自我批评就是为了增强党的团结的认识，并对党内存在的分裂思想进行了批判，对分裂行为进行了打击。因此，即使经历了"文化大革命"这一对党、国家和人民的事业造成重大创伤和灾难的事件，全党同志仍能够紧紧地团结在一起，不忘初心，对党的未来发展充满希望和期待，也使人民群众继续坚定地拥护和支持我们的党，党的执政地位未曾有过动摇。而党内批评和自我批评作风也在经历了低谷之后逐渐地得以恢复和发展，徘徊中前进时期的两年历史实践就体现了这一点。党内批评和自我批评作风又迎来了发展的春天。

此外，要重视党的各级主要领导干部对下级干部、同级组织及下级组织在坚持和发扬党内批评和自我批评作风方面的促进作用。这一时期，毛泽东同志作为全党的领导核心，他的态度对党内批评和自我批评能否正常进行的影响作用是相当大的，起着关键性的作用。这是我们需要重视的经验，当然，这里我们主要是从正面的角度来认识和总结的。

(二) 基本教训

这一时期，党内批评和自我批评作风整体下行，或是走上歧路，或是出现暂时被忽视或抛弃的状况，损害和中断了党的建设事业的整体进程，给党、国家和人民的事业造成巨大损失。"前车之鉴，后事之师"，一些主要的反面教训需要总结和吸取。

1. 反对个人崇拜和迷信。民主集中制是党的根本组织原则，在此基础上，党又逐渐形成和发展了有中国特色的集体领导制。党的集体领导制在当时是指党的中央政治局常委会及其集体领导机制。"领导集体"掌握和行使国家权力，对党和国家的事务集体决策和领导。它的正式确立是新中国成立后，在党的八大上由毛泽东同志提出的。1958 年党的八届五中全会上形成了最早的集体领导制。集体领导制是民主集中制在加强党的集中领导问题上的具体体现，表明了党的中央领导集体掌握和行使国家权力在处理党和国家事务方面的关键性作用。在领导集体内部各成员间的地位是平等的，决策的讨论和制定是一个充分发扬民主的、坚持党内批评和自我批评作风的过程。然而，在"文化大革命"正式发动前，林彪、江青一伙就开始趁"左"倾错误扩散之机，推波助澜，极力宣传和鼓吹个人崇拜和迷信思想，将毛泽东同志的个人威望推向顶端。例如，林彪授意《解放军报》发表社论，指出毛主席的书就是"最高指示"，毛主席的话"句句是真理，一句话超过一万句"，"凡是毛主席的指示，就要坚决拥护，坚决照办，上刀山下火海也要保证完成"，"凡是违背毛主席指示的，就要坚决抑制，坚决反对"。① 在这样的政治环境中，集体领导体制逐渐遭到严重破坏，甚至出现了中央领导集体中的一些成员的政治命运包括生命都可以被随意处置的历史事件。个人崇拜和迷信盛行对政治生活的负面影响，导致的是权力专断和滥用、"家长制"作风、"一言堂"等后果。这样，党内从中央领导层面向下，健康的民主政治生活慢慢淡化或消失，批评和自我批评的作风也变得有名无实。因此，弘扬党内批评和自我批评作风以坚决反对个人崇拜和迷信为必要。

2. 反对直接参与到党内政治生活的党外主体数量和权利的过度扩大化。吸收党外群众参加党的会议和参与到党的批评和自我批评实践过程中，在新中国成立之前党建立和领导的地方政权时期就倡导并实行过，取得了积极的效果，密切了党群关系、干群关系。新中国成立后，党在这一方面的认识有了进一步的充实和发展。我们党是非常重视在各种正当场合中来自党外主体的合理批评和建议的，其会促进党内主体在党的民主政治生活中深入开展批评和自我批评，有利于党及时纠正自己的错误并制定出符合最广大人民群众利益和意志的决策，体现了党的人民性本质。那么，这是否就意味着直接、面对面地参与到党的会议和党内批评和自我批评活动中的党外群众数量及权利可以不加以限制和约束呢？

---

① 王树荫：《中国共产党思想政治教育史》，中国人民大学出版社 2016 年版，第 179 页。

从正常的政治逻辑出发，显然应持否定的立场和观点。然而，由于如何吸收党外群众直接参与到党的会议及批评和自我批评活动中的问题当时并无具体明确的制度性规定，更多的是凭经验而行，这在实践中就很容易犯扩大化的错误而走向无序状态。"文化大革命"期间，大搞"开门整党"，吸纳党外群众参加党的会议，对参加的人不仅不加以严格的政治鉴别和政治教育与引导，甚至享有与党员同等的权利，却又不用承担党员应尽的义务。结果，出现了一些好党员、好干部在无序的民主政治生活中被错误打倒的情况，或是被开除党籍，或是被停止领导职务，或是被直接限制人身自由，还发生多起生命被强制剥夺的恶性事件。党的一些基层组织也因此被严重破坏。这种教训是沉痛而深刻的，党外群众参与到党内政治生活中的积极作用应充分发挥和利用，但必须要有明确的制度规范并合理地执行和引导，切不可过度扩大化，否则来自党外的"正能量"很可能会变成"负能量"，给健康有序的党的会议与批评和自我批评活动带来破坏性影响。

3. 反对界限不清。这里的"界限"指的是主体的政治身份归属。党内开展批评和自我批评过程中，需要明确的是接受批评和进行自我批评的主体始终是在党内，包括各级党组织和党员及领导干部个体。就党员个体来讲，既然政治身份归属于党，那么无论其可能犯多大的错误，只要其还没有离开党，还在党内，我们就必须承认他是我们的同志，我们就必须以同志的、团结的态度和方式对待他，帮助他认识和改正自己的缺点和错误，而不能因他所犯的错误就疏远他、打击他或采取其他更为极端的措施。即使在批评和自我批评活动开展过程中发现了某些党员个体有严重的违法乱纪甚至犯罪的状况，在其未经法定程序被开除出党之前，仍应以同志的态度对待之。而一旦其离开了我们党的组织，不再是党员，则对待他的错误和缺点，同志式的、团结式的态度和方式就不再是完全必需的。至于采取什么样的立场、态度和方式，那是另一领域或层面的问题。就各级党组织来说，道理同样如此。这里的界限指的就是主体的身份是在党内还是在党外，政治身份归属不同，由此而产生的问题当然也是不同的。在这里，强调界限之别绝不是要把党和人民群众的关系对立或割裂开来，而是为了把同志和敌人相区别，把人民内部性质的矛盾和敌我矛盾相区别。在党内树立起这种界限分明的认识，有利于避免在党内开展批评和自我批评时出现以过火的对待敌人的态度和方式来对待党内主体。这一时期，党内开展批评和自我批评时，发生把党内分歧或矛盾当成敌我矛盾，以解决敌我矛盾的态度和方法来解决党内矛盾的情况，致使批评和自我批评作风异化，主要原因就在于界限不清。

4. 反对超越甚至践踏制度的做法。无规矩不成方圆。在党内，一切活动都是党内各类主体的具体活动。作为一个有着坚定统一的政治信仰和追求的政党，不同的党内主体的活动当然具有普遍性特征，但是不同的党内主体特别是不同的党员个体的活动又是相对独立的，具有明显的特殊性。存有不同动机和目的支配下的主体，如果没有一个规矩和标准来约束和监督或者说不能在既定的规范内和以至少不破坏既定规范为前提去行动，而是各行其是，随性而为，党内必定会陷入混乱无序的状态。历史上没有一种单靠存在主体自我修养或自律就能形成的良好社会风气，党内同样如此。因此，党内批评和自我批评要在制度的范围内进行，严格地遵循已有的相关的制度体系，这是批评和自我批评这一优良传统作风的应有之义。这里的制度既包括党内的纪律和制度性规定，也包括国家层面的一切法律和制度。在整党整风运动或"文化大革命"过程中，党内开展批评和自我批评出现用对敌斗争的方式和手段来处理党内矛盾、对待党内成员，就是无视或藐视制度并违反制度规定及精神的体现。这种情况因未及时加以控制和调整，结果使党内批评和自我批评作风走向异化或被破坏，失去了其本质。这也给了我们一个重要的启示，就是靠经验在党内开展批评和自我批评活动，作风有发生异化的风险，应通过加强关于党内批评和自我批评作风的制度体系建设，推进党的作风的法治化进程来规避之。

此外，党内开展批评和自我批评还要警惕和消除惯性思维。革命战争年代，党领导人民群众积累了丰富的阶级斗争经验，因惯性思维作用这些经验极易引入到对其他类型矛盾的解决过程中。延安整风时，先进的中国共产党已经认识到这种惯性思维支配下的惯用做法可能产生的实际危害，明确反对用阶级斗争的方法来处理党内矛盾，并对由此而形成的一些错误进行了纠正。然而，阶级斗争的习惯和经验并未就此根除。新中国成立后的党的整党整风运动中仍时有沿用和照搬，到了"文化大革命"时期，在大的政治气候影响下，这种情况更是到了非常严重的地步。其在党内批评和自我批评实践中的应用将批评和自我批评作风妖魔化，使这一武器失去了其原有的面目，而在形式上成为别有政治用心者用来打击异己的工具。因此，批评和自我批评实践中既要重视经验的获取和应用，更要具体问题具体分析，注重防范惯性思维的消极作用和负面影响。

第三节　改革开放以来的党内批评和自我批评

"文化大革命"时期党内批评和自我批评作风遭到重创的同时，党领导人民群众在进行社会主义现代化建设探索过程中所犯的错误也被推向了极致。在理论上和实践中，虽然不能做出批评和自我批评作风的势弱和消降是错误走向难以收拾境地的唯一原因的判断，但也是极为重要的、关键性的原因。"没有哪一次巨大的历史灾难不是以历史的进步为补偿的。"[1]"文化大革命"结束后，经过两年多的调整期，党内批评和自我批评作风逐渐复归，党和国家一切领域的工作开始步入正轨。随着党的十一届三中全会上改革开放政策的启动，党内批评和自我批评作风走向了新的历史阶段，呈现出新的局面。

一　改革开放以来党内批评和自我批评历史回顾

改革开放以来党内批评和自我批评作风的历史进程可分为三个阶段，即，以邓小平同志为核心、以江泽民同志为核心和以胡锦涛同志为总书记的党的中央领导集体时期。而党的十八大以来，以习近平同志为核心的党中央领导下的改革开放时期，在这里，从时间上界定为"新时期"，党的十九大明确指出中国特色社会主义进入了新时代。这一时期的党内

---

[1] 《马克思恩格斯文集》第 10 卷，人民出版社 2009 年版，第 665 页。

批评和自我批评作风问题会在后文中进行探讨和研究。改革开放以来的党内批评和自我批评作风建设，吸取了以往的经验和教训，回归到正途，并在重新确立的实事求是的思想路线指引下，立足于党内外客观形势的变化，不断丰富和发展，体现出与时俱进的品格。

（一）以邓小平同志为核心的党中央时期的党内批评和自我批评

邓小平同志曾是新中国成立后第一代党的中央领导集体的组成人员之一，但在"文化大革命"期间被打压，政治命运经历了重大起伏。1977年7月党的十届三中全会恢复了邓小平同志原任的党政军领导职务，8月召开的党的十一大，其当选为中共中央副主席，1978年3月，又当选为中国人民政治协商会议第五届全国委员会主席。由此开始，邓小平同志在党中央的核心领导地位逐渐形成。在邓小平同志的倡导且身体力行的影响下，执政的中国共产党党内批评和自我批评作风日益全面恢复、巩固和规范，与时代相联系不断丰富和发展。

1. 解放思想，实事求是的思想路线与党内批评和自我批评。在党的十一届三中全会举行之前，中国共产党首先召开了历时36天的中共中央工作会议。在会上，邓小平同志作了《解放思想，实事求是，团结一致向前看》的重要讲话，这个讲话实际上是党的十一届三中全会的主题报告。① 标志着马克思主义的实事求是思想路线的重新确立。

在讲话中，邓小平指出，这次中央工作会议开得很成功，"大家敞开思想，畅所欲言，敢于讲心里话，讲实在话。大家能够积极地开展批评，包括对中央工作的批评，把意见摆在桌面上。一些同志也程度不同地进行了自我批评"②。这一党内生活的伟大进步和风气，要扩展至全党、全军和全国各族人民中去。

邓小平在讲话中提出的解放思想，实事求是的思想路线为党内开展批评和自我批评确立了思想前提和基础。解放思想要求人的思想认识要打破旧的思维定式和偏见的束缚，消除种种迷信和盲目崇拜，与不断变化的客观实际相适应，研究新情况、解决新问题。当然这一阶段提倡的

① 《邓小平文选》第2卷，人民出版社1994年版，第140页。
② 同上书，第140—141页。

解放思想既有普遍意义上的，更有明确的针对性，即"文化大革命"时所造成的人们思想的僵化或半僵化状态。如果不开动脑筋，解放思想，就无法清除那些造成人们思想处于僵化或半僵化状态的阻碍因素，也就难以真正发现思想和工作实践中存在的缺点和错误，党内批评和自我批评的开展和兴起就成了无稽之谈。实事求是是指从客观存在的实际对象出发，探求事物本身的联系及其发展的规律性，从而做到按客观规律办事。解放思想和实事求在本质上是统一的，解放思想是实事求是的内在要求，不解放思想就做不到实事求是，而解放思想的根本目的和归宿也正是为了做到实事求是。党内开展批评和自我批评必须坚持解放思想，实事求是，才能在党内外形势的变化发展中固守活动的本质而不发生偏离。

反过来讲，事物本身的联系及变化发展规律是复杂的，有时难以把握或全面把握，发生错误在所难免，由此，党内坚持批评和自我批评作风是做到解放思想，实事求是的重要条件。邓小平在讲话中谈民主和处理遗留问题时提到了一些基本看法和要求，对党内正确开展批评和自我批评有着很好的启示。一是重申"三不主义"，即不抓辫子、不扣帽子、不打棍子。二是对党内外群众的意见和批评要正确对待，要有博大的胸襟，绝不能压制。"一听到群众有一点议论，尤其是尖锐一点的议论，就要追查所谓'政治背景'、所谓'政治谣言'，就要立案，进行打击压制，这种恶劣作风必须坚决制止。"[1] 三是加强制度建设。在党内开展批评和自我批评的活动中，任何人有违反党规党纪的，都要严格按照规定进行处理，绝不可任意而为。违反党纪的情况，既包括在批评和自我批评活动中被揭示出来的，也有因在活动中不适当地运用批评和自我批评这一武器而出现的。当然，关于党内批评和自我批评作风的制度体系建设需要不断推进和加强。四是从团结出发，坚持有错必纠，即凡是错了的东西，统统应该纠正。党内开展批评和自我批评就是要发现和揭示错误，更是为了纠正错误，这有利于加强党的团结和发展。但揭示和纠正错误的具体实践要注意方法和策略，从有利于全党的团结出发，做到原则性

---

[1]《邓小平文选》第 2 卷，人民出版社 1994 年版，第 145 页。

与灵活性相统一。"有的问题不能够一下子解决，要放到会后去继续解决。……要大处着眼，可以粗一点，每个细节都弄清不可能，也不必要。"① 对待犯错的同志，主要是促使他自己认识和纠正错误，党组织和其他同志要给他充分的时间，对其自我批评，要表示欢迎。需要对尚未违反或触犯国家法律的犯错的同志进行处理的，一定要十分慎重。按照党规党纪可以从宽的从宽，但对再次发生此类错误的，要从严；对一般党员的处理尽量从宽，对领导干部则要从严，对高级干部则要更严。此外，具体到"文化大革命"的错误、缺点或总结与评价问题，邓小平指出，"总要总结，但是不必匆忙去做"②。

党的十一届三中全会坚持了邓小平同志这篇讲话的基本精神，提出了"过去那种脱离党和群众的监督，设立专案机构审查干部的方式，弊病极大，必须永远废止"③，"党内一律互称同志，不要叫官衔；任何负责党员包括中央领导同志的个人意见，不要叫'指示'"，"一定要保障党员在党内对上级领导直至中央常委提出批评性意见的权利，一切不符合党的民主集中制和集体领导原则的做法应该坚决纠正"④ 等观点和决定，进一步丰富和发展了党内批评和自我批评作风的基本内容和要求，对党内规范、健康开展批评和自我批评活动具有重要的指导意义和促进作用。

总之，邓小平同志的这篇讲话和党的十一届三中全会的决定，不仅为此后实行改革开放的政策和实践奠定了根本的思想理论基础，而且为改革开放新阶段在党内开展严肃认真的批评和自我批评确立了基本的理论指南。党内批评和自我批评作风发展的春天已经开始。

2. 坚持四项基本原则与党内批评和自我批评。1979 年 3 月邓小平同志作了《坚持四项基本原则》的讲话，指出党的十一届三中全会后，党内外各个领域的形势和工作都在向好的方面转变，这一点应当承认。然而，对存在的困难也要有清醒的估计，否则会犯大错误。其中在思想或意识形态领域，必须坚持四项基本原则的指导地位，这是保障我国社会

① 《邓小平文选》第 2 卷，人民出版社 1994 年版，第 147—148 页。
② 同上书，第 149 页。
③ 《改革开放三十年重要文献选编》（上），人民出版社 2008 年版，第 18 页。
④ 同上书，第 20 页。

主义现代化建设始终在正确轨道上运行的政治前提和基础。四项基本原则的内容有：坚持社会主义道路，坚持无产阶级专政，坚持共产党的领导和坚持马克思列宁主义、毛泽东思想。在当时，我们党重视和强调关于坚持四项基本原则的宣传教育，直接目的就是要对党内外存在的错误思想进行批判、纠正和消除。一方面，继续坚定地肃清林彪、"四人帮"的流毒，帮助受到毒害的同志尽早地觉悟过来；另一方面，对怀疑和反对四项基本原则内容的各种思潮给以痛击。四项基本原则的总结、提出和宣传是为了有效地批判党内外思想上存在的错误，坚持真理，事实上为党内开展批评和自我批评确立了基本指导思想和标准，即总体上要围绕是否坚持了四项基本原则开展批评和自我批评。每个共产党员"决不允许在这个根本立场上有丝毫动摇"，① 对党内外存在的否定和抛弃四项基本原则蒙蔽群众、混淆视听的言行要敢于进行批评，表现出鲜明的政治立场和态度。

3. 《关于党内政治生活的若干准则》与党内批评和自我批评。《关于党内政治生活的若干准则》是 1980 年 2 月党的十一届五中全会通过的一部关于规范党内政治生活的较为全面系统的党内法规。其首先明确指出，党的十一届三中全会以来全党的工作重点转移到社会主义现代化建设上来。要团结全党和全国各族人民实现社会主义四个现代化的伟大任务，必须加强和改善党的领导，认真维护、执行和遵循党规党纪，整肃和纯洁党风，这是党的历史给我们留下的根本启示。为此，党中央向全党重申党内政治生活应坚持的若干准则。其十二个方面基本准则的内容指出了党内政治生活应该坚持什么、反对什么，或者说应该做什么、不做什么。应该坚持的、应该做的当然是正确的东西，反之则是错误的需要纠正的东西。作为处于较高位阶的党内法规，《关于党内政治生活的若干准则》全面系统地继承和总结了历史上特别是党的十一届三中全会以来党关于如何健康和纯净党内政治生活的基本认知。党内开展批评和自我批评要严格遵循这十二个方面的基本要求，这些要求就是这一时期形成的党内批评和自我批评作风的具体指导思想，规定着党内开展批评和自我

① 《邓小平文选》第 2 卷，人民出版社 1994 年版，第 173 页。

批评活动的基本内容、政治立场、原则和方向。

4.《关于建国以来党的若干历史问题的决议》与党内批评和自我批评。党的十一届三中全会前后，对于"如何看待建国以后党的历史，如何评价文化大革命，如何评价毛泽东思想和毛泽东同志本人"等问题，当时党内外许多同志产生的一些疑惑或种种不正确的认识，成为关系我国政治生活健康发展的主要思想阻碍。这亟待我们对这些问题做出全面科学的回答。正是在这样的背景下，党的十一届六中全会一致通过了《关于建国以来党的若干历史问题的决议》。

这一决议的形成和出台，从起草、反复修改直到党的十一届六中全会的最终通过，整个过程充分发扬了民主，听取了各方面同志的意见和建议，会上会下大家畅所欲言，严格贯彻了实事求是的科学态度与批评和自我批评的精神，坚持和发扬了我们党在延安整风期间形成的优良作风。在内容方面，无论是行文逻辑，还是思想表达，也都闪耀着党内批评和自我批评作风的光芒。决议"运用马克思主义的辩证唯物论和历史唯物论，对建国三十二年来党的重大历史事件特别是'文化大革命'做出了正确的总结，科学地分析了在这些事件中党的指导思想的正确和错误，分析了产生错误的主观因素和社会原因，实事求是地评价了伟大领袖和导师毛泽东同志在中国革命中的历史地位，充分论述了毛泽东思想作为我们党的指导思想的伟大意义"。[1] 可以说，决议本身的生成过程和基本内容总体上为我们树立了党内严肃认真的批评和自我批评作风的典范。它的通过和发布，对统一全党同志的思想，增进党内团结，进而在全社会形成强烈的政治共识，产生了积极而深远的影响。

当然，真正地统一全党的思想和凝聚社会共识，并不是一件容易的事，还需要做很多的工作。"但是，今后作为一个共产党员来说，要在这个统一的口径下来讲话。思想不通，组织服从。"[2] 这符合《关于党内政治生活的若干准则》的具体规定，也是党内批评和自我批评作风的应有之义。

---

[1] 《三中全会以来重要文献选编》（下），人民出版社1982年版，第847—848页。
[2] 《邓小平文选》第2卷，人民出版社1994年版，第383页。

5. 1983—1987 年全面整党与党内批评和自我批评。在 1982 年 9 月
1—11 日党的十二大上，胡耀邦同志指出："由于十年内乱的流毒至今还
没有完全肃清，也由于在新的情况下各种剥削阶级思想的腐蚀作用有所
增长，目前我们党确实存在思想不纯、作风不纯和组织不纯的问题，党
风还没有根本好转。"① 为此，中央决定从 1983 年下半年起，"用三年时
间分期分批对党的作风和党的组织进行一次全面整顿。"②

按照党的十二大的这一决定，党的十二届三中全会于 1983 年 10 月
11 日做出了《中共中央关于整党的决定》。决定首先肯定了十一届三中全
会以来党的建设的成绩，认为"通过这一系列工作和斗争，党的作风和
党的组织得到了初步整顿，党的状况有了明显的改善。"③ 但是，目前党
内仍然存在许多严重的问题，需要进行一次全面系统的集中整顿。决定
对党内的诸多问题进行全面的总结和列举，在此基础上指出整党的迫切
性和必要性。接着，决定就整党的任务、对党员和领导干部的要求、基
本步骤和方法、组织处理和党员登记、必须防止走过场、整党工作的领
导、巩固和发展整党成果、各级党组织要坚决地创造性地执行本决定等
问题做了具体规定。其中，在整党的步骤和方法的问题上，决定指出
"正确地进行批评和自我批评是解决党内矛盾的有效方法。不认真开展批
评和自我批评，整党的一切目的都达不到。"④ 因此，在这个意义上讲，
整党的过程仍旧是党内开展批评和自我批评的过程，这一认识始终是正
确的。与以往的整党整风相比，决定提出的一些新的认识和要求应引起
关注，其对于规范新的历史阶段党内批评和自我批评有重要意义。一是
强调不能再重复过去的"群众整党"，即由非党群众决定党内问题的错误
做法，整党中的一切问题，都必须由有关党组织讨论解决，强化党组织
的领导作用。二是指出整党只解决我们党内的问题，对民主党派不作要
求。三是要求在防止过去的那种残酷斗争、无情打击的错误做法的同时，
要防止走过场。走过场是与残酷斗争、无情打击相反的一种做法，前者

① 《十二大以来重要文献选编》（上），人民出版社 1986 年版，第 55—56 页。
② 同上书，第 56 页。
③ 同上书，第 391 页。
④ 同上书，第 401 页。

使党内批评和自我批评流于形式，后者则超越了党内批评和自我批评的限度，都不利于真正实现党的团结，无法实现我们所追求的整党的效果。四是提出经过这次整党，要建立健全和改革党内生活的各种必要制度；整党后，加强对党员日常的思想政治教育工作，从而实现对党员教育的日常化、制度化。总之，这一决定继承了历史上党内开展批评和自我批评的正确做法，并在吸取以往教训的基础上提出了新的认识，由此，进一步丰富和发展了党内批评和自我批评作风的内容。

整党决定发布后，整党工作分期分批展开，到 1987 年上半年，全面整党基本结束。整党过程中，党非常重视经验教训的及时总结和工作调整，以适应形势的变化和需求，保证了整党工作的顺利、深入、有针对性地推进。经过整党，党在更大程度上清除了十年内乱的流毒，在统一思想、整顿作风、加强纪律和纯洁组织等方面基本上取得了预期的效果。特别是这次整党有效避免了过去的整党整风中采取过的搞"群众运动"的方式及一些"左"的过火的做法，重视加强党组织的统一领导作用，使得整党工作得以稳定有序进行。

6. 党的十三大与党内批评和自我批评。1987 年 10 月 25 日至 11 月 1 日党的十三大召开，大会通过的《沿着中国特色社会主义道路前进》的政治报告明确了党在社会主义初级阶段的基本路线，即"领导和团结全国各族人民，以经济建设为中心，坚持四项基本原则，坚持改革开放，自力更生，艰苦创业，为把我国建设成为富强民主文明的社会主义现代化国家而奋斗"①。核心内容就是"一个中心，两个基本点"。党的建设问题，从来就是和党的政治路线密切地联系在一起的。这也就意味着党的基本路线是新的历史阶段党内开展批评和自我批评必须遵循的根本政治路线。

关于党的建设问题，一方面，在总体上，报告指出党作为执政党，要经得起执政的考验，也要经得起改革开放的考验。为此，在改革开放的伟大实践进程中要加强党的建设。要深入地向全党进行党的基本路线和党的基本知识的教育，用党的基本路线统一全党特别是领导干部的思想和行动。要重视、加强和改进党的思想政治工作，把思想政治工作贯

---

① 《十三大以来重要文献选编》（上），人民出版社 1991 年版，第 211 页。

穿到社会主义建设和改革的各个领域。从而将全国各族人民的力量都凝聚到有中国特色的社会主义伟大事业中来。要不断提升干部队伍素质，按照革命化、年轻化、知识化、专业化的方针培养干部队伍。要切实加强党的制度建设，以规范全党的思想和行动。要加强党的作风建设。改革开放新形势下，作风建设任务非常突出，其全面渗透于党的建设其他各项工作中，关系着其他工作的成效高低和水平。党内开展批评和自我批评要紧密结合这些总体性要求，推动全党同志积极参与到党的建设事业中来。另一方面，报告充分估计并总结阐述了党内存在的消极腐败现象。指出前几年的整党工作，成绩是比较大的。但加强和改进党的建设是一项长期的经常性工作，一刻也不能放松。要在重视教育的同时坚持从严治党，严肃执行党纪，把一切不合格的又无法通过教育而变成合格的分子，坚决清除出党，以保持党员队伍的质量。要强调党的基层组织的作用，因为许多工作要靠基层党组织来做。作为党的基层组织，要经常地开展批评和自我批评，整顿纪律，真正成为坚强的战斗堡垒。党的上级组织和工作机关则有责任经常性地指导基层组织做好这些工作。这些经常性工作做好了，党的建设工作在新的历史条件下就有可能走出一条靠改革和制度建设的新路子。这些内容和要求应在新阶段的党内批评和自我批评作风中得到贯彻和体现。

此外，报告还特别提到政治体制改革将会为党的建设注入新的活力。这当然也会给作为党的建设重要武器和基本内容的党内批评和自我批评作风增添新的活力。党内开展严肃认真的批评和自我批评，一方面要适应改革，特别是政治体制改革；另一方面自身也要不断变革和发展，与时代共进步，使内容不断丰富和完善。

根据党的十三大的部署和要求，改革开放和中国特色社会主义事业全面推进。在改革开放进程中，面对各种风险、挑战、旋涡和逆流，我们党始终坚持批评和自我批评作风，实事求是地认识和纠正工作中的错误和不足。既强调民主，又加强法制；既强调党内主体的权利，又加强中央的权威；强调必须坚持四项基本原则，绝不允许搞反党反社会主义的资产阶级自由化；等等。从而全力排除各种干扰，在披荆斩棘、劈风斩浪中做到了对困难和挫折的无所畏惧，实现了改革开放和中国特色社会主义事业在安定有序的环境中继续前进。这一期间，对党的中央领导集体中个别成员所犯的一些错误，我们党完全没有回避。在党的十三届四中全会上，党对中央领导集体中在重要问题上犯有严重错误的主要领导同志进行了调整，江泽民同志被选举为中央委员会总书记，形成了以江泽民同志为核心的党的第三代中央领导集体。

（二）以江泽民同志为核心的党中央时期的党内批评和自我批评

以江泽民同志为核心的党中央时期在时间上从党的十三届四中全会开始，止于党的十六大的召开。这一时期，党立足于形势的变化和发展，在总结和纠正以往错误的过程中，坚决贯彻了党内批评和自我批评作风，并就作风建设的某些方面直接或间接地提出了一些新的认识、观点，做出了正确的决定，促进和保障了党内批评和自我批评实践的健康开展。

1. 第一阶段，党的十三届四中全会至党的十四大召开。在平息了1986年年底的学潮和1989年春夏之交的政治风波后，党对自身工作的失误和教训进行了总结和反思。在党的十三届四中全会上，党调整了中央领导集体的成员构成，江泽民同志成为党的总书记和领导核心。江泽民同志在会上作了重要讲话，对发生社会动乱问题的主要原因进行了分析。指出首要的原因就是，中央个别主要领导同志犯了一个致命错误，"就是把改革开放同四项基本原则割裂开来、对立起来……给党和国家带来巨大的灾难"[①]。其次，与物质文明建设工作相比，社会主义精神文明建设工作抓得不好，出现了一手硬、一手软的情况。党的十一届三中全会以来，物质生活水平提高的同时，许多庸俗、反动、消极、腐化、堕落的不良思想倾向和风气也出现了，甚至新中国成立之初早已绝迹的种种丑恶现象也沉渣泛起，这一严峻的事实告诉我们，教育工作存在着重大失误。江泽民同志在这里特别强调了要加强国情教育的问题。再次，思想宣传工作对社会中的错误思潮批判不到位，一些舆论阵地丢失。还有，社会主义民主制度和法律制度建设需要进一步完善和发展。此外，在社会动乱中许多人被阴谋分子煽动和利用，"一些党员、特别是极少数领导干部中存在严重腐败现象"也是非常重要的原因。上述原因实际上指出

---

① 《十三大以来重要文献选编》（中），人民出版社1991年版，第550页。

了我们党在工作中存在的缺点和错误。要挽回缺点和错误带来的损失，党就必须回到正确的轨道上来，努力排除干扰，克服一切困难。

为了进一步解决在发生的社会动乱中所暴露出来的党内存在的严重问题，党在 1989 年 8 月 28 日做出了《中共中央关于加强党的建设的通知》，要求各级党委从现在起聚精会神抓好党的建设，解决党内存在的突出问题。通知从认真做好清查和清理工作，纯洁党的组织；认真考察领导干部，加强领导班子建设；切实搞好思想整顿，加强党的思想教育；发扬党的优良作风，克服消极、腐败现象；切实加强党的基层组织建设；继续做好民主评议党员的工作；严格党员标准，确保发展党员的质量；加强党建理论的学习、宣传和研究等八个方面对如何开展党的建设工作做了全面说明。这八方面在内容上对党内存在的诸多问题和错误进行了揭示，就校正的步骤、重点、政策、原则和方针等方面作了部署。这在总体上体现了党的自我批评和对党内存在问题的不护短的直面批评之风。对各级组织和党委来讲，中央要求必须把党的建设工作列入重要日程，严格按照通知要求自查自纠，在开展批评和自我批评的过程中发现、讨论和研究新情况、新问题，总结新经验，切实把我们党建设成领导改革开放和社会主义现代化建设的坚强核心。

1989 年 11 月 6—9 日党召开了十三届五中全会，江泽民同志在讲话中指出，要坚持群众路线，改进领导作风，特别是党的高、中级领导干部要有一个新的提高，和群众一起同各种不正之风、腐败现象做坚决斗争。遇事要和群众商量，及时发现问题、解决问题，不要等问题成堆、矛盾激化了才去解决，那样，会付出很大的代价。要加强民主集中制，提高党的战斗力，一是正确处理中央和地方、上级和下级的关系，发挥两方面的积极性。二是各级党委要加强集体领导。党委的主要领导要善于发扬民主作风，听取各方面意见特别是不同意见和反对自己的意见，通过深入调查研究、比较鉴别，形成正确的集中。在党委的实际工作中，既要防止一个人说了算的家长制作风，又要防止违反党委已做出的决定的个人主观自由主义作风。三是加强党的纪律。要特别强调党的组织性、纪律性，同一切违反党的纪律的现象做斗争，实现有令必行、有禁必止。为了维护党的纪律，需要加强来自各方面的监督。另外，大力加强基层党组织的建设也是提高党的战斗力的非常紧要的问题，上级党委要关心、支持和帮助基层组织做好党的建设工作。此外，江泽民同志还专门指出党内政治理论学习氛围不浓厚、制度不健全，强调全党必须加强学习和研究马列主义、毛泽东思想的基本理论，健全有关制度。这些观点对党内批评和自我批评有重要的规范和启示意义。

在革命年代和新中国成立初期，我们党就强调要重视利用报纸刊物来推动和进行党内批评和自我批评。随着科技的发展，新的媒体平台的出现和影响范围的逐步扩大，党内开展批评和自我批评更加坚持和重视对各种媒体平台的利用，以增强批评和自我批评作风的效能。江泽民同志和李瑞环同志于1989年11月下旬在中共中央宣传部举办的新闻工作研讨班上的讲话中就此问题对新闻工作提出了一些基本要求。讲话指出，新闻工作要坚持为社会主义服务、为人民服务的基本方针；要坚持党的领导和党性原则，严格纪律；"新闻自由"是有限度的自由，不是绝对的无限制的自由；要坚持新闻的真实性原则；要坚持正面宣传为主，但绝不能不要或放弃批评，新闻单位要善于批评；等等。这些要求同样是党内利用各种媒体平台进行批评和自我批评必须遵守的，不仅进一步强调了党内批评和自我批评作风可利用的平台范围，而且有助于对利用媒体平台开展批评和自我批评的活动进行规范引导。

1989年12月29日江泽民同志在党的建设理论研究班上作了《为把党建设成更加坚强的工人阶级先锋队而斗争》的讲话。讲话再次强调了党的建设的重要性和紧迫性，对党内存在的关于批评和自我批评作风的错误认识，江泽民同志进行了批评和纠正。他说："有些同志把开展批评和自我批评等同于'左'，认为进行积极的思想斗争会影响团结，实际上起了掩护和纵容党内错误思想和言行的作用。还有些人把批评说成是'打棍子'、'整人'，而他们自己却对马克思主义肆意诽谤，对坚持正确原则的同志横加指责，这种颠倒黑白的现象更需要坚决反对。"① 批评和自我批评作风是保持党的纯洁性、增强党的战斗力的武器，因此，所有党员特别是领导干部在党内生活中学会和勇于、善于运用这个武器，使

---

① 《江泽民文选》第1卷，人民出版社2006年版，第96页。

这一武器不断放射出新的光彩。

1991 年 7 月 1 日庆祝党的成立七十周年大会上，江泽民同志在讲话中指出，加强和改善党的领导是建设有中国特色的社会主义的关键。而要把党建设好，就必须对党所处的客观形势和党的现状有清醒的认识。整体上我们党的主流是好的，这一点毫无疑问。然而在改革开放和商品经济环境中，西方资本主义腐朽思想、价值观念和生活方法不可避免地趁机涌进中国，侵蚀党的肌体。党面临着执政的考验、改革开放的考验、发展商品经济的考验及反对和平演变和资产阶级自由化的考验。在严峻的考验面前，只有全面加强党的建设，我们党才能担负起历史赋予的伟大使命。讲话就加强党的建设从内容和目标上提出了基本要求，即要加强理论学习，提高全党同志的马克思主义素质；要提升党内同志自觉地为人民服务的意识；要提升各级党组织的战斗力；要重视培养社会主义事业的建设者和接班人。在实践路径上，则要求继承和发扬党在长期奋斗的历史中所创造的丰富经验和优良传统。而在所有的经验和优良传统中，党内批评和自我批评作风是集中表现，也是最为关键的。因此，要重视正确发挥批评和自我批评这一武器的关键性作用来加强和改进党的建设，只有这样，我们党才能始终保持先进和纯洁，保持永远向上的生命力和战斗力，从而经受住各种考验、排除万难，坚定不移地朝着我们的目标迈进。

2. 第二阶段，党的十四大至党的十五大召开。自党的十三届四中全会以来，党的建设稳步推进，党内批评和自我批评作风在改革开放形势下得以坚持和贯彻。1992 年 10 月 12—18 日党的十四大召开，江泽民同志作了《加快改革开放和现代化建设步伐，夺取有中国特色社会主义事业的更大胜利》的政治报告。报告对党的十一届三中全会以来的开创的改革开放事业的十四年伟大实践进行了实事求是的总结；指出九十年代改革和建设的主要任务；科学分析了国际形势和我们的对外政策；强调了加强党的建设和改善党的领导对党和人民事业的重要性。关于加强党的建设和改善党的领导，报告从学习新理论、领导班子建设、密切党群关系、基层党组织建设和维护党的团结统一五个方面提出基本要求，揭示和批判了党内存在的错误思想、丑恶行径、消极腐败现象、不良做法及工作上的欠缺与不足，明确指出了应坚持的正确思想和行动。总体上体现了党内批评和自我批评的作风和精神。强调要推进制度建设，切实保障党内民主权利。要利用各种民主渠道，及时准确地将党内各个方面的意见、批评和建议收集与反映上来。对一切不利于党员行使民主权利，阻碍或压制党员批评的行为要坚决查处。同时，各级党组织和党员必须服从和执行集体的决定，要严守党的纪律，反对自由主义。这一要求有利于保证党内批评和自我批评始终以维护党的团结统一为要义，而不至于批评和自我批评出现异化导致出现破坏和分裂党的状况。坚持民主基础上的集中和党的团结统一，是我们党自诞生以来就一直强调和经常重申的，要坚定树立起党内开展批评和自我批评从团结出发还要走向团结的根本理念和方针。

1993年8月9日胡锦涛同志在全国组织工作座谈会上作了重要讲话。讲话严肃指出和批评了一些领导班子和领导干部在思想作风上存在的不容忽视的错误和问题，这些问题严重损害了党的威信和形象，破坏了党群关系，不利于党的战斗力的提升。要求领导班子思想作风建设要常抓不懈，而且党政一把手要亲自负责，一级抓一级，一级带一级，上下一起努力，共同抓好这件事，抓出实效。1993年8月21日江泽民同志在中央纪律检查委员会全体会议上作了《加强反腐败斗争，推进党风建设和廉政建设》的讲话。讲话对国内形势、反腐败现状、腐败现象产生的社会历史原因、反腐败要着重做好的工作和应把握好的原则、反腐败的长期性和加强各级党委对反腐败工作的统一领导等问题做了全面系统的论述。虽然讲话是针对反腐败问题，但其中的一些工作思路、原则、方针和方法等同样适用于党内正确开展批评和自我批评的实践活动。如：加强党委的统一领导、从领导干部做起、不搞群众运动和人人过关、扶持和培育党内正气等基本要求。

党的十四届四中全会于1994年9月25—28日召开，全会"把党的建设提到新的伟大工程的高度，提出了明确的目标和任务"①，通过了《中共中央关于加强党的建设几个重要问题的决定》。决定指出，改革开放给

---

① 《江泽民文选》第1卷，人民出版社2006年版，第403页。

党的建设带来了活力和动力，同时也使党的建设进程面对许多复杂情况。例如：党的队伍数量不断增大，对党员的教育和管理任务变得越来越繁重；面对改革开放进程中出现的新情况新问题，党在许多工作上还不是很适应；由于一些地方党组织管党治党不严，出现一些不容忽视的负面问题，特别是某些消极腐败现象在党内滋生扩散，严重侵蚀着党的先进性和纯洁性，败坏了党的形象；等等。这些情况需引起全党高度重视，通过加强和改进党的建设来切实加以解决。决定特别强调基于当时的形势和状况，党的组织建设已经成为突出的环节。在加强党的组织建设时，关于批评和自我批评作风，在原有认识的基础上指出，"批评和自我批评是实行党内监督的有力武器。要坚持和健全组织生活会制度、党员领导干部民主生活会制度，开展谈心活动，从团结的愿望出发，认真进行批评和自我批评，分清是非，团结同志，克服缺点，改进工作"①。此外，决定做出安排，"从现在起，用三年的时间，在全体党员中有计划、有步骤地开展一次建设有中国特色社会主义理论和党章的学习活动"②。学习活动中，要做到把党员教育同加强和改进党员管理结合起来，"要大力表彰先进的基层党组织和优秀党员，妥善处置不合格党员，坚决清除腐败分子"③。为落实这一任务，随后，中共中央组织部、宣传部联合发出《关于在党员中开展建设有中国特色社会主义理论和党章学习活动的意见》。意见指出学习活动是加强党的建设的一项重大举措，要高标准严要求，不允许搞形式主义、走过场。各级党委要抓紧抓好，建立责任制，扎实细致地把这项工作做好，切实解决基层组织和党员中存在的突出问题。领导干部要以普通党员身份积极参加到学习活动中，在学习中发现缺点和不足，带头开展批评和自我批评。

1995 年 11 月 8 日江泽民同志在北京视察工作时指出，根据当前干部队伍的实际情况和存在的问题，在对干部进行教育时，要强调讲学习、讲政治、讲正气。1996 年 10 月，党的十四届六中全会通过《中共中央关

---

① 《十四大以来重要文献选编》（中），人民出版社 1997 年版，第 965 页。
② 同上书，第 969 页。
③ 同上书，第 969—970 页。

于加强社会主义精神文明建设若干重要问题的决议》，指出要从严治党，加强党风廉政建设。党风廉政建设中，"对违纪违法问题，不论涉及什么人，都要坚决排除阻力，认真查处"①。并提出"对县级以上领导干部要集中进行一次以讲学习、讲政治、讲正气为主要内容的党性党风教育"。②就决议文件的贯彻和落实问题，江泽民同志在会上明确指出，决议能否得到落实，全国人民都在看着我们党。这些年，我们党的一些工作部署，虽然总体上落实得比较好，但也有许多落实得不好。许多问题明明可以解决却没有解决，引起群众意见很大，这反映了一些领导干部身上存在的不良风气。因此，我们要坚持发扬党的优良传统作风，特别是领导干部要做老实人，说老实话，办老实事。

　　3. 第三阶段，党的十五大至党的十六大召开。1997 年 9 月 12—18 日党的十五大召开，江泽民同志作了《高举邓小平理论伟大旗帜，把建设有中国特色社会主义事业全面推向二十一世纪》的政治报告。邓小平理论在这次大会上被写入党章，成为党的行动指南。自然也就成为党内开展批评和自我批评的总的依据的最新成果。报告总结了党的领导下改革开放和中国特色社会主义事业五年来各个领域所取得的巨大成就，也实事求是地指出前进道路上有不少矛盾和困难，工作中有很多缺点和不足，需要高度重视、扎实解决。其中关于党的建设问题，报告强调，要坚决彻底地纠正党在思想、组织、作风等领域存在的错误和缺点，改变党内存在的纪律松弛和软弱涣散的现象，加强反腐败斗争，做到党要管党、从严治党。此外，报告内容进一步强调了要注重健全和完善党内制度法规，严格按照党章和制度的规定办事来促进党的建设的基本要求。

　　根据党的十四届六中全会的精神，党的十五大报告中明确提出："继续在县级以上领导干部中深入进行以讲学习、讲政治、讲正气为主要内容的党性党风教育。"③ 1998 年 11 月 21 日，党发出《关于在县级以上党

---

① 《十四大以来重要文献选编》（下），人民出版社 1999 年版，第 2068 页。

② 同上。

③ 《江泽民文选》第 2 卷，人民出版社 2006 年版，第 43 页。

政领导班子、领导干部中深入开展以"讲学习、讲政治、讲正气"为主要内容的党性党风教育的意见》，教育实践活动在党内全面展开。这次为期两年的"三讲"教育实践活动坚持以整风精神解决党性党风上的突出问题，大大提高了全党领导干部的整体素质，是新形势下加强党的建设的一次成功实践。活动的整个过程都要求领导干部必须拿起批评和自我批评的武器深化教育实践活动。要求在党内批评和自我批评过程中，必须坚持讲政治、不走过场、实事求是等原则，绝不允许重复过去的那种泄私愤、借机整人的"左"的错误做法；领导干部内部要交心，党委（党组）要在充分准备的基础上开展认真的、实事求是的批评和自我批评；对确有问题的干部，如果其不进行自我批评，又拒绝别人批评的，上级领导干部要及时纠正其态度和行为；重视运用正反两方面的典型来教育领导干部，弘扬正气，克服歪风邪气；可派巡视组或上级领导直接监督指导"三讲"教育工作，对工作不得力的党委要给以严肃批评，必要时重新进行。

进入 21 世纪后，2000 年 1 月 14 日江泽民同志在中央纪律检查委员会全体会议上作了《治国必先治党，治党务必从严》的讲话，指出新的形势下，"对党内存在的问题，决不能视而不见，讳疾忌医，而应该坚决纠偏补弊，激浊扬清，认真加以解决"①。2001 年 9 月 24—26 日党的十五届六中通过《中共中央关于加强和改进党的作风建设的决定》，指出全面推进党的建设新的伟大工程，作风建设非常重要，关系着人心向背和执政党的合法性与正当性。党的十一届三中全会以来，"在一些地方、部门和领导干部中，教条主义、本本主义滋长，形式主义、官僚主义盛行，弄虚作假、虚报浮夸严重，独断专行、软弱涣散问题突出，以权谋私、贪图享乐现象蔓延"②。虽然作风状况总体是好的，但全党要看到这些问题的严重性，下大力气解决，否则，党会失去民心，执政基础会被削弱。决定明确了作风建设的指导思想和主要任务，强调要"发扬优良传统，加强思想教育，推进制度建设，解决突出问题，努力把党的作风建设提

---

① 《十五大以来重要文献选编》（中），人民出版社 2001 年版，第 1107—1108 页。
② 《十五大以来重要文献选编》（下），人民出版社 2003 年版，第 1996 页。

高到一个新的水平"①。提出推进党的作风建设应做到"八个坚持,八个反对"。这"八个坚持,八个反对"全面系统地总结了改革开放时期党内开展批评和自我批评依据的内容指向,丰富和发展了党内批评和自我批评作风。而要做到这一要求,应坚持一靠教育,二靠制度,但这都需要同党内批评和自我批评作风相结合才能健康推进。

总之,以江泽民同志为核心的党中央时期,在理论上和实践中主要正确回答了"建设什么样的党,怎样建设党"的重要问题,党内批评和自我批评作风在这一过程中得到全面贯彻、丰富和发展。

(三)以胡锦涛同志为总书记的党中央时期的党内批评和自我批评

以胡锦涛同志为总书记的党中央时期在时间上从党的十六大开始,止于党的十八大召开。这一时期,党内批评和自我批评作风得到继续坚持和发扬。

1. 第一阶段,从党的十六大到党的十七大召开。2002 年 11 月 8—14 日党的十六大召开,江泽民同志代表十五届中央委员会作了政治报告。报告对过去五年的工作,既谈了成绩,也指出了工作中存在的困难和问题,并总结了十三年来的实践所积累的十条宝贵经验。这十条宝贵经验与整个报告的内容一起进一步丰富和发展了党内开展批评和自我批评应严格遵循的基本内容和标准。关于加强和改进党的建设问题,与以往相比,报告的一个重要的特点就是明确强调把制度建设贯穿于党的思想、组织和作风建设中;既要做好经常性工作,又要解决突出性问题。这对于党内批评和自我批评作风建设有重要的启示意义。加强关于党内批评自我批评作风的相关制度体系建设成为一个重要课题。另外,"三个代表"重要思想在这次大会上写入党章,成为党的指导思想,当然也就成为党内开展批评和自我批评的总的依据的又一最新成果。报告提出要"在全党兴起一个学习贯彻'三个代表'重要思想的新高潮"。

2002 年 12 月 6 日胡锦涛和中央书记处的几位同志在西柏坡学习考察时回顾和重温了毛泽东同志当年倡导的"两个务必"。胡锦涛同志在讲话中号召全党特别是领导干部要大力发扬艰苦奋斗的优良传统作风,批评了这些

---

① 《十五大以来重要文献选编》(下),人民出版社 2003 年版,第 1997 页。

年来党内存在的拜金主义、享乐主义和奢靡之风且有蔓延之势的现象。

2003 年 11 月 17 日胡锦涛同志在中央经济工作会议上指出，一些同志存在错误的政绩观，工作的出发点不是为了为群众做实事、谋利益，而是更多地考虑个人的得失，热衷于搞华而不实、劳民伤财的"形象工程"，这种情况在干部群众中反应强烈，必须加以重视和解决。要坚持"三个代表"重要思想为指导，树立立党为公、执政为民的正确的政绩观。2003 年 12 月 23 日中共中央印发的《中国共产党党内监督条例（试行）》和 12 月 31 日印发的《中国共产党纪律处分条例》，对于加强党内监督，维护党的章程和其他党内法规，保障党员权利，坚持党内批评和自我批评作风具有重要的推动和规范作用。

2004 年 9 月 19 日党的十六届四中全会通过了《中共中央关于加强党的执政能力建设的规定》，规定从经济、政治、文化、社会、外交等各个方面对党的执政能力和领导水平提出了要求，强调了制度方面的建设。此外，报告提出要"在全党开展以实践'三个代表'重要思想为主要内容的保持共产党员先进性教育活动"。为了进一步认真贯彻党的十六大和十六届四中全会精神和部署，2004 年 9 月 22 日中共中央印发《中国共产党党员权利保障条例》。它的颁布和实施有利于促进党内民主、健全党内生活，增强党的执政能力，是党内开展批评和自我批评活动必须严格遵守的行为规范。2004 年 11 月 7 日中共中央决定从 2005 年 1 月开始，在全党开展为期一年半左右的保持党员先进性教育活动，到 2006 年 6 月基本结束。意见指出和列举了我们党的队伍中存在的违背党的先进性的突出问题。解决这些问题要坚持经常性教育和适当的集中教育相结合，这是党的建设的一条重要经验。要求全体党员必须积极投入到这一集中教育活动中来。关于开展先进性教育的指导原则，强调要坚持正面教育为主，认真开展批评和自我批评，引导党员提高学习的自觉性、主动性，积极查找和切实解决自身存在的缺点和不足。这一次党的先进性教育活动在党的历史上影响是比较深远的，先进性这一范畴真正成为党内的主流政治话语。而且党中央高度重视先进性建设的制度保障，在活动中及时将党的历史上取得的一些成功的建设经验进行整理，使其系统化、理性化，上升到党内法规的高度，进一步推动了党的建设工作的制度化和规范化。

2006 年 6 月 30 日胡锦涛同志在庆祝党成立八十五周年暨总结保持共产党员先进性教育活动大会上的讲话中，充分肯定和总结了先进性教育活动取得的显著成效，并指出先进性是中国共产党的根本属性，先进性建设是一项长期的历史任务，要长抓不懈，抓紧抓好。另外，2007 年 1 月 9 日胡锦涛同志在中央纪律检查委员全体会议上作了《全面加强新形势下的领导干部作风建设》，要求在领导干部中大力倡导八个方面的良好风气，以保持共产党员的政治本色。

2. 第二阶段，从党的十七大到党的十八大召开。2007 年 10 月 15—21 日党的十七大召开，胡锦涛同志代表党的十六届中央委员会作了政治报告。报告总结了近五年来在党的领导下各领域的工作取得的成就，同样也清醒地认识到改革开放和社会主义现代化进程中仍面临不少困难和问题，工作上的成就离人民群众的期待还有一定的距离，需要认真加以解决。深入贯彻科学发展观是报告的核心内容和根本精神，本次大会上修改后的党章将科学发展观写入党章。报告最后强调以改革创新精神全面推进党的建设新的伟大工程。关于党的建设，报告从思想、组织、作风、制度、反腐倡廉等方面明确提出许多新的重点任务和目标，体现了党的建设理论和实践更加完善和成熟。这些内容是党内开展批评和自我批评应坚持的基本要求或依据的内容指向。特别是党的建设重点任务和目标的实现对党内批评和自我批评作风建设有直接的影响，能够促进和保障党内批评和自我批评作风更加深入、经常、有序地进行。2007 年 10 月 24 日，党发出《中共关于认真学习宣传贯彻党的十七大精神的通知》，要求全党的思想统一到党的十七大精神上来。2008 年 2 月 28 日胡锦涛同志在全国组织工作会议上进一步强调了党的十七大关于党的建设的精神和要求，"党的建设，什么时候都不能放松，必须抓得紧而又紧；党的建设，什么时候都不能停顿，必须不断与时俱进"①。批评和自我批评作风作为党的建设之利器，要重视其在党的建设的整个过程中的正确坚持和运用，当然亦不可有丝毫放松和停顿。

根据党的十七大的部署，2008 年 9 月 14 日党发出了《中共中央在全

---

① 《十七大以来重要文献选编》（上），中央文献出版社 2009 年版，第 233 页。

党开展深入学习实践科学发展观活动的意见》，决定从 2008 年 9 月开始，在全党分批开展为期一年半的学习实践科学发展观活动。按照意见要求，在学习实践活动中，要"坚持高标准、严要求，组织广大党员、干部深入学习实践科学发展观，实事求是查找存在的问题，深刻分析产生问题的原因，全面总结经验教训，认真开展批评和自我批评，进一步明确努力方向。查找和剖析问题既要严格要求，又不搞人人过关，注意保护党员、干部的发展积极性"①。经过一年多的时间，学习实践活动到 2010 年 2 月底基本结束。2010 年 4 月 6 日召开的总结大会上，胡锦涛同志指出学习实践活动做到了"主题鲜明，领导有力，组织严密，措施得当"②，基本实现了所定的目标和任务，要巩固和扩大所取得的丰硕成果，进一步推进学习实践科学发展观向深度和广度发展。关于学习实践活动本身，胡锦涛同志谈到，尽管不同时期党开展的马克思主义集中教育活动在许多具体方面有所不同，但总体上有着共同的特征。"……每一次都运用批评和自我批评的武器，着力解决党员、干部党性党风党纪方面群众反映强烈的突出问题，动员群众广泛参与，认真清扫政治灰尘，保持党的肌体健康，使广大党员、干部的党性修养和作风养成得到广泛提高。"③ 要实实在在运用好适时在全党开展集中教育活动这一成功做法。

这一阶段，党制定和发布了一系列制度性文件，以制度建设来推进党的建设向纵深发展。如：《关于实行党政领导干部问责的暂行规定》、《中国共产党巡视工作条例（试行）》、《地方党政领导班子和领导干部综合考核评价方法（试行）》、《党政工作部门领导班子和领导干部综合考核评价方法（试行）》、《党政领导班子和领导干部年度考核办法（试行）》、《中国共产党领导干部廉洁从政若干准则》，等等。它们从制度上对加强党内监督，落实党要管党、从严治党方针和党内批评和自我批评的深入开展等都有重要的促进作用。

2009 年 9 月 15—18 日的党的十七届四中全会通过了《中共中央关于

---

① 《十七大以来重要文献选编》（上），中央文献出版社 2009 年版，第 558 页。
② 《十七大以来重要文献选编》（中），中央文献出版社 2011 年版，第 631 页。
③ 同上书，第 637 页。

加强和改进新形势下党的建设若干重大问题的决定》。决定总结了党的建设的基本经验，基于新形势从各个方面提出了基本要求。特别是专门强调了要大兴批评和自我批评之风，并做了相对具体的规定，这些规定继承以往的历史经验并有所创新和发展，对新形势下党内开展批评和自我批评具有重要的直接指导作用。

2010 年 8 月 16 日中共中央办公厅、国务院办公厅印发的《关于加强和改进城市社区居民委员会建设工作的意见》和 2010 年 9 月 15 日中共中央办公厅印发的《关于党的基层组织实行党务公开的意见》对于基层组织加强党的建设，坚持和发扬党内批评和自我批评作风具有重要的保障和推动作用。

2011 年 7 月 1 日胡锦涛同志在党成立 90 周年大会的讲话中，以党的十七届四中全会提出的"提高党的建设科学化水平"为目标，指出了新的历史条件下的具体要求。2012 年 1 月 9 日在中央纪律检查委员会全体会议上的讲话中，胡锦涛同志提出要"切实做好保持党的纯洁性各项工作"的认识。这些都对新形势下推进党内开展批评和自我批评有重要的指导意义。

随着 2012 年 11 月 8 日党的十八大召开，改革开放以来的又一个新时期开始了，党内批评和自我批评作风建设也进入了一个新时期。

二 改革开放以来党内批评和自我批评的经验和不足

作为党的优良传统作风之一的党内批评和自我批评在这一时期的坚持、贯彻和发展是稳定、健康和有序的，增强了党的领导力和执政力。党正确运用批评和自我批评这一党建利器，适时解决了党内存在的一些突出问题，推进了党的建设新的伟大工程走向深入，也形成了一些党内开展批评和自我批评的新的成功经验。当然，坚持批评和自我批评作风的理念和精神，告诉我们充分肯定成就的同时，也要看到一些有待改进的问题和不足。

（一）基本经验

"文化大革命"给党带来的教训是极其深刻的，对党内批评和自我批评作风来说，促进了我们党从上到下对如何正确开展批评和自我批评进行深刻总结和反思。以此为前提和基础，改革开放以来，党坚持和弘扬批评和自我批评作风过程中，总体上基本避免了以往所犯的错误，并推动其不断丰富和完善。

1. 要树立和坚定正确的思想路线。坚持正确的思想路线指导是党内开展批评和自我批评的首要前提。在"实践是检验真理的唯一标准"的大讨论的推动下，党的十一届三中全会最终重新确立了实事求是的思想路线，全党对解放思想、实事求是的思想路线形成高度共识。而正是在这一思想路线的指导下，党内批评和自我批评作风走向正常化、规范化，突破了旧思想、旧框框的束缚，对以往所犯的错误进行了拨乱反正，使党的各项工作逐渐调整到正确的轨道上来。在以往认识的基础上，党的十六大将与时俱进的要求写入党章。与时俱进成为与解放思想、实事求是同一序列的科学范畴，丰富了党的思想路线的内涵。在江泽民同志的思维中，解放思想是前提，实事求是是核心，与时俱进是保证。后来，胡锦涛同志多次提出在工作中要大力弘扬求真务实精神，认为这是党的各项事业不断取得新胜利的根本保证。求真务实的精神，是在要求认识事物本质、把握事物发展规律的基础上，更强调在正确认识的指导下实实在在地去行动、去实践。党的十七大通过的政治报告和修改后的党章中都将"弘扬求真务实精神"明确写入，用来解释和补充了党的思想路线的内涵（党的十八大上求真务实正式成为思想路线的基本范畴之一）。总之，这一时期党的思想路线得到不断丰富和完善。而正是在正确的思想路线指引下，党内批评和自我批评作风才能够立足于国内外形势变化、跟上时代进步的潮流而得以有效贯彻和发展。

2. 重视用马克思主义中国化最新成果武装全党。马克思主义中国化最新成果主要是指理论形态的。这一时期形成和发展起来的理论成果有：邓小平理论、"三个代表"重要思想和科学发展观等战略思想。其他的具体表现形式是广义上的在科学理论的指导下形成的路线、方针、政策、制度及全党形成高度共识的经验性的东西、实践性成果等。思想理论建设是党的根本建设。事实证明，坚持用马克思主义中国化最新成果武装全党是党内正确开展批评和自我批评的重要保证。一方面，只有坚持统一的思想，大家才可能真正凝聚在一起、紧密地团结在一起，这是开展批评和自我批评的基本前提。另一方面，统一的思想及其指导下达成的共识，是进行批评和自我批评的根本依据和标准。开展批评和自我批评首先要有基本的统一的标准，不能随意进行，否则活动本身必将导致混乱无序、事与愿违。这一时期我们党开展的每一次整党整风或集中教育活动过程中都将马克思主义中国化最新成果的学习放在极其重要的地位。党的重视程度所表现出的特点有三：一是话语形式上，整党整风的话语逐渐被集中教育活动这一话语所替代；二是明确提出和贯彻建设马克思主义学习型政党的要求；三是每一次的理论创新，我们党都要集中开展教育活动，强调对最新成果的学习，用来解决党面对的突出性问题。这都为党内正确开展批评和自我批评提供了重要基础。

3. 服务而不干扰中心工作。党的十一届三中全会后，基于对我国社会主要矛盾的科学分析和把握，党的工作重心重新回到经济建设上来。党的十三大进一步确立了党在社会主义初级阶段的基本路线，要求坚持以经济建设为中心。吸取历史的教训，党在这一时期的各项工作都始终坚持围绕这中心来展开，服务大局。强调发展是解决中国一切问题的关键，是党执政兴国的第一要务，要坚持科学发展的新要求。党内开展批评和自我批评始终坚持与能够有利于经济社会发展相连接，具体表现在：一是统一全党对经济建设工作中心地位的认识，揭示和纠正经济工作中所犯的错误、存在的问题和不足，促进认识和实践水平的提升；二是对以促进经济社会发展为目标的改革工作中所犯的错误和犯错误的工作人员，尚未违反国家法律的，需要按照党纪党规处理的，可宽可严的尽量从宽，坚决杜绝以往的过激手段或方式，以创建有利于培养和鼓励全党改革创新的主动性和自觉性的党内政治生态环境；三是拿起批评和自我批评这一武器有利于党保持先进性和纯洁性，不断提高执政能力和领导水平，能够实现在党的正确领导下凝聚全社会的力量搞好经济建设工作的目的。总之，这一时期党的建设与批评和自我批评活动的开展总体上是与经济建设工作相适应的，反过来，经济建设取得的成就为党深入开展批评和自我批评，促进党的建设新的伟大工程奠定了物质基础和条件。

4. 关键在于提高领导班子和领导干部的素质和能力。重视领导层面的关键作用是我们党坚持和弘扬批评和自我批评作风一直以来的基本要求，只是被中断过一段时期，党的十一届三中全会之后基本得以完全恢复。在中央层面，党的集体领导制真正得以贯彻和不断完善。后来，集体领导制进一步推向各级党委。集体领导制下有利于各级党的领导集体内部在政治生活中坚持党内民主原则，认真开展批评和自我批评。这种示范作用对党内批评和自我批评作风的良性发展具有重要推动作用。而要发挥好示范作用，对领导班子和领导干部的素质和能力的内容要求是多方面的。这种综合素质和能力的提高是塑造良好作风的基础性条件。这一时期，党非常重视提高各级领导干部各方面素质和能力的工作，经常通过在各级党校、干校和行政学院举办专题研讨班、形势政策学习班的形式对各级党政领导干部分批进行培训和教育。党内要严肃认真地开展批评和自我批评应切实重视经常地完善这一基础性条件。

5. 创新体制机制，推进相关制度建设。为了确保各领域工作的规范、有序和高效开展，改革开放以来，党非常重视制度方面的建设。这种制度性思维在推进党的建设新的伟大工程过程中体现得越来越深刻。为了解决党内存在的一些突出问题，党会适时制定相关制度，并要求全党严格贯彻和执行。在适时开展的党内集中教育活动中，我们党总是在解决问题与创新体制机制的结合上进行积极的、富有成效的探索，着眼于建立健全与解决问题相关的各类规章制度，这既巩固了集中教育活动取得的成果，也为平时开展批评和自我批评活动提供了指导性标准和规范。需要明确的是，制度建设不仅要求加强和推进制度的制定及制度体系的完善，更重在制度的执行和落实。总之，新的形势下，制度建设已经成为党内批评和自我批评作风发展所急需的持久推动力。

此外，还有一些其他的重要经验，如：党内开展集中的批评和自我批评活动不再采取运动的形式，而以学习教育活动的形式代替之，在名称上作了改变；仍然重视党外人民群众的作用，但作用的渠道和路径更加科学、规范、有序；对党内开展集中教育活动的时机选择能够比较成熟的把握；等等。

（二）有待改进的地方

这一时期，党内批评和自我批评作风建设需要改进的地方，主要包括如下方面：

1. 在党的建设新的伟大工程中的基础性作用需要进一步强化。党的建设是一项复杂的系统性工程，涉及思想、组织、作风、制度及反腐倡廉等多方面的内容，党内批评和自我批评作风建设自然也包含其中。但是作为党建之利器，党内开展严肃认真的批评和自我批评能够促进党内主体民主意识的提升，调动一切主体力量以主人翁的态度积极参与到党的建设中来。在这一点上，其他的党的优良传统作风的功能和作用是难以企及的。因此，党内批评和自我批评应该贯穿到党的建设的整个过程中，体现到党的建设的每一个具体方面或环节。党内能否正常地开展批评和自我批评考问和检验着每一名党员的党性和政治本色，深刻影响着党的建设的政治方向。正常的党内批评和自我批评是党的建设的重要推动力，对党的建设取得深度的预想效果起着决定性作用。当然，这一时期党开展的整党整风和集中教育活动中，都将坚持和发扬批评和自我批评作风确定为必须遵循的基本原则和要求，但对其在党的各方面建设工作中的基础性功能和作用并未明确强调，在实践中尚需进一步强化。

2. 党内制度建设应进一步深化。这一时期制度建设方面的成就是有目共睹的，特别是制度的制定方面，这是加强制度建设的基础性工程。与之同步的，有利于保障坚持和发扬批评和自我批评作风的党内相关体制机制和制度法规也逐步制定出来并发布实施。但在制度建设上有待进一步健全和完善的地方主要有：一是加强制度的落实和执行。在制度体系范围内，以制度本身来保障制度的落实和执行是制度的根本属性，但制度最终是要靠人来落实和执行的，具体到我们党就是靠党内的各类主体。因此，增强党内主体的法治素质和能力是制度建设的关键环节。当前，一些党组织中是否定期或不定期开展批评和自我批评活动还主要取决于该级党组织的主要领导的决定，未能做到制度化、规范化，党组织中的许多党员对此也持消极态度。要消除此类现象，我们党需要在制度化、规范化这个关键环节上下大力气来抓。二是专门的围绕党内批评和自我批评作风的党内制度规范的制定问题应提上日程。为了坚持和发扬党内批评和自我批评作风，党内制度法规体系中从党章到具体的条例中都有相关规定。然而，这是不足够的。我们党是一个拥有着8900多万名党员、450多万个基层组织的大党，在所有基层组织及党员特别是一批又一批的新党员中持续巩固和培育党的优良传统作风的难度是可想而知的。

既然党内批评和自我批评作风问题对党的发展非常重要，就应该加快推进专门的关于批评和自我批评作风的党内法规建设。总之，制度建设任重道远，需要持续推进。

3. 要更加重视党的基层组织特别是农村地区基层组织的建设。党的基层组织是党在社会中的战斗堡垒。新形势下党的基层组织工作开展的如何直接决定着党的整体工作状况和态势。为此，推进党内批评和自我批评作风建设必须抓好基层。应该说，党的历次整党整风运动和集中教育活动都是非常重视基层党组织的建设的。但是，随着党的基层组织数量越来越庞大，作风建设的任务和难度显然更加艰巨。特别是农村地区的基层组织，许多地方由于地处偏远，外出务工而造成流动性党员增多，上级党组织的监督、教育和帮扶力度欠缺等原因，正常的党内民主政治生活都难以保证，更别提开展批评和自我批评活动了。这种情况对于维护党在人民群众中的先进性和纯洁性形象是非常不利的，基层党组织对人民群众的正确领导和示范作用难以发挥。总之，党的基层组织特别是农村地区基层组织中批评和自我批评作风建设面临着艰巨的任务，有很多的困难需要克服，或者说仍有很大的努力空间和距离。

4. 上下级党组织和领导干部监督的相互性有待增强。一般来说，为了促进各级党组织及党员在党内民主生活中开展好党内批评和自我批评活动，党要求各级党组织的上级组织及领导干部要起到监督作用。当然，在监督的过程中也要提供应有的帮助和指导。这一要求对全党大兴批评和自我批评作风的推动作用是不言自明的。那么，下级党组织及党员或领导干部能否监督上级党组织及领导干部呢？按照党内法规的规定和精神，肯定的回答是不容置疑的。上级党组织及领导干部监督职能的实现在实践中主要有两种情况：一种是对于符合党纪党规的在媒介平台上的批评和自我批评开展状况进行监督，一般主要是要求下级中的被批评者对正确的批评做出回应，承认错误，接受建议，提出整改措施；另一种是以上级党组织的名义派遣有关领导干部直接列席下级组织的民主生活会或组织生活会，对批评和自我批评开展的整个过程进行监督，确保其做到严肃认真、规范有序。然而，现实中的问题在于一些上级党组织存在人浮于事、监督不力的现象，使监督流于形式，有等于无。至于下级对上级的监督在现实中则显得更为薄弱。下级组织及领导干部很少敢在媒介平台上对上级进行符合党规党纪的公开批评，当然更不能明确要求上级对批评做出回应并整改了；而下级组织派有关人员列席上级组织的党内民主生活会的情况更是鲜见。在党内，通常的普遍性思维是，这些是更上一级党组织和领导干部应该履行的职能。这一普遍性思维形成的原因是多方面的：首先，一直以来我们党为了加强党的集中统一，都要求全党严格做到"四个服从"，其中一个服从就是下级服从上级，这是党章中明确规定下来的。这种服从意识和要求对于一个纪律严明的政党来说是必需的、不可或缺的。但却一定程度上影响了下级对上级的监督意识和能力的培养与增强。对党的发展而言，党内服从与党内监督并不是相互对立和排斥的，而是相互补充，相辅相成，不可分割的。但服从对监督造成的负面影响是客观存在的，需要引起足够的重视，采取措施纠正党内存在的错误认识。其次，对上下级党组织和领导干部之间的平等性问题，党内强调得不够，在认识上有偏差。党内上下级的形成主要是以承担的工作职责和范围不同为依据的，而在党内民主生活中，他们的政治地位和人格是平等的，认识不到这一点，党内民主生活中下级对上级的监督就难以真正得到实现。最后，下级对上级的监督缺少更为明确的具体制度保障。上级监督下级往往被认为是理所应当，下级监督上级则往往被理解成有冒犯之嫌。改变这一较为普遍的传统社会心理与思维定式，需要通过制定和实施拥有强制力的具体制度来明示和保障。总之，要逐渐改变那种下级对上级的监督在法理上允许却在现实中难以践行的现象，在监督问题上打通上下级的关系，增强交互性，这将对党内批评和自我批评作风建设产生巨大推动作用。

此外，还有一些有待改进的地方，如：要进一步扩大和规范对各类媒介平台特别是互联网的有效利用；要和反腐倡廉建设更有效地结合；要加强对党员关于掌握和运用批评和自我批评这一武器的素质和能力的教育；等等。这些问题在推进党内批评和自我批评作风健康发展的过程中也都应引起重视，进行深入的分析和探讨。

综上所述，对党内批评和自我批评作风的历史考量，有利于促进其在新时期的进一步丰富和发展，使我们党更加坚定这一武器及其在党内的科学运用。

第 三 章

新时期党内批评和自我批评存在的问题与作风培育路径

　　一个政党假如不敢如实地说出自己的病，不敢进行严格的诊断和找出治病的办法，那它就不配受人尊敬了。①

——列宁

　　党的十八大以来，我国的改革开放事业进入了新时期，党内批评和自我批评作风建设面临新境遇。习近平总书记多次突出强调加强和改进党的建设，坚持党要管党、全面从严治党，要求重视健全和完善党内政治生活，用好批评和自我批评这个利器。然而，党内一些组织或党员及领导干部身上存在的不良风气和现象严重损害和降低了批评和自我批评作风对全面提高党的建设科学化水平的推动功能和作用。因此，要对各种不良风气和现象进行全面归类和总结，深入分析其成因，探求解决之道，促进新时期党内批评和自我批评作风的培育和巩固。只有这样，我们在加强和改进党的建设过程中，才能将批评和自我批评这一武器用好、用活、用巧，且常用常新，从而牢牢把握加强党的执政能力建设、先进性和纯洁性建设这条主线，确保党始终成为中国特色社会主义事业的坚强领导核心。

---

① 《列宁全集》第 8 卷，人民出版社 2017 年版，第 317 页。

第一节　新时期党内批评和自我批评
作风的贯彻与执行

自党的十七届四中全会提出"提高党的建设科学化水平"这个重大命题后，党的十八大明确将"全面提高党的建设科学化水平"确定为新形势下党的建设新的伟大工程的总体要求。这是一个深谋远虑的战略性课题，而党内批评和自我批评作风的建设及其作为党的建设武器的正确运用在这一战略性课题中处于关键地位，不仅是提高执政党建设科学化水平的基本内容，更决定着执政党建设科学化的基本趋势和走向。新一届党中央领导集体在党的建设工作上，开局就把作风建设放在突出位置，大力倡导和要求以整风精神开展批评和自我批评。并以此作为新形势下党的建设的着力点和突破口，充分体现了党内批评和自我批评作风建设在党的建设科学化进程中的重要地位和意义。

一　理论创新发展与党内批评和自我批评

2012 年 11 月 8 日至 14 日党的十八大召开，会议通过了胡锦涛同志代表十七届中央委员会所作的政治报告。报告就过去的工作做了全面总结，既肯定了成绩又指出了工作中存在的问题和不足。指出新形势下党的领导需要努力的方向、目标和基本要求，进一步明确中国特色社会主义事业的总体布局。最后特别强调了加强和改进新形势下党的建设的关键性作用，确立了全面提高党的建设科学化水平的党的建设新的伟大工程的总体目标，从思想、组织、作风、制度和反腐倡廉建设等方面提出了具体要求。随后大会选出的中共中央委员会召开第一次会议，选举产生了以习近平同志为核心的新一届党中央领导集体。

党的十八大政治报告与以往历届党的全国代表大会通过的政治报告所处的历史地位和作用一样，新时期党内开展批评和自我批评必须坚持和严格遵循其基本精神。报告提出的新思想、新认识主要有：一是将科学发展观列入党的指导思想。科学发展观是党的十六大以来的重大理论创新成果，是党在改革开放进程中对发展这一重大问题的新的科学回答。

作为中国共产党人集体智慧的结晶，是马克思主义中国化成果的新发展，体现了党对中国特色社会主义规律认识的新水平。在党的十七大上，科学发展观的内容得到全面系统的界定和阐述，并写入党章；党的十八大则对科学发展观做出了新的定位，在党章中列入行动指南的地位。这有利于全党持续加深理解科学发展观的根本内涵和精神实质，并在实践中认真贯彻。二是进一步强调改革开放的地位，充实改革开放的内容。三是丰富了中国特色社会主义的基本内涵。"中国特色社会主义制度"与"中国特色社会主义道路，中国特色社会主义理论体系"成为一个整体性范畴，指出其是改革开放以来我们取得一切成绩和进步的根本原因。这不仅深化了全党对中国特色社会主义的认识，也是对改革开放以来社会主义制度建设成就的肯定及加强制度建设这一根本任务的明示和鞭策。四是中国特色社会主义的总体建设布局由"四位一体"发展为"五位一体"，生态文明建设的地位得以更加明确和加强。五是党的建设目标和要求的进一步丰富和发展。将增强党的纯洁性，全面提高党的建设科学化水平和建设学习型、服务型、创新型的马克思主义执政党作为新时期党的建设的新目标、新要求。六是党的思想路线的充实。求真务实与解放思想、实事求是、与时俱进一起成为党的建设必须坚持的思想路线的基本范畴与要求。这些新思想、新认识还写入和体现在了党的十八大上修改后的党章中，成为党内最高法规的基本内容，也构成了党内批评和自我批评在新形势下的新要求。

2013 年 12 月 9—12 日，党的十八届三中全会召开，在征求各方面意见和建议的基础上通过了《中共中央关于全面深化改革若干重大问题的决定》。该决定强调要加强和改进党对全面深化改革的领导。在党的十八届三中全会第二次全体会议上，习近平指出，"实际上，怎样治理社会主义社会这样全新的社会，在以往的世界社会主义中没有解决得很好"①。而我们党在执政后，也发生了严重曲折，直到改革开放以后才完全步入正常轨道，在国家治理方面进展显著。改革开放以来，我国经济社会发展取得的成就深刻证明了这一点。当然，"我们在国家治理体系和治理能

①《习近平谈治国理政》第 1 卷，外文出版社 2018 年版，第 91 页。

力方面还有许多不足，有许多亟待改进的地方"。① 在此认识基础上，三中全会明确了"完善和发展中国特色社会主义制度，推进国家治理体系和治理能力现代化"这一全面深化改革的总目标和到 2020 年的阶段性目标。新时期党内批评和自我批评要围绕有利于推进全面深化改革的总目标和阶段性部署来展开，查找工作中的不足并改进。

改革本身就意味着对缺点、错误、不足和与时代不相适应的地方的查找和纠正，使中国特色社会主义事业始终朝着正确的方向前行。为了有效落实和贯彻党的十八届三中全会精神，党中央多次对全面深化改革做出指示和要求。习近平同志指出，中国改革已经走入深水区，可以说，容易的改革已经完成，而剩下的都是难啃的骨头，但改革再难也要向前推进。改革先易后难，更要攻坚克难。要求全党同志胆子要大，敢于担当，敢啃硬骨头、涉险滩；步子要稳，找准方向，有序前进，绝不能犯颠覆性错误；要依靠群众、执政为民，坚定不移走自己的路，为人民服务。制定出一个好文件很重要，但关键还是抓落实。要加强学习和宣传，夯实全面深化改革的思想认识基础；行动上，"要防止徒陈空文、等待观望、急功近利，必须有时不我待的紧迫意识和夙夜在公的责任意识抓实、再抓实"②；既要敢闯敢干、勇于突破，又要循序渐进、稳扎稳打；要立足于国家整体利益、根本利益和长远利益，避免只从局部利益、具体利益和当前利益出发和不利于改革的思维倾向和定式；要以对国家、民族、人民和历史负责的态度，该改的就要坚定不移地改。总之，改革由问题倒逼产生，又在不断解决问题中得以全面深化，推动党和人民事业的发展，必须让改革的旗帜在中国特色社会主义征程中高高飘扬。

"法者，治之端也。"为了进一步贯彻落实党的十八大以来的战略部署，推进国家治理体系和治理能力现代化进程，巩固和加强党的执政地位，实现党和国家长治久安和人民幸福安康，2014 年 10 月 20—23 日党的十八届四中全会通过了《中共中央关于全面推进依法治国若干重大问题的决定》。决定指出，改革进入攻坚期和深水区，依法治国在党和国家

---

① 《习近平谈治国理政》第 1 卷，外文出版社 2018 年版，第 91 页。

② 同上书，第 107 页。

的工作全局中地位和作用更加突出和重大。党的十一届三中全会以来，中国特色社会主义法律体系已经基本形成，法治建设成就显著。但是，与形势发展和时代要求相比，还存在许多不符合、不适应的问题。这些问题存在于立法、执法、守法、护法、用法等各个环节或层次。全面依法治国是党领导人民在国家治理领域的一场广泛而深刻的革命，是一个系统性工程，任重而道远。决定要求"全党同志必须更加自觉地坚持依法治国、更加扎实地推进依法治国，努力实现国家各项工作法治化，向着建设法治中国不断前进"。决定最后强调，党的领导是依法治国最根本的保证，要把党的领导贯穿到依法治国的全过程。一方面遵守国家宪法和法律，坚持依法执政，不断提高各级党组织和党员及领导干部的法治意识、法治思维和依法办事的能力。另一方面加强党内法规制度建设，运用党内法规把党要管党、从严治党落到实处。可以说，党关于全面依法治国的决定为党内开展批评和自我批评从法治的角度提出了要求和标准，同时也对党内批评和自我批评作风制度建设起到重要的推动作用。

基于党的十八大以来关于治国理政战略思想的逐渐丰富和发展，2014年12月习近平同志在江苏调研时正式提出"四个全面"的战略布局，展现了治国理政的全景，开拓了我党治国理政的新境界、新阶段。"四个全面"是环环相扣、互为支撑、相互嵌入、不可分割的。全面建成小康社会是奋斗目标，有明确的时间表和内容要求，对其他三个方面有战略统领和牵引作用；全面深化改革是实现奋斗目标的强大动力和关键举措；全面依法治国是实现奋斗目标的可靠保障和有效方式，党做出的全面深化改革与全面依法治国的决定形成姊妹篇；中国共产党是中国特色社会主义事业的领导核心，全面从严治党是其他三个方面实现的根本政治保证。"四个全面"是新形势下马克思主义中国化进程中党治国理政的最新理论成果。

以"四个全面"为指引，2015年10月26—29日党的十八届五中全会审议通过了《中共中央关于制定国民经济和社会发展第十三个五年规划的建议》。建议指出"十三五"时期是全面建成小康社会决胜阶段，制定"十三五"规划，必须牢固树立创新、协调、绿色、开放、共享的发展理念。并以五大理念为指导就实现经济社会持续健康发展提出较为详尽的具体要求。最后强调要加强和改善党的领导，为实现"十三五"规划提供坚强保障。

2017 年 10 月 18—24 日党的十九大胜利召开，这次党代会最重大的理论成就，就是把习近平新时代中国特色社会主义思想写在党的旗帜上，确立为党必须长期坚持的指导思想，实现了党的指导思想又一次与时俱进。习近平新时代中国特色社会主义思想是马克思主义中国化的最新成果，是党的一切实践的精神和灵魂，必将指引党内批评和自我批评活动在新时代自觉有序开展。

总之，从"五位一体"总体布局、"四个全面"战略布局、"五大发展理念"等的提出，到最终形成习近平新时代中国特色社会主义思想，是新形势下马克思主义与中国改革开放实践相结合的理论创新的集中体现，为党的一切工作和实践活动的展开提供了新的理论指导和行动指南，丰富了党内开展批评和自我批评的基本指导思想和依据。

二　教育实践活动与党内批评和自我批评

党的十八大报告明确指出："围绕保持党的先进性和纯洁性，在全党深入开展以为民务实清廉为主要内容的党的群众路线教育实践活动，着力解决人民群众反映强烈的突出问题，提高做好新形势下群众工作的能力。"[①] 为落实这一精神，2013 年 5 月 9 日，党下发了《中共中央关于在全党深入开展党的群众路线教育实践活动的意见》，明确党的群众路线教育实践活动由中央政治局带头展开，从下半年开始分两批进行。党的群众路线集中教育实践活动正式启动。意见指出，当前党内贯彻落实群众路线的总体情况是好的，应充分肯定。但也存在着许多损害党的先进性和纯洁性、破坏党的形象、不符合为民务实清廉要求的问题。集中表现在形式主义、官僚主义、享乐主义和奢靡之风这"四风"上。"这'四风'是违背我们党的性质和宗旨的，是当前群众深恶痛绝、反映最强烈的问题……党内存在的其他问题都与这'四风'有关，或者说是这'四风'衍生出来的。'四风'问题解决好了，党内其他一些问题解决起来也

---

① 《胡锦涛文选》第 3 卷，人民出版社 2016 年版，第 654 页。

就有了更好条件。"① 意见对群众路线教育实践活动的指导思想、目标要求、方法步骤、组织领导做了具体规定。2013 年 6 月 18 日党的群众路线教育实践活动工作会议召开，在会上，习近平同志强调："全党同志要积极参与到活动中来。"② 以整风精神开展批评和自我批评是教育实践活动总要求的核心内容，是必须牢牢把握的基本原则和方法。要求每个批次、每个单位的活动着力抓好三个环节：学习教育、听取意见；查摆问题、开展批评；整改落实、建章立制。要重视对马克思主义理论特别是最新成果及其指导下形成的路线方针政策进行系统全面的学习和教育，在此基础上，对党内存在的错误、缺点和问题各级党组织开展积极健康的思想斗争，崇尚真理，敢于揭短亮丑；要开门搞活动，让群众参与、评判和监督，以提升解决作风问题的针对性、实效性；各级组织要组织召开高质量的专题民主生活会或组织生活会，根据自身的特点，分类指导，找准各自需要解决的突出问题；要坚持领导带头，一级抓一级，层层落实，加强督导；要力戒形式主义和走过场，做到"不虚"；要全力关注和解决群众非常关心和反映的突出问题，做到"不空"；要紧紧围绕为民务实清廉的主题，做到"不偏"；要重视发挥新闻媒体的积极作用，特别是对基于互联网和信息技术的新兴媒体的正确引导和运用。以上基本要求体现了党对教育实践活动整个过程中可能会出现的问题的充分估计和正确应对，规范着活动健康有序进行。

第一批次教育实践活动期间，2013 年 9 月 23—25 日习近平同志全程参加并指导了河北省委常委班子专题民主生活会。在听取了河北省委常委成员的批评和自我批评之后，习近平在谈话中指出，中央政治局常委联系一个省参加民主生活会，以前没有过，可以说是党建工作中的一个探索。全党同志特别是领导干部要本着对自己、对同志、对组织高度负责的精神坚持敢于和善于使用批评和自我批评这个武器，使之越用越灵、越用越有效，以此来规范党内民主政治生活，促进党内的团结统一。在批评和自我批评过程中，要防止一些同志有"开民主生活会就是闯关"

① 《习近平谈治国理政》第 1 卷，外文出版社 2018 年版，第 374 页。
② 《十八大以来重要文献选编》（上），中央文献出版社 2014 年版，第 320 页。

的思想，以为过了关就万事大吉了，而是要对查摆出的问题进行切实整改并接受来自党内外的监督。党内生活要交心、勤沟通，党内同志要做诤友、挚友，有话放在桌面上讲；批评要坚持实事求是、出以公心、态度诚恳、讲究方法；等等。

第二批次教育实践活动期间，2014 年 3 月 17、18 日习近平同志到活动联系点兰考县实地调研、指导群众路线教育实践活动期间作了重要讲话。讲话结合学习弘扬焦裕禄精神对认真贯彻和落实群众路线教育实践活动谈了五点意见，即"五个准确把握"。之后，习近平同志又多次了解兰考县的活动进展情况，做出重要指示。2014 年 5 月 9 日习近平同志再次来到兰考县，指导了县委常委班子民主生活会。在听取了县委常委班子、常委个人查摆问题和开展相互批评情况的汇报、省委督导组和中央巡回督导组关于兰考县委常委专题民主生活会的评价后，习近平同志对兰考县前一段时间的工作及县委常委班子的专题民主生活会给予肯定的评价。习近平同志指出，对"四风"问题，只要用好党内批评和自我批评这一武器，做到善始善终、善作善成，就一定能解决到位；不能只讲表面热闹，实际上搞形式主义，把活动引向歧路；要通过有效措施，保障活动健康发展，避免走形变味、做成夹生饭；要巩固作风建设的成果，关键是在抓常、抓细、抓长上下功夫；要建立健全长效机制，落实相关制度，力求做到有章可循、有章必循、违规必究。每一名党员都必须自觉遵守党内政治生活准则，领导干部更是要率先垂范。此外，习近平同志强调了县一级党组织在党执政兴国和国家治理中的基础地位和重要作用，要求领导干部要秉公用权，全心全意地为老百姓谋福、造福。

2014 年 10 月 8 日党的群众路线教育实践活动总结大会召开。习近平同志指出，党内从中央到地方高度重视、团结一致，广大人民群众热情拥护、衷心支持，使得教育实践活动进展有序、扎实有序，取得预期效果，目前已基本结束。在讲话中习近平阐明了这次教育实践活动取得的成绩和重大意义；归纳和总结了党通过这次活动产生的对新形势下如何开展党内集中学习教育活动的新认识、新经验；要求全党以此为起点，在全面推进从严治党问题上继续探索和前进，使从严治党具体地而不是抽象地、认真地而不是敷衍地落实到位，并强调八点从严治党的基本要求，即落实从严治党责任、坚持思想建党与制度建党相结合、严肃党内政治生活、坚持从严管理干部、持续深入改进作风、严明党的纪律、发挥人民监督作用、深入把握从严治党规律等。活动取得的成绩、获得的新认识和新经验及得到的启示是推进新时期党内批评和自我批评作风建设应该坚持和发展的。

2014年3月9日，全国"两会"期间，习近平在参加安徽代表团审议时，关于改进作风建设提出"严以修身、严以用权、严以律己；谋事要实、创业要实、做人要实"的重要论述。3月10日刘云山同志参加辽宁代表团审议时指出"三严三实"是党员领导干部必须严格遵守的为官之道和行为准则。为进一步加强党员领导干部的作风建设，2015年4月10日，中共中央办公厅印发《关于在县处级以上领导干部中开展"三严三实"专题教育方案》。教育方案要求党员领导干部对照"三严三实"，坚持从严要求，以问题为导向，把自己摆进去，解决不严不实的问题。与以往教育实践活动不同的是，方案强调"三严三实"专题教育要融入领导干部经常性学习教育，不分批次、不划阶段、不设环节，不是一次活动，因此不能以抓集中活动的形式开展专题教育，要做到专题教育与日常工作特别是重点工作任务有机结合、相互促进，两手抓、两不误。方案内容对专题教育活动的开局，即从2015年4月底开始的在县处级以上领导干部中开展"三严三实"专题教育做出具体安排。要求党委（党组）书记带头讲"三严三实"专题党课。党委（党组）中心组和内设机构党组织要开展"三严三实"专题学习研讨，且重点指定三个专题进行研讨，每两个月一个专题。召开"三严三实"专题民主生活会，每名县处级以上领导干部都必须在会上按照"三严三实"要求，严肃认真地开展批评和自我批评，进行党性分析。强化整改落实和立规执纪，要求主要领导干部带头对"不严不实"问题进行整改，对查摆问题不认真、没有明显改进的领导干部进行组织调整；要建制度、立规矩，推动践行"三严三实"要求制度化、常态化、长效化。此外，方案还指出要加强对专题教育的检查、指导和督导工作；重视媒体作用，营造良好的社会舆论氛围；等等。总之，"三严三实"专题教育对象明确、方法科学、目标具体，重视以建章立制执纪来促进在党员领导干部中教育实践活动的经常性与批评和自我批评作风的常态化，推动了全面从严治党战略的进一步深化。

2016年2月28日中共中央办公厅印发了《关于在全体党员中开展"学党章党规、学系列讲话，做合格党员"学习教育方案》。这是党的十八大以来，以习近平同志为核心的党中央接连启动的第三次党内学习教育实践活动，不仅体现了新形势下党建工作的重要性和紧迫性，更是推动党内学习教育活动从集中性向经常性、日常性延伸的重要举措。方案指出，开展"两学一做"学习教育有利于巩固和拓展党的群众路线教育实践活动和"三严三实"专题教育成果，使全面从严治党要求落实到基层，进一步解决党员队伍中存在的各方面的负面问题，保持党的先进性和纯洁性。基础在学，关键在做，坚持正面教育为主；学和做都要有针对性，坚持问题导向，增强实效性；学与做相结合，力求知行合一；坚持领导带头，上行下效；坚持从实际出发，分类指导。在主要措施方面，方案提出围绕专题学习讨论、创新方式讲党课、召开党支部专题组织生活会、开展民主评议党员、立足岗位做贡献、领导机关领导干部作表率等基本要求。在组织领导方面，方案指出各级组织要配合做好相关工作，坚持层层落实责任、强化组织保障、注重分类指导、发挥媒体作用等基本原则和方针。

新时期至今的党内教育实践活动都对开展严肃认真的批评和自我批评有明确的要求，党内批评和自我批评这一武器的科学运用对活动的推动作用得到最大程度的发挥，从而保障和极大提升了教育实践活动的成效。如前文所述，某种意义上，每一次党内集中教育实践活动都是一次党内全面系统地开展批评和自我批评的过程。而新时期的党内教育实践活动在重视集中教育的同时，更加强调经常性教育，必将有力推动加强和改进党的建设新的伟大工程中正确运用批评和自我批评这一武器的制度化、常态化和长效化。

三　法规制度建设与党内批评和自我批评

党的十八大政治报告把中国特色社会主义制度与中国特色社会主义理论体系、中国特色社会主义道路一起作为中国特色社会主义的基本范畴或内涵。虽然中国特色社会主义制度的基本内容是在宏观上从国家层面来讲的，但从另一层面体现出党和国家自改革开放以来制度建设思维的已然成熟和完善。党的十八届二中、三中、四中、五中、六中全会和党的十九大及十九届二中、三中全会通过的政治报告、建议、决定和制定的党内准则、条例都全面渗透和闪耀着党的制度思维之理性精神和光辉，特别是党的十八届四中全会通过的《中共中央关于全面推进依法治国若干重大问题的决定》、六中全会通过的《关于新形势下党内政治生活的若干准则》和《中国共产党党内监督条例》更是将此展现得淋漓尽致。

全面提高党的建设科学化水平是新时期推进党的建设新的伟大工程的必然要求，党的十八大从加强和改进党的建设总体要求的高度将此确定下来。党的建设科学化是指党的建设要按其本身所固有的本质的必然的联系来进行，简单地说就是按规律办事，使党的建设符合科学和理性，即本身的客观属性和运行状态。在具体实践中，科学和理性表现为科学的理论体系、科学的路径方法和科学的制度法规等。其中科学的制度法规是实现党的建设科学化的根本保障，关系着科学的理论体系和路径方法指导和推进党的建设的功能和价值能否真正达成。正基于此考虑，党的十八大政治报告关于全面提高党的建设科学化水平的党的建设工作部署中，对党内制度建设强调颇多，是主要内容。党的十八届四中全会则进一步强调了加强党内法规制度建设的重要性，这不仅是建设社会主义法治国家的有力保障，更关系着党要管党、从严治党能否真正落到实处。党的十九大政治报告要求将制度建设贯穿到党的建设的全过程。党内批评和自我批评作为全面从严治党的利器，其对加强和改进党的建设的功能和作用是毋庸置疑的，随着党和国家各领域各方面工作中的制度性思维和实践的不断拓展和深化，必然影响和促进围绕批评和自我批评作风的相关制度建设。党的十八届六中全会通过的两项党内法规正是对这一点的正确回应。

这一时期启动的每一次党内教育实践活动，都强调把建章立制和贯彻与落实制度法规作为非常重要的工作，用来巩固活动取得的积极成果和经验，确保和推动党的建设与批评和自我批评作风的常态化。

无论是党内还是国家层面的制度法规都是党内开展批评和自我批评

活动必须严格遵守的，要注重党内法规同国家法律的衔接和协调。此外，党规党纪严于国家法律，党内各级组织和党员、领导干部既要带头遵守国家法律，更要按照党规党纪高标准严格要求自己。实践中党内要通过开展批评和自我批评对违规违纪苗头和倾向抓早抓小，做到早发现、早纠正、早处理，避免走向违法和不可收拾的地步。这一时期党内制定或重新修订了《关于新形势下党内政治生活的若干准则》、《中国共产党廉洁自律准则》、《中国共产党党内法规制定条例》、《中国共产党党内法规和规范性文件备案规定》、《党政机关国内公务接待管理规定》、《党政机关厉行节约反对浪费条例》、《中国共产党巡视工作条例》、《中国共产党纪律处分条例》、《中国共产党问责条例》、《中国共产党党内监督条例》、《中国共产党地方委员会工作条例》和《中国共产党发展党员工作细则》等党内法规。这些党内法规是党的制度思维和实践所取得的成果，涉及多个方面和层次，它们的实施和执行必将引领和规范全党的思想和行动走向和谐统一。就制度法规建设对党内批评和自我批评的作用而言，一方面，有利于推进党内批评和自我批评本身的长效机制建设，增强批评和自我批评这一武器在党内的运用和发展的合理性、合法性和正当性，使之真正成为一把党建利器；另一方面，为党内开展批评和自我批评从制度法规层面指明了对象和内容，既强化了党内开展批评具有的"强制性力量"的特点，又可以做到有的放矢、富有针对性。当前主要是对"四风"问题的批判、修正和肃清。

此外，新时期党内批评和自我批评作风的坚决贯彻和执行还体现在党的中央领导集体的率先垂范上。首先，在集中教育实践活动的部署和开展过程中，明确中央政治局带头示范，并探索和实行中央政治局常委作风建设联系点机制，参加和指导下级党组织的民主生活会。这一点在上文中已有论述。其次，对党内高层领导存在的腐败问题绝不姑息，敢于揭批，严格处理，从总体上表明了中央领导集体面对党内不正之风和腐败行为等错误勇于亮丑、全面整改的坚定立场和态度。再次，中央领导集体学习制度的进一步完善和发展。20 世纪 80 年代中期，中央领导进行集体学习就开始了，当时主要是法制方面的学习，但并未持续多长时间。以江泽民同志为核心的第三代党的中央领导集体重启法制讲座，中央领导集体定期学法逐渐成为习惯性机制。党的十六大以后，以胡锦涛同志为总书记的党的中央领导集体，在集体学法的基础上，将中央政治局集体学习进一步确立为要长期坚持、一以贯之的制度，学习的内容也不再局限于法学范围，而是与现实境遇和形势变化紧密联系扩展到各个学科和研究领域。党的十八大以来，新一届党的领导集体进一步坚持和贯彻了这一制度，并不断完善和发展。学习是中国共产党的优良传统和鲜明特色，中央领导把自学和集体学习结合起来，强调集体学习的重要性，是一项重要的制度创新。学习可以克服个人对事物认识的局限性，达到对事物更全面、更深刻的认识，是弥补和纠正党员、领导干部自身存在的错误、缺点和不足的重要手段，而集体性学习产生的效能更甚于自学。中央领导开展集体学习制度为全党树立了榜样，有利于在全党创造浓厚的学习氛围。其不仅体现了批评和自我批评的精神作风，而且促进了地方各级领导集体学习机制的建立健全，从而为党内开展深层次的批评和自我批评奠定了基础。

　　总之，党的十八大以来，以习近平同志为核心的党中央立足形势变化和时代发展需求，着眼于党的执政能力建设、先进性建设和纯洁性建设，要求全党高度重视新时期全面提高党的建设科学化水平，持续推动党的建设新的伟大工程。特别是将党内批评和自我批评作风的培育和发展置于前所未有的地位反复强调，提出的一系列新思想、新观点进一步丰富和发展了我们党关于批评和自我批评的理论，构成党的建设理论最新成果的重要组成部分。在实践中，党内批评和自我批评这一武器总体上得到了有效运用，在促进党的建设中效果突出，反"四风"成就显著。但也暴露出很多问题，应引起足够正视，深刻探究原因，寻求正确路径促进党内批评和自我批评更加健康有序地进行。

第二节　新时期党内批评和自我批评
中存在的主要问题及成因

　　无论是在历史上还是在当前，党内都存在一些对批评和自我批评的错误认识和做法。虽然党对过去的错误进行过深刻的纠正并要求全党吸取经验和教训，但由于各种原因某些错误总是会死灰复燃，并时常呈现出新的特点，导致严肃认真的批评和自我批评在一部分党员、领导干部和党组织当中不能真正开展起来。这严重阻碍了党的建设步伐，有悖于全面从严治党的根本要求。为了推动党的建设新的伟大工程，全面提高党的建设质量，基于党内批评和自我批评这一武器的关键性作用，要求必须对新时期党内批评和自我批评活动中存在的问题进行总结、分析和探讨，发现问题的原因，为寻求解决之径奠定逻辑基础和前提。

一 新时期党内批评和自我批评中的主要问题

缺点和错误与党性不相容，是保持党的先进性和纯洁性的障碍所在，必须通过开展党内批评和自我批评才能纠正和清除。然而，"现在，批评和自我批评这个'利器'在很多地方变成了'钝器'，锈迹斑斑，对问题触及不到、触及不深，就像鸡毛掸子打屁股不痛不痒，有的甚至把自我批评变成了自我表扬，相互批评变成了相互吹捧"①，"党内积极的思想斗争讲得少了，批评和自我批评难以开展起来"②。针对这种情况，党提出新时期要以整风精神在党内开展批评和自我批评，恢复和培育党的优良传统作风，促进党要管党、全面从严治党战略的贯彻落实。新时期党内批评和自我批评活动中的乱象既有认识层面的，也有行动层面的，当然认识和行动又是紧密结合的。

（一）党内主体对党内批评和自我批评在认识层面的乱象

认识层面的乱象是指一些党内主体不了解或不完全了解严肃认真的批评和自我批评对于党的存在和发展的重要性，并在主观上产生的错误心理态度和思想认识的总称。

1. 认为批评和自我批评会让人丢面子、下不了台。批评和自我批评是一种揭短亮丑的行动。然而，一直以来，"自家扫取门前雪，莫管他人屋上霜"、"家丑不可外扬"等类似观念在我国社会文化中有着很强的普遍性认同，是一种较为普遍的社会心理，对党内一些同志的影响也是根

---

① 《习近平谈治国理政》第 1 卷，外文出版社 2018 年版，第 377 页。
② 《十八大以来重要文献选编》（上），中央文献出版社 2014 年版，第 353 页。

深蒂固的。从这种观念出发，党内开展批评和自我批评就会让许多同志产生担忧，认为无论是批评别人还是自我批评对别人、对自己来说都是很丢面子的一件事，会让人今后在同志们面前抬不起头，难以坦然做事。更为严重的是，一方面，被批评的人可能会怀恨在心，寻找机会孤立、打击和报复批评者；另一方面，自曝缺点和不足可能会被别人揪住不放，被嘲笑或被算计，使应得的利益受损。事实上，这些担忧都是把个人利益放在第一位的私心在作怪。作为中国共产党人，必须要把人民的利益放在首位，必要时不惜牺牲个人的正当利益以维护人民的利益，因此是不应该从私利出发而惧怕批评和自我批评的，丢面子的心理是消极腐朽文化的遗留，要坚定地加以剔除。对此，毛泽东同志早就说过，"以中国最广大人民的最大利益为出发点的中国共产党人……随时准备拿出自己的生命去殉我们的事业，难道还有什么不适合人民需要的思想、观点、意见、办法，舍不得丢掉的吗？……无数革命先烈为了人民的利益牺牲了他们的生命，使我们每个活着的人想起他们就心里难过，难道我们还有什么个人利益不能牺牲，还有什么错误不能抛弃吗？"① 至于从自我出发而得出的更严重的担忧，也是大可不必。随着党内民主的发展，党内严肃认真地开展批评和自我批评的氛围已大大改善，绝大多数党员和领导干部是能够虚心和正确对待批评和自我批评的。虽然借机报复和陷害他人的行为在党内仍未绝迹，但从根本上来说，我们党从上到下是坚决维护正当的批评和自我批评的。对于危害和不利于党内正常民主政治生活的行为，要相信党组织一定会弄清真相、正确处理的。而且党内主体有权向上级党组织直至中央委员会进行申诉、举报和控告，特别是随着新时代条件下正当渠道和路径的拓展，党内主体这一权利的实现越来越容易、便捷。总之，对于党内批评和自我批评的开展，党内主体应该积极主动地深入参与，真正发挥作用，这既是权利也是义务。要坚决消除基于个人利益的唯唯诺诺、患得患失的心理状态，达到"壁立千仞，无欲则刚"的精神境界。

　　2. 认为批评和自我批评会影响党内团结。有人认为，同志之间进行

------

① 《毛泽东选集》第 3 卷，人民出版社 1991 年版，第 1096—1097 页。

相互批评，如果直言不讳、不留情面，会影响团结，党内也要讲关系、讲人情，推崇和倡导所谓"关系高于原则，人情重于党性"的错误认知。这实际上是对党内团结的误读和曲解。搞好同志关系是自然正当的需求，但党内团结不是形式上的、庸俗的、虚假的"一团和气"，而是马克思主义的团结。表面的团结最终只会导致党组织的涣散腐败。那么何谓马克思主义的团结呢？简单地说，就是坚持党的指导思想和路线、方针、政策基础上的团结。事实上，影响党内团结的因素不是由开展批评和自我批评造成的，而是与批评和自我批评开展的不好致使党内主体身上的缺点和所犯的错误及党内分歧和矛盾得不到及时有效地制止、改正和解决以至于蔓延、滋长密切相关。这些缺点和错误、分歧和矛盾主要是政治上和组织上的，根本上表现为违背党的指导思想和与党的路线、方针、政策的不一致。如果不通过运用党内批评和自我批评这一利器将它们全面地揭示和晾晒出来并进行克服和纠正，关系和人情至上的表面团结根本就无法抑制和阻拦分裂的事实和倾向。一些人表面和气、私下指责；当面不说、背后牢骚；会上不说、会后乱说，这种貌合神离、尔虞我诈的环境和气氛不利于实现党内真正的马克思主义的团结。党内团结是有生命力的、动态的、持续向上的团结，而这一生命力的存在和发展正是由坚持和倡导批评和自我批评作风来不断唤醒和推动的。总之，党内团结应该是通过运用严肃认真的批评和自我批评的这一武器而创构的推心置腹、肝胆相照的马克思主义的团结。

3. 认为批评和自我批评会降低党在群众中的威信。一些党内主体认为，通过批评和自我批评会把党内的错误和缺点、分歧和矛盾暴露于群众。在党内，对领导干部而言在党员中的威望会削弱，不利于今后领导和组织工作的开展；在党外，则会使群众对党的先进性和纯洁性产生怀疑，降低群众对党的认同感和信任力，不利于党的执政地位和执政基础的巩固和发展。纠正这一错误认识，就要明白真正的威信到底是怎样建立起来和不断巩固的。"金无足赤，人无完人"，这一俗语为朴实善良的广大人民群众所普遍熟知，所以正常的社会大众心理和思维都蕴含一定的包容性，一般不会因对象本身存在个别的负面因素或问题而完全否定其具有的地位和作用。很典型的事例就是，自党的十八大以来，我们党以毫不手软的持续高压态势打击党内贪污腐败问题，当一幕幕触目惊心的案件曝光于党内同志和人民群众面前时，人们并未因此而否定党的领导，反而被党敢于正视自身问题的反腐倡廉的决心和信心所震动，奔走相告、拍手称快，大大增强了对党的认同度和支持度，进一步夯实了党的执政合法性基础。既然实际工作和生活中党内主体很难完全避免产生一些负面情况和问题，那我们就应坦然面对，自觉主动地把它揭示出来并及时解决，这无论是对整个党还是对党内各类主体来说，都将是发展和进步的阶梯或新契机。面对党外群众，也没有必要对党内发生的负面问题极力遮掩和讳莫如深。一方面，群众的眼睛是雪亮的，问题的存在不会因掩盖而消失和不被发现、评判。党员干部的是非功过普通群众虽然可能无法真切地做到详尽、系统和精确了解，但却能清晰广传地存乎于群众的心口之中，并会自然形成某些较为一致的能上升为主流的评判之话语体系，影响着社会心理和意识的波动曲线。因此，全党同志切不可做掩耳盗铃、欲盖弥彰之举，这根本就是徒劳的。民心可敬可畏而不可欺蒙，否则，威信降低和丧失之后果会真正出现。"领导威信不是从掩饰错误中而是从改正错误中提高起来的"。[①] 另一方面，党和人民群众的意志和利益是一致的，党性即人民性。既然如此，中国共产党人如果不敢以真正的自我面向群众则于理不通。党的威信植根于群众之中，唯与群众真正心意相通，威信才能屹立不倒。

4. 认为批评和自我批评是领导干部的事。一些党员认为，党内出现任何问题都主要出自领导干部的原因。"上不正，下参差"，普通党员犯错误也是领导干部带坏的。因此，只要在党的领导干部中间开展批评和自我批评就行了，普通党员则没有必要，对党的发展也起不了什么大作用。这种观点实际上否定了普通党员在党内的主体性功能和作用，也是严重违背党章和其他党内法规规定的。党的领导干部在党内批评和自我批评作风建设中起着关键作用，这是毋庸置疑的，但不能脱离整个党员队伍这一具体政治生态和环境。首先，领导干部是从普通党员队伍中成长和发展起来的，一个未经历过批评和自我批评作风培育和锻炼而逐渐

---

① 《周恩来文集》上卷，人民出版社1980年版，第131页。

养成政治习惯的党员，成为领导干部后是很难真正坚持和贯彻批评和自我批评作风的，率先垂范促进批评和自我批评这一武器在党内正确运用更是难上加难。其次，全体党员都是党的主人，对领导干部的思想和工作作风履行监督责任是党章规定的权利和义务。对于任何一名合格的党员来说，党内法规是应该和必须严格遵循的。而且，也只有全体党员行动起来，才能更好更彻底地发现和纠正领导干部及其工作中的缺点和错误。再次，普通党员日常生活中更多的是与群众面对面接触交往，是混杂在一起的，其一言一行时刻代表着党的形象。因此，其言行中的错误缺点特别是关联到党的路线、方针和政策时，如不通过党内批评和自我批评严加揭露和纠正，会极度污染和损害党在群众中的先进性和纯洁性形象的。最后，党内存在的一些问题，不仅领导干部有，普通党员也有。如当前党内存在的不正之风，主要是"四风"问题，就不能说仅仅是领导干部的事。有些党员身上的个别不正之风甚于领导干部，有些领导干部身上不正之风的逐渐形成与其周围的个别党员做派和言行密切相关。也就是说，在党内，领导干部和普通党员是相互影响、不可分离的。党内良好的政治生态和环境需要全体党员共同努力来营造。总之，党内开展批评和自我批评，一个都不能少，都必须按要求参加，从每个人做起，扎扎实实进行。

5. 认为批评和自我批评固然是好，但却易被坏人利用，成为整人的工具。为了防止被人整，一些同志出于自身安全考虑而对批评和自我批评心有排斥。应当承认，纵观党的建设历史，无论是革命战争年代，还是改革开放前的社会主义建设时期，批评和自我批评这一武器确实被一些有政治企图或者反革命政治集团借机利用过，一些优秀的共产党员和领导干部遭受了重大冤屈甚至付出了生命的代价，想想就让人心有余悸。然而，更应该看到，党的历史上批评和自我批评这一武器的运用主流是好的。对于错用、滥用批评和自我批评这一武器的做法和行为，一方面，我们党都进行了严格彻底的纠正，相关责任人被追究和处分，被冤枉的人得到平反；另一方面，改革开放以来，随着党内民主水平的持续提升、党内主体素质及维权意识不断增强，把批评和自我批评作为整人、害人工具的事情已很少出现，而且党从上到下对此都有很强的警惕性。作为一名真正的共产党员不能因党内批评和自我批评在历史上曾出现过异化而否定其意义，更不能因自己暂时受到一点委屈而放弃批评和自我批评，这是因噎废食之举。更重要的是错误运用批评和自我批评的行为仍离不开通过党内开展批评和自我批评活动来进行揭露和纠正。

6. 认为批评和自我批评不必太认真，搞个形式、走个样子就行了。出于以上多种顾虑，又对党内开展批评和自我批评的重大意义认识不到位，一些党内主体视批评和自我批评如儿戏。认为既然党内制度法规要求必须开展，那就搞个形式、走个样子就行了，不必太认真。这种认识是形式主义思维的产物，是当前批评和自我批评的主要指向内容，然而这些人又把批评和自我批评搞成了形式主义，结果变成了以形式主义反对形式主义。这种认识完全违背了党内批评和自我批评的本质，是十分有害的。我们党开展的批评和自我批评是严肃认真、实实在在的，要求每一个党内主体都要把自己完完全全地摆进去，通过批评来触动灵魂，保持向善，不断提升和进步。"要把批评和自我批评摆在重要位置。要教育广大党员、干部自觉'照镜子、正衣冠、洗洗澡、治治病'，对作风之弊、行为之垢来一次大排查、大检修、大扫除。"①

此外，还有其他一些认识层面的乱象，如：对党的指导思想及最新成果、新的路线方针政策和党内法规制度的认识不清；认为"批评有理"，党内开展批评和自我批评应无所顾忌，将批评和自我批评这一武器的运用理解成不受任何限制的绝对的自由；认为对于批评，作为被批评者应无条件接受，特别是来自党组织和上级领导的批评，争辩或反批评就是抵制或对抗党的优良传统作风；对自我批评的理解简单等同于中国传统文化中倡导的"自我省察"，看不到来自他者的批评对自我批评之重要性，总是想着"秘密"地改正错误和缺点；等等。这些都不是创建和巩固党内健康的民主政治生活之所需，应当否定和祛除。

（二）党内开展批评和自我批评时行动层面的乱象

行动层面的乱象是指党内开展批评和自我批评过程中存在和发生的违背活动本质要求的错误做法或行为的总称。在当前，其表现是多方

---

① 《大胆使用批评和自我批评有力武器》，人民出版社 2013 年版，第 6 页。

面的。

1. 批评和自我批评中的"疲软"现象。本来在认识上对党内开展批评和自我批评就有排斥和抵制心理，行动上也就显得支支吾吾、敷衍了事，甚至批评和自我批评异化成了吹捧和自我吹捧、表扬和自我表扬。党的各级组织定期召开组织生活会和民主生活会是党内基本的民主制度，会议的基本内容就是围绕党内思想、组织、作风及其他重要方面的具体情况开展批评和自我批评。然而，实践中一些党组织的生活会制度执行不严、疏于管理，许多基层党组织甚至有常年不召开组织生活会的状况；有些领导干部总是借故请假不参加民主生活会，更不用说参加所在党支部、小组的组织生活会了，双重组织生活会制度对其而言简直是形同虚设；一些普通党员由于各种原因参加组织生活会次数少，缺乏批评和自我批评的经历和民主淬炼，很少得到同志相互间的关心和监督，逐渐放松了对自己的要求，与党员标准渐行渐远。这不利于加强党内各主体间的政治联系，会导致组织涣散软弱，阻碍加强和改进党的建设的步伐。在党内批评和自我批评开展现场，一些同志如处炼狱、如坐针毡。为了让别人批评自己时少提缺点和错误、多谈优点和成绩，自己在批评别人时总是追求实现"礼尚往来"、"投桃报李"之意图，对短处轻描淡写、支吾敷衍，谈一些微不足道的事情；对长处则大谈特谈、极尽溢美之词。与批评相对的、紧密相关的自我批评的效果当然也大打折扣、应付了事，难以深入。这样的做法很容易造成竞相效仿之风，使一些党组织批评和自我批评的政治生活会整体上变成了吹捧会，让人大跌眼镜。这些"疲软"现象是近些年来党内批评和自我批评这一武器在有些地方由利器变成钝器的具体表现，须引起深刻反思和进行整改。

2. 不提前做任何调查研究的批评和自我批评。有些党内主体在进行批评之前不做任何必要的调查研究和深思熟虑，而是随性而为，想到什么说什么，结果批评的内容往往难以做到或完全做到实事求是，话语组织和修辞上也显得凌乱、不严谨，这会在一定程度上降低或失去批评的效果。而批评者同时又是被批评者，如果没有必要的心理准备，面对突如其来的、意料之外的批评，可能会出现心理起伏和思维紊乱，一方面不利于对批评的问题作适当的解释和说明，另一方面也影响到自我批评的自觉性和深刻性。

3. 对人对己要求不一致。不同主体之间，批评具有交互性，且与开展自我批评密切相连。一些党内主体特别部分上级组织和领导干部只允许自己批评别人，要求别人必须要重视其批评并进行符合其个体标准的自我批评，却不允许别人批评自己或对来自他者的批评不屑一顾、抛之脑后；在自我批评方面，主要是从自身意愿和认识出发，自说自话，要求别人进行自我批评时联系来自他者的批评，自己却人为隔断了自我批评与来自他者的批评的联系。

4. 批评的单向性。这里的单向性指的是被批评者或自我批评者对批评没有正常的回应。由于各方面条件的限制，即使批评者在批评之前作了深入的调查研究，但有时也不能真正了解被批评者存在的错误和缺点，出现部分或完全与事实相违背的情况。好的批评应该有好的回应，这种回应表现在被批评者对批评者揭示的问题适时进行合理的说明和辩解，对错误的批评进行适当的反批评，并在自我批评中对正确的批评表示肯定和改正。总之，批评的流程是批评者和被批评者双向交流的过程。然而，党内一些主体在批评过程中经常将被批评者置于完全被动的地位，除了接受批评之外不能进行任何自我申辩，否则就是不虚心、狡辩，还用曲解的"言者无罪，闻者足戒"、"有则改之、无则加勉"之语来压制正当的反批评。这样的批评是不完整的，极易败坏批评本身的名声，使人害怕、反感和逃避批评，持续到一定程度批评就会逐渐演变成批评者的独角戏，而一个没有被批评者回应的批评对党的建设事业是没有什么价值和意义的。

5. 割裂批评和自我批评。批评和自我批评二者的辩证关系及在推动党内主体不断发展和完善过程中的不同作用前面已有明确论述。然而，党内一些主体在实践中总是出现把二者割裂开来的情况，影响二者的整体性功能和作用的发挥。要么只注重相互批评，忽视或省掉自我批评，结果导致本来有利于促进党内主体相互关心和帮助的批评和自我批评活动变成了相互指责和攻击的战场，呈现混乱无序的状态；要么只注重自我批评，结果批评和自我批评活动搞成了自我检讨活动，自己的错误自己谈、自己改，他者的批评对自我批评的促进作用荡然无存。批评和自我批评成了追求"片面性的深刻"的活动，悖离了马克思主义哲学的基本观点和党内批评和自我批评作风的本质。

6. 好人主义和好好先生。对于批评和自我批评过程中暴露出来的问题，一些人总是喜欢充当好人形象、当好好先生，为有缺点和犯错误的同志或组织进行无原则的辩护、说好话，甚至在大是大非面前和稀泥、搞折中。结果在党的一些组织里敢于批评的人处境显得很尴尬、往往被孤立，有错误的人反而上下左右有人为其开脱、说情，这是很不正常的政治生活。党内开展批评和自我批评要讲与人为善、讲团结，说的是党内主体之间要在批评中相互帮助，发现错误、改正错误，化解分歧和矛盾，实现更高层次的新的团结。而不是人为地百般掩饰和过分容忍错误，搞息事宁人，或大事化小、小事化无，否则会导致严肃认真的批评和自我批评显得无足轻重、流于形式，错误得不到纠正，党内正气下降、歪风邪气上升。

7. 不讲政治规矩的任意批评。任何党内主体都有批评的权利，但作为批评者，其权利并不是无限制的，而是必须以遵守党的决定和纪律为前提。一些同志在党内表现的沉默寡言、装聋作哑，什么都不说，在党外却四处散布、到处乱讲其他党员、领导干部或组织的错误和缺点，有些事情竟然还是风闻、虚构或臆造的；还有一些同志对党中央决定了的事情或党组织决定了的事情，在没有改变以前，不通过正当的渠道和程序依次向所在党组织或上级党组织直至中央表达其不同意见，而是随意在社会上表达其不满和反对意见。这都是严重违反党的政治规矩的，有损党的声誉，妨害党的团结统一。

8. 过分注重于生活细节。有些同志无论是批评别人还是自我批评，不是从大处着眼，主要指出政治上、组织上的问题，而是过分关注个体日常生活中无关紧要的一些细节。如批评别人或自己，"说话声音小，还有点磕巴""着装不规范""字体写得不好，需要练习""生活中情绪控制得不好，容易生气"等等，违背了党内开展批评和自我批评的初衷。

9. 批评显得苛刻。批评应该是建设性的，即有助于引起被批评者的接受和认同并帮助被批评者及时改正。可许多人把批评简单的理解成只是严厉地指出缺点和错误，至于其他方面则不必考虑。由此，有些同志在批评别人时过于挑剔，吹毛求疵，恨不得"鸡蛋里面挑骨头"。为了刺激被批评者重视其批评的内容，总是以偏概全、过度夸大和延伸问题的严重程度，不讲究批评用语，以致出现恶语相加、羞辱对方人格的情况。这样的批评只会是破坏性的，会伤害人的自尊和感情，很难要求被批评者坦然面对和接受。

10. 给人"戴帽子"式的批评。一些同志在批评时总是喜欢先给别人的错误和缺点定性，似乎他将要指出的问题一定是符合现实的、不容置疑的，而后再具体谈内容，这就是所谓的给别人"戴帽子"的一种表现。事实上，批评本身有正误之论，也就是说批评并不一定是正确的。批评者所指出的问题是否准确，应通过被批评者和其他同志的具体反映和是否同意来判断。我们不反对"戴帽子"的做法，但主张由被批评者通过自我批评后视情况按其自己的意愿决定是否戴、何时戴，当然是否摘掉、何时摘掉帽子也应当由被批评者自己决定，并提倡让其他同志见证和监督。

11. 怀有私心的批评。生活中，正常情况下，任何人都很难避免不与周围同志产生一些分歧、矛盾或利益纠葛。在党内，一些人把党外生活中的矛盾移入到党内，借批评之名行报复他人之实。或者在别人正确地批评过自己之后，针锋相对，不经深入调查和思考，捕风捉影，寻机恶意回击和诬陷批评自己的同志。

12. 反批评时对批评者要求过严。我们要求批评者在进行批评时力求做到实事求是，但是并不能保证批评的所有内容都是正确无误的，还需要在党内进行一定的鉴别和评判，包括被批评者对批评的回应。然而，一些被批评者却要求批评者的批评必须完全正确，只要与事实有丝毫出入，在反批评时就连带否定批评中的正确成分，甚至揪住批评者在批评过程中出现的不影响批评内容的个别的、细小的形式上的错误不放，拒绝接受整个批评。

13. 有条件地接受批评。一些同志总是从批评者批评的动机是否纯正、态度是否合理、用词是否规范、语气是否恰当、方式是否正当等方面依据主观意志进行判定批评是否可以接受。批评的内容或事实反而放在次要地位。一旦得出否定的判断，就抵制批评或对批评置之不理。

14. 领导干部自我定位错误。一些党的领导干部在本级党组织开展的批评和自我批评活动中高高在上，总是喜欢突出与其他同志特别是普通党员的不同，不能以普通党员的身份参加活动。他批评别人却不允许或搞一些伎俩避免别人批评他；少有的自我批评因难以与他人的批评相结合，也是无关痛痒、推三阻四、难以深入。作为领导干部，在批评和自我批评活动中应率先垂范的要求得不到实现。

15. 因人而异或区别对待式的批评。一些党员、领导干部在批评时经常采取两种态度或类型，不能做到同等对待，即对关系近和关系远的不一样、对领导干部和普通党员不一样、对上级和对下级不一样、上级党组织或领导监督时和不监督时不一样等。

16. 不适当地推脱责任或道歉。一些同志在批评之前或批评之后擅长主动与被批评人进行沟通。应该说正常的通气或沟通行为是允许的、有时也是非常必要的，有利于被批评者做好心理准备，从而增强批评和自我批评的积极效果。但有些人沟通的意图或目的并非如此，其主要是担心批评别人会遭到报复而心里不安，于是在与被批评者进行沟通时以"推责或道歉之语"为主要内容，例如，"我批评你是不得已而为之"、"是上级要求这么做的"、"希望你能原谅"、"我说的那些话你不要当回事"等等。

17. 对犯错误、有缺点的人差别对待。揭示党内主体的错误和缺点是党内开展批评和自我批评的关键环节，实践证明任何党内主体没有错误和缺点都是不可能的，是自欺欺人，批评和自我批评就是要发现问题和解决问题。可有的人对有问题的同志孤立冷落、歧视排斥，批评时冷若冰霜、讽刺挖苦，而不是为了帮助被批评的同志改正错误；一些组织对犯错误但却能及时改正的党员或领导干部在工作中采取不使用、不提拔的方针。这都会阻碍批评和自我批评在党内的正常开展，不利于问题的解决。当然，如果在批评和自我批评过程中暴露出党内个别主体涉嫌违法犯罪的腐败问题，需要移交党的纪律检察机关和国家司法机关处理的，就是另一层面的问题了。但只要是在党内，仍应以同志式的态度对待之。

18. 下级批评上级困难。这是当前党内批评和自我批评实践中一个不容忽视的问题。上下级之间只有工作分工的不同，政治人格是平等的，平等地享有党内民主权利。但现实中或是因为顾虑重重，或是因为缺少规范有效的渠道，或是因为得不到上级回应，等等，导致下级批评上级的事情很难真正实现。而一些上级为了维护其所谓的权威或威信对来自下级的批评并不重视和鼓励，甚至会进行违背党内法规制度的警告和惩戒。这里下级与上级是指普通党员对于领导干部和党组织；下级领导干部对于上级领导干部和党组织；同级领导干部间的工作上的上下级关系等。

19. 组织涣散无力。有些党组织特别是一些农村地区的基层党组织涣散无力，长期不召开民主生活会和组织生活会，不开展党内批评和自我批评，使得一些党员、领导干部缺乏关于批评和自我批评作风的系统性认识和经常性锻炼，这一武器面临着被丢掉的境地。"君子三年不为礼，礼必坏；三年不为乐，乐必崩"，党组织如果长期不开展批评和自我批评，这一党建利器就会失去其应有的功能。

此外，还有其他一些负面现象，例如：在批评和自我批评过程中不能严格而认真贯彻和落实党的指导思想及最新成果、路线方针政策和党内法规制度，甚至有对立的行为倾向；有的同志自我批评时总是讲一些微不足道的问题，对于别人未发现的但自己认识到的错误和缺点不敢公开亮出来；在批评和自我批评过程中总是处于被动地位，不能积极主动地参与；拉山头、搞宗派或建立小团体，以局部利益为上，一致对外；引导党外群众在党内批评和自我批评过程中的发挥积极作用做得不够；要求被批评者必须马上改正错误和缺点，不给其留任何接受批评和改正所需的时间；等等。

新时期党内民主政治生活中经常会碰到上述现象，有些现象还有愈演愈烈之势。如果不能及时刹住和改变，长此以往，党内批评和自我批评这一利器有成"钝器"之危机、"伤人"之祸患、丧失之可能。

二　新时期党内批评和自我批评中问题的基本原因

新时期党内批评和自我批评过程中出现多种乱象，原因是多方面的，总体来讲主要包括：

（一）主体政治素质欠缺

政治素质状况是决定党内主体能否自觉主动参与和正确运用党内批

评和自我批评这一武器的基本前提。一些党内主体的政治素质欠缺体现在政治知识、政治能力、政治心理等方面存在不足。

1. 政治知识方面。这里的政治知识包括党的历史知识、党的指导思想特别是最新理论成果、党在新时期的路线方针政策、党内基本事务、以党章为核心的党内法规制度体系等。按照常理推导，这些方面的学习、了解和把握是一名合格的党员同志应具备的基本素质，但是现实并非如此。一方面一些党组织疏于对所辖党员的监督、管理和沟通，使得一些党员逐渐在政治学习上产生懈怠、消极心理，越来越忽略学习的重要性。另一方面则是由于党员个人的原因不重视政治知识的学习和了解。要么认为政治学习与自己的工作联系性不强，所以没必要学；要么认为工作就是学习，专门进行理论层面的学习就是浪费时间；要么觉得自己的平时言行做派与理论学习的内容要求相对立，害怕学习过程中暴露出自己的问题，更担心公开于人，所以讳疾忌医。还有一种情况就是某些党员本身入党动机不纯，属于混入党内的少数不合格分子，当然就更不可能认真学习有关党的政治知识了。为了加强党内学习，建设学习型马克思主义政党，当前各级党组织都会定时或不定时以举办政治学习培训班或研讨会的形式，采取轮流机制召集党员特别是领导干部进行集中学习，但我们经常会发现一些党员或领导干部以各种非正当理由请假或无故逃课，连集中政治学习时间都不能保障，更别提平时自觉主动学习了。这是党内一些同志不能严肃对待政治学习的典型表现。细数党的历史上开展的每一次集中整党整风或教育实践活动，我们就会发现政治知识学习始终被放在首要位置并贯穿活动始终。党内主体只有掌握了基本的、全党已形成共识的政治知识才能建构起参与批评和自我批评的正确标准或依据。离开了政治知识学习的批评和自我批评必然会因认识不统一而导致混乱无序，因此，党内批评和自我批评的顺利推进需以重视学习、善于学习为逻辑前提。一些同志政治知识的缺乏是阻碍其正确对待党内批评和自我批评的重要因素。

2. 政治能力方面。正确使用党内批评和自我批评这一武器对党内主体有一定的能力需求，如果能力欠缺，就会出现错用或乱用的结果，要么起不到预期效果，要么可能既伤人又伤己。一是调查研究能力。开展批评和自我批评指出的问题必须要符合客观实际，是基于理性分析总结出来的，而不是立足于批评者的主观想象得出的，否则无论是批评还是自我批评都是站不住脚的，会让其他一些同志对批评者的动机或出发点产生怀疑，降低和削弱批评的可信度和效果。二是语言组织能力。批评的话语通过一定的具体语言形式表现出来，如果批评时不经深思熟虑以符合人的正常思维逻辑和恰当的语言把观点、建议表达出来，结果要么会使被批评者或其他同志不知其所云为何物，要么话语太过柔和起不到警醒作用，要么话语太过严厉让人心理上无法接受，要么言辞太夸大而未留解决问题的余地等等。三是情感控制能力。批评和自我批评应建立人的理性基础上，因此党内主体要注重对情感倾向的控制。只有这样，党内主体在批评和自我批评活动中才能做到对同志一视同仁，实现政治上的团结统一不受生活中的亲疏远近关系的影响。四是权变能力。批评同志时要适当顾及对方的感受，具有鉴貌辨色之能力，对讲话的内容和方式进行科学取舍，不能只求自己讲的酣畅淋漓。批评者的权变能力展现的是对时机的正确判断、选择和利用水平。要善于对被批评者进行循序渐进的引导，使其逐渐认识和改正错误。五是建言献策的能力。批评和自我批评活动中，指出问题是关键，解决问题是目的，同志之间在改正错误和缺点、消除分歧和矛盾上互相建言献策，能够真正促使批评和自我批评的意义落到实处。重"破"不重"立"的做法，不利于党内团结和及时有效地解决问题，是对党内批评和自我批评这一武器应有之义的片面理解和运用。总之，上文提到的一些批评和自我批评乱象很多与这些方面的政治能力不足相关。

3. 政治心理方面。政治心理在这里是指党内主体面对党内批评和自我批评时所表现出来的认知、动机、态度、情绪、兴趣、信念等各种具有很强感性特征的、自发的心理反应及其相互关系的总和。"这是一种无形的但却十分巨大的精神力量，制约着人们的行动，甚至直接关系到所从事的整个事业的成败。"① 政治心理的不适应、不健全是干扰和束缚人

---

① 关海宽：《改革开放以来我国社会主义意识形态建设研究》，中国社会科学出版社2012年版，第241页。

们正确对待、参与和运用党内批评和自我批评的直接障碍。一是对党、对同志的政治责任心不够。一些同志一方面总体上对全面从严治党，推进党的建设新的伟大工程不够关心，不能正确定位自己应该在加强和改进党的建设事业中发挥怎样的作用；另一方面事不关己、高高挂起，不认为自己对其他党内同志或党组织存在的问题有帮助提醒和解决的义务。从而把自己与整个党的事业、与其他党内主体的政治关系割裂开来。甚至有些人无事生非，在党内私相攻讦。这都是对党的发展事业缺乏责任心的体现。二是政治猜疑心太强。政治生活中，一些同志除了自己以外不相信任何人，对于别人的无私帮助总是疑心有额外的政治企图，批评式的帮助更是被理解成故意"挑刺"或"找茬"，防范心理很重。三是私心太重，公私不分。党内批评和自我批评活动着眼于党内主体工作中存在的问题，目的是解决问题，而不是为了要把个体批倒、批臭，因此每一个同志都要以公心对待活动本身，对事不对人。但一些同志总是公私不分，将批评和自我批评看作是对个体权益的侵犯和损害，把拿起批评和自我批评这一武器当成了心怀私意之举。四是推脱心理。总是把错误的责任让别人担，成绩却往自己身上揽，推卸自己在批评和自我批评过程中应承担的责任。五是组织边界认识模糊。一些同志没有党的组织或团体统一意识，一方面应该而且能够首先在党内处理的问题，非要突破组织范围在党外解决；另一方面，将其他党内主体视为敌人或仇人一样对待，漠视或破坏同志关系。六是政治心理容易受到外界不利于党内批评和自我批评作风要求的社会负面因素影响，如市场经济环境中产生的一些庸俗的市场伦理价值观念、封建主义残留和资本主义社会中的腐朽落后思想文化对政治心理取向的误导性。党内主体的政治心理状况虽然很多时候难以捉摸和把握，但其所释放出来的外在力量不容小觑。解决批评和自我批评中的乱象要对良性政治心理的培养给予足够的重视。

党内主体的政治素质涵盖的内容要求是丰富的，但主体构成就是政治知识、政治能力和政治心理状况。就党内批评和自我批评的正确运用而言，一定的政治知识是前提，政治能力是关键，政治心理是根本，三者是缺一不可的。

（二）党内主体间监督力度尚待加强

个别党组织不重视或采取应付的态度和方式对待党内批评和自我批评这一武器在党内政治生活中的运用使批评和自我批评流于形式，甚至很少召开以开展批评和自我批评为主要内容的民主生活会和组织生活会；一些党员或领导干部使用批评和自我批评这一武器时或是敷衍塞责、消极应付，或是有错用、滥用之行为。从而导致党内政治生活缺乏政治性、原则性和战斗性，显现出庸俗化样态。这些情况除有党内主体本身内在原因外，外在监督力度的偏弱也不容忽视。

1. 上下级之间互相监督有缺失。上下级是指组织层面的上下级党组织和因职务级别不同的上下级领导干部。按照党内法规制度相关要求，在党内政治生活中上下级之间应加强相互监督，确保批评和自我批评作风落到实处、见到实效。然而在实践中，一方面，一些上级组织和领导对下级开展的批评和自我批评活动进行监督的制度执行力不够。例如，按照《中国共产党党内监督条例》的要求，"上级党组织应当加强对下级领导班子民主生活会的指导和监督，提高民主生活会质量"① 但现实中，上级党组织往往很少关注和直接指导、监督下级党组织的民主生活会，下级党组织通常也只是以书面的形式就民主生活会中开展批评和自我批评的情况进行上报即可，至于会议开展的具体状况和效果如何，许多上级组织都不会真正去了解和深究。有时还会出现下级组织为应付检查而虚假编造民主生活会的召开及内容的事情。而对那些处在最基层特别是农村地区或偏远地区党组织的组织生活会，一些上级党组织更是很少进行切实有效的指导和监督，造成一些基层党组织长期以来极度缺少批评和自我批评作风的锻炼。此外，按照党内监督条例的要求，"地方各级党委、纪委和党委组织部门领导班子成员，除了参加所在领导班子民主生活会外，每人每年应当参加一个以上下一级领导班子的民主生活会，了解情况。"这是上级领导干部对下级领导班子成员之间开展批评和自我批评情况进行有效监督的重要途径和渠道，但实际上这方面工作做得也不到位。另一方面，关于下级对上级开展的批评和自我批评活动进行监督，

---

① 《中国共产党党内监督条例》，《求是》2016 年第 22 期。

党内法规制度中虽有相关的原则性规定，但并未明确具体可行的措施，因此实现起来比较困难，实践中鲜有见到。

2. 同级之间相互监督不畅。一方面，同一地区或不同地区同级的党组织和同一党组织内的同级领导干部间的监督在现实中是不足和缺少的，可行性的具体措施和机制需要进行深入探讨和改革尝试。另一方面，党的各级纪律检查机关（"纪委"）对同级党的委员会（"党委"）民主生活会的监督职责并不具体、明确。纪委是党内监督执纪的专门司法机关，是党内一切法规制度的守护和执行机关。党内民主生活会及党内开展批评和自我批评是党章党规党纪所明确的基本制度规范，依正常的法治逻辑，党的纪律检查机关对同级党的委员会的民主生活会及批评和自我批评活动开展状况进行监督是其基本职能之一。但是党内现实政治实践中由于对纪委在同级党委领导下独立行使党内司法权的强调不够、监督执纪问责的工作人员力量配置及其他所需资源不足、主要工作重心放在党内反腐败上难以兼顾其他方面等原因，各级纪委对同级党委及下级党组织的民主生活会和组织生活会的规范性及平时开展的批评和自我批评实际状况的监督功能在一些地方弱化状况明显，监督执纪问责难以到位的情况比较普遍。

3. 一般党员和人民群众的监督需要增强和深化。在党内，所有党员都是党的主人，具有对党的一切事务进行监督的权利和义务，批评就是一种最基本的监督方式。从主体上，表现为党员之间的相互监督，主要是一般党员对领导干部的监督。党要长期执政，就必须切实保障每个党员监督权利的实现，畅通和拓展党员表达正当意见的合法渠道，党内开展批评和自我批评活动就是党员监督权实现的基本路径。只有每个党员都正确拿起批评和自我批评这一武器，在党章党规党纪范围内合理表达其意见和建议，才能不断激发党内"正能量"、弘扬"主旋律"，从而巩固和增强党的团结，保持党的先进性和纯洁性。然而，现实中一些党员的相互监督意识特别是对党组织和领导干部的监督意识不强，加上一些党组织不注重保障和推动党员民主权利的实现，一些领导干部因害怕而漠视、阻挠和抑制党员监督权，使得一般党员监督权的实现在实践中面临重重障碍、步履维艰。批评和自我批评这一武器的运用作为实施党员监督权的有效方式自然也很难得以真正贯彻和落实。

党的事业就是人民的事业，党性和人民性是一致的。党除了工人阶级和最广大人民群众的利益之外，没有自己的特殊利益。要实现人民群众的利益，为人民群众的利益而努力奋斗，党就必须坚持群众路线，倾听群众的意愿和呼声，接受群众的监督。来自群众监督基础上的意愿和呼声当然有批评，但更多的是对党的期望，批评实际上是另一种形式的期望。党内批评和自我批评与来自党外群众的批评是相连接的，党内开展批评和自我批评必须要把党外群众的批评意见和建议反映到党内，如前所述，党外群众的批评是包含于广义的党内批评和自我批评的范围之中的。可是现实中一些党组织、领导干部和党员对来自群众的监督不屑一顾，将群众的批评当成"耳旁风"，使得群众的批评、意愿和呼声难以反映到党内批评和自我批评活动中，割裂了党和群众的血肉关系，削弱了党的人民性本质。密切联系群众是我们党的最大政治优势，脱离群众是党执政后的最大危险。巩固和发展党和人民群众的密切联系，必须不断增强和深化群众对党的监督。群众的监督是推动党内批评和自我批评实践与人民群众的批评深刻相通和有机衔接的必然选择，决定着批评和自我批评的实际效果。

（三）规范性程度不够

长期以来，为了巩固和发扬党内批评和自我批评作风，发挥其加强和改进党的建设的巨大功能，我们党非常重视从制度上做出相关规定和要求来保障党内主体能够正当合法地拿起批评和自我批评这一武器。迄今为止，关于党内批评和自我批评的制度建设是富有成效的。综观党章和其他有关具体的党内法规制度，对坚持批评和自我批评作风都有明确要求。此外，在党的历史上，党集中开展的历次整党整风运动或教育实践活动和一些具有重大历史意义的党的会议中，开展批评和自我批评都是重点要求和需要遵循的基本原则。特别是改革开放以来的党内整党整风或集中教育实践活动，活动从开始到结束，不仅强调了开展批评和自我批评的重要性和具体落实，而且非常重视及时将获得的经验上升到制度层面，促进在党内民主政治生活中严肃认真地开展批评和自我批评。然而，总的来说，关于党内批评和自我批评这一武器的正确运用问题，经验性总结较多而制度性规定显得不够。

1. 专门关于批评和自我批评的党内法规制度尚无。党内批评和自我批评作为党的建设的利器具有其他优良作风不可替代的关键性作用。既然如此，是否需要制定和健全专门的用来规范党内批评和自我批评的党内法规制度应引起关注和思考。就党内批评和自我批评的实践历史以及当前具体状况来看，存在的多方面问题和乱象造成的后果不容忽视，而且有些乱象屡屡发生，难以禁绝。不仅对党的建设起不到促进作用，还具有相当大的破坏性，也对批评和自我批评武这一器本身的声誉产生了很大的负面影响，妨碍着批评和自我批评在党内的正常进行。这种情况的存在与党内法规制度没有专门关于党内批评和自我批评的规定有一定关联。党的《关于党内政治生活的若干准则》把批评和自我批评作为党内政治生活准则的主要内容之一，可以说是对党内批评和自我批评做出具体规定较多的党内法规，指出了党内政治生活中存在的诸多问题和应遵循的正确准则及做法，有利于促进党内主体规范、健康和有序地使用批评和自我批评这一武器。然而，《关于党内政治生活的若干准则》的制定视阈是开阔的，坚持批评和自我批评不是党内法规制定的唯一精神和目的。所以，一方面，内容上不可能只是聚焦于一点，在行文上不会对党内主体如何正确使用批评和自我批评这一武器的规定进行集中表述。另一方面，关于党内批评和自我批评作风贯彻和落实的责任承担、监督、执纪、问责等方面的规定当然也不会凸显。事实上按照《关于党内政治生活的若干准则》要求，对党内违反规定的行为应依照其他相关党内法规进行处理。此外，对党内主体如何进行正确的自我批评，该准则并未做更为明确具体的规定。所以，要真正地贯彻和落实党内批评和自我批评的要求，应按照《中国共产党党内法规制定条例》的基本要求和立法的根本精神及原则，加快推动关于党内批评和自我批评的专门性党内法规的制定和健全。

2. 配套性党内法规制度有欠缺。这里的"配套性"法规制度是相对于指向对象或事物的专门性或主体的法规制度而言的，具体就是针对关于党内批评和自我批评的专门性党内法规制度，为了促进和保障其有效实施而在法规制度建设方面所做的补充和配置。虽然缺少专门性法规制度，但我们党在其他形式的党内法规制度中有很多关于党内批评和自我批评的规定，一定程度上规范和指导着党内主体正确运用批评和自我批评这一武器。在各种条件尚未成熟前，通过加强配套性法规制度的建立健全以推动专门性法规制度的制定和实施已经事实地成为党内批评和自我批评制度建设的一种可行的思维进路。然而，已形成的党内批评和自我批评配套性法规制度存在着一些有待完善的地方，一方面，要不断推进制定和完善学习教育和培育训练制度、基本条件保障制度、实践活动评估制度、激励奖惩制度等；另一方面，要及时地将党内批评和自我批评活动中获得的有效经验上升到党内法规制度层面，以丰富和健全具体的制度性规定。此外，制度建设要注重与时代条件相结合、相适应，做到与时俱进，将能够体现时代特色的内容充实到法规制度中。

3. 监管主体和部门执法力度偏弱。就已有的关于党内批评和自我批评的法规制度来说，当前党内一些地方或基层组织、党员、领导干部在严格贯彻和遵守方面有疲软和弱化的现象，这固然与党内主体自身具备的内在政治素质或成熟程度有根本关联，但一些党内监管主体和部门执法不严是不可忽视的关键性因素。在加强党内严肃认真开展批评和自我批评的活动中，党内监管主体和部门在执法方面存在一些需要高度重视的问题。一是因缺少或者没有明确具体地落实党内必须开展批评和自我批评这一规定的追责机制，对有关责任人或组织失职行为的依法依纪处理存在"真空"现象；抑或虽说原则上有通行普适的制度性规定，但在具体实践中参照执行标准难以统一把握。二是党内一些纪检监察机关对各级党组织是否按规定开展批评和自我批评活动监督或监控不够，使得一些党组织、党员和领导干部逐渐形成了"党内是否开展批评和自我批评无关紧要、无关大局"的错误认知。三是随着流动性党员、"口袋党员"的增多，现实中召集和监管他们按时有效、保质保量参加党内开展的批评和自我批评活动存在一定难度。四是对监管主体和部门执法不力的追究很难实现，这是监督本身难以自我解决的理论和实践困境。五是已经建立和不断健全的党内巡视制度在实践中主要将力量集中于反腐倡廉工作，对党内政治生活的其他方面关注度或兼顾较少。总之，事实证明，无论是何种原因，党内相关司法主体和部门在党内批评和自我批评方面如果不能加大检查力度，不能真正依法严格做到监督执纪追责，不能以踏石留印、抓铁有痕的劲头长抓、抓紧、抓好，党内批评和自我批评的作风定会出现松懈无力或者走向异化和歧路的危境。

综上所述，主要从党内主体的政治素质、相互间监督力度和党内法规制度状况三个维度探析了党内批评和自我批评乱象存在和产生的原因，其他的具体原因都直接或间接地、或多或少与此相连或蕴含其中，在此不再赘述。

第三节 新时期党内批评和自我批评作风的培育路径

办好中国的事情，关键在党，关键在于党要管党、全面从严治党。党要管党、全面从严治党要从严肃党内政治生活、净化党内政治生态做起并延伸。党内批评和自我批评作为我们党保持先进性和纯洁性的锐利武器，是加强和规范党内政治生活、营造风清气正的党内政治生态的重要手段，必须始终坚定地把批评和自我批评这个武器用好。新形势下党内批评和自我批评中客观存在的诸种乱象及成因，深刻表明了当前加强党内批评和自我批评作风培育的必要性和迫切性，要求我们有针对性地深入研究和探讨党内切实开展批评和自我批评活动的有效路径，推进新时期党内批评和自我批评作风培育的科学化。

一 提升思想认识，增强实践能力，塑造成熟的政治心理

思想认识、实践能力和成熟心理，这是对践行党内批评和自我批评作风的党内主体总体上应具备的政治素质的基本要求，从根本上决定着党内主体能否正确使用党内批评和自我批评这一武器。

（一）提升思想认识

思想支配人的行为。一些党组织之所以没能很好地、严肃认真地开展批评和自我批评活动首先是思想认识上的问题。解决党内主体关于批评和自我批评的认识差异，凝聚共识是新时期培育党内批评和自我批评作风的前提和基础。

1. 用马克思主义特别是马克思主义中国化最新成果武装头脑。马克思主义是人类社会发展到现在产生的最先进、最科学和最具革命性的理论体系或意识形态，其与中国革命、建设和改革的具体实践相结合，实现了中国化的马克思主义理论成果不断丰富和发展。根据党章的规定，马克思列宁主义和中国特色社会主义理论体系是党的行动指南。党内开展批评和自我批评必须坚定马克思主义特别是马克思主义中国化最新成果的指导性地位，党内主体要深入学习和实践马克思主义理论体系。首先，严格党内学习型政党建设要求，促使党内所有同志重视学习，建构人人皆学习、处处能学习、时时可学习的良性党内学习生态，将自学和集中学习教育有机结合起来，强化最新的马克思主义中国化理论成果在党内的全方位系统学习和探讨。其次，充分发挥各级党校教师和理论宣讲团平时的理论学习、宣传和教育功能，施教对象或听众逐渐做到面向全体党员特别是农村地区基层党员和领导干部，真正做到深入基层。再次，以举行理论研讨会、理论知识竞赛或建立理论研究会、读书或学习小组的形式，带动和鼓励同志们的学习兴趣和积极性。最后，重视对全体党员的理论学习的科学考核和评价，建立健全奖惩机制，对考评不过关又不及时改正的同志进行适当处理，重则可以劝其退出党的队伍。此外，各级党组织可以建立符合其具体情况的党员个体学习记录和组织定期检查机制，以外力督促所辖党员特别是领导干部的学习。

2. 重视对党的历史的学习。忘记历史意味着背叛，会导致主体抛弃自我本性和初心。认真研究党的历史，我们就会发现批评和自我批评作风在党不断走向壮大过程中具有不可磨灭的地位和作用，从某种意义上来说，离开了党内批评和自我批评这一武器，我们的党不会走到今天，也不会领导人民群众取得今天这样让世人瞩目的成就。一部党史就是一部党的批评和自我批评史。重视对党的历史学习，不仅可以增强党内同志对批评和自我批评重要性的认识，而且有利于吸取经验和教训，从而正确驾驭批评和自我批评这一党建利器，促进党的建设健康推进。因此，要将党的历史知识作为对全体党员同志进行宣传教育的重要内容，把对党的历史知识的学习作为党员同志的必修课。

3. 理解和把握党的决定。党的决定广义上包括党制定和正在实施的一切路线、方针和政策及以党章为核心的党内法规制度体系。党的决定就是党的纪律，任何党内主体在党的决定改变之前都必须严格遵守和执行。"身为党员，铁的纪律就非执行不可。"① 党内开展批评和自我批评是党的众多政治决定中的基本内容之一。一方面，作为一项党的决定，每一个党内主体都要贯彻和守护，进行严肃认真的批评和自我批评；另一方面，党内开展批评和自我批评活动时，所有党内主体不能违背其他的党内决定。"共产党要有纪律"②，所谓知法才能真正守法、知法才能真正护法，因此要教育党内主体深入学习和了解各种党的决定、党的纪律，这是保障党内批评和自我批评有序开展的制度性前提。各级党组织要重视党的从中央到地方各项决定的宣传和解释工作，推动党内主体形成基本的认知，以此确保党内开展批评和自我批评活动时始终与党的决定保持高度一致。

4. 关心党内事务。党内开展批评和自我批评形式上是针对党内主体本身，实则批评的是党内工作事务中存在的错误和缺点，这也是我们党一直以来强调党内批评和自我批评要做到本质上"对事不对人"的主要缘由。党内主体的批评要真正做到"对事"就得关心事、了解事，否则"对事"无从说起，只会成为"对人"，批评和自我批评也就真成了批人或整人的活动。那么，如何推进党内主体关心党内事务呢？首先，在处理党内事务过程中要充分发扬民主，扩大党员和领导干部有序参与的主体范围，以培养人们关心党内事务的自觉性和主动性。其次，坚持党务公开，尊重和维护党内主体的知情权。各级党组织在符合党规党纪的前提下要及时公开党内各项事务处理的基本过程和结果，只有这样，党内主体的评价、批判和纠错才有具体的目标指向。最后，党务公开的内容应坚持实事求是、力求做到全面严谨又通俗易懂，是权威的、可信的、可理解的，而且既要有书面的发布又要有口头的传达，以消除一切不利于党内主体关心党内事务的障碍。

5. 牢记党的宗旨。坚持全心全意为人民服务是党的宗旨，党性与人

---

① 《毛泽东文集》第 2 卷，人民出版社 1993 年版，第 416 页。

② 《邓小平文选》第 3 卷，人民出版社 1993 年版，第 198 页。

民性的统一最根本的体现就是坚持党的宗旨。党除了最广大人民群众的利益之外，没有自己的私利，作为党员，要坚持全心全意为人民服务，甚至不惜牺牲个人的一切。只有充分认识到这一点，党内主体在开展批评和自我批评时才可能真正追求"极心无二虑，尽公不顾私"的境界。党内开展批评和自我批评必须重视和倾听人民群众的建议和呼声，否则批评和自我批评就会偏离政治方向。为此，在党内批评和自我批评过程中要深化对党的群众路线的认识，密切联系群众，发挥党外人民群众的根本性作用。

此外，还要继续强化对新时期党内开展批评和自我批评的迫切性认识，探索和总结新时期党内批评和自我批评的新思想、新理论、新形式、新政策。总之，要全面促进党内主体在思想上与时俱进，适应党内严肃认真地开展批评和自我批评的基本要求，夯实其能够真正拿起批评和自我批评这一武器的认识前提和基础。

（二）增强实践能力

党内开展批评和自我批评对党内同志来讲，有理论非常重要，但同时还要具备理论转化为具体实践活动的能力，这样，理论才能真正显示出威力。如上文提到，新时期培育党内批评和自我批评作风，党内同志需要注重锻炼调查研究的能力、语言组织能力、情感控制能力、权变能力和建言献策能力等，这些能力的培养不可能一蹴而就，必须持之以恒、久久为功。

1. 加强党组织的引导功能。在党内民主政治生活中，各级党组织在提高党内同志运用批评和自我批评这一武器的实践能力方面要起到教育引导作用。一是可以举办专题培训班，加强党员对批评和自我批评这一武器操控能力的持续培训和教育；特别是对新党员，应作为入党教育的重点内容。二是建构符合组织具体情况的合理的能力评价指标体系，将党员特别是领导干部在批评和自我批评方面表现出的实践能力作为重要的考核内容。三是有条件的党组织可以把党内集中开展的批评和自我批评活动现场录制成音频或视频，使党内同志自觉对照学习，纠正所犯的错误和存在的缺点，避免以后再犯。四是党内开展批评和自我批评活动过程中，党组织要注重及时合理地监控和指导，防止批评活动偏离正轨，这本身就是对党内同志实践能力进行正确的培养和锻炼过程。

2. 党内主体之间要团结互勉互助，共同提高。既然党内批评和自我批评活动是在党组织内部进行的并深刻影响着党内同志之间和谐政治关系的建构，那么，党内主体在提升自己掌握批评和自我批评这一武器能力的过程中就应注重平时的相互交流和沟通。一方面，有利于相互之间发现对方在对批评和自我批评这一作风武器的理解和运用能力上所存在的问题，及时改正和共同进步；另一方面，在交流和沟通中所建立起来的互勉互助、团结和谐的关系会延伸到批评和自我批评活动中，即使在能力上表现有不足和缺陷，主体之间也能够相互有所担待和体谅。

3. 严格要求自己。任何党内主体都不能逃避和放弃正确使用批评和自我批评的武器，这是党性之体现、党规党纪之要求。既然如此，党内主体就要自觉培养和提高自己拿起和正确使用这一作风武器的能力。一要多学习、多实践、多锻炼、多总结，提高自己的综合素质。二要把握一定的度，力求做到既帮助同志又不伤害同志。三要对使用武器过程中所犯的错误，坚决纠正，并经常警示自己。四要保持谦虚，反对骄傲自大。五要善于发现运用批评和自我批评过程中经验性或规律性的东西，在党内进行交流、探讨和完善，推进实践中的共享。

总之，要通过不断增强实践能力，推进党内主体更加善于真正使用批评和自我批评这一武器。

(三) 塑造成熟的政治心理

党内主体在批评和自我批评实践中既要有认知、有能力，还要有符合党规党纪的过硬的心理素质、成熟的政治心理，只有这样，才能真正勇敢地拿起批评和自我批评这一武器。但是，关于党内大力开展批评和自我批评活动的党组织或个体政治心理的塑造是一个复杂长久的过程，要抓在平时，贵在坚持。首先，党内主体提高思想认识、增强实践能力的过程也是勇于和敢于开展批评和自我批评的政治心理的不断建构和走向成熟的过程，它们是同步的、密切相连的。因此，塑造成熟的政治心理，要注重增进党内主体的认识和能力水平。其次，各级党组织及相关部门要抓好对党内同志关于党内批评和自我批评作风的政治心理状况的调查和测试，及时把握心理动态，对心理问题突出者要有针对性地进行适当的心理干预治疗，以避免问题加重和使其他主体被感染。再次，注重正面宣传。党内开展批评和自我批评活动无论在历史上还是在当前都发生过一些负面现象，包括前文所提到的各种乱象，它们都可能会或多或少，或深或浅地对党内政治心理产生不利影响。为此，一方面，党要对各种负面现象进行科学的归类、分析和评价，并在党内进行宣传教育，以摒弃影响政治心理的负面因素，变"不利"为"有利"；另一方面，注重宣传正面事例和形象，促使党内主体从中获得真理性感悟和启示，与党内主流的政治心理相符合、相一致。最后，要及时发现和充分估计新形势下党内外环境中与正确开展批评和自我批评活动相关的各种落后、颓废现象可能对党内主体政治心理的消极作用，做好党内形势与政策方面的宣传教育工作。

综上所述，提高党内主体政治素质实际上是增强党性的基本要求，以此为视角对党内批评和自我批评作风培育路径的探讨，有利于在宏观上重视和推动党内主体正确使用党内批评和自我批评这一武器所需的党性要求的锻炼和修养。

二　坚持正确开展批评和自我批评的基本原则

在长期的批评和自我批评实践中，我们党积累了丰富的经验并深刻吸取教训，对党内批评和自我批评必然性规律的认识也不断深化，形成了一些体现和符合党内开展批评和自我批评的基本方针精神的、应严格遵循的科学的基本原则。原则是"依据客观事物的本来面貌以及人的思想发展的基本规律而制定的规则，是行之有效的基本规范"[①]。新时期党内主体对批评和自我批评的使用要坚持这些基本原则，同时要立足于时代变化进一步丰富和发展这些基本原则的内容，并探索和发现新的原则性规范和要求，只有这样，才能真正在实践中发挥批评和自我批评这一武器的魅力和功效。

（一）自觉主动原则

自觉主动原则，是指中国共产党人要培养起自觉而非盲目、主动而

---

① 张荣臣、谢英芬：《向我开炮：开展批评和自我批评的艺术与方法》，中共中央党校出版社 2014 年版，第 55 页。

非被迫地使用党内批评和自我批评这一武器来查摆和克服错误与缺点的政治作风和习惯。在革命战争年代，由于对敌斗争形势严峻、生存环境恶劣，党内开展批评和自我批评活动具有直接而显明的外在强制性特点。新中国成立后特别是改革开放以来，中国共产党已经成为长期执政的党，领导全国人民进行社会主义现代化建设取得了巨大成就，不断巩固和发展党的执政地位和执政基础。在这样的条件下，新时期党内要继承和弘扬批评和自我批评作风，革命战争时期的那种直接而显明的外在强制性状况虽然消逝，但对党员、领导干部和各级党组织运用批评和自我批评这一武器的自觉主动性提出了更高的要求。

事实上，在改革开放和中国特色社会主义建设事业已进入攻坚阶段的新时期，与革命年代相比，某种意义上党面对的形势更加复杂严峻且充满诸多变数，如果不能科学合理地进行应对和经受住考验，长此下去必将危及党的执政地位及党和人民的伟大事业。只是在相对和平稳定的政治环境中，这些挑战和风险形式上似乎对党的生存威胁不具有那么直接、明显的特征而已。也许正因如此，一些党内主体在执政考验、改革开放考验、市场经济考验和外部环境考验四大考验面前放松了警惕，降低或放弃了对自己的严格要求，逐渐滋生了精神懈怠的危险、能力不足的危险、脱离群众的危险、消极腐败的危险等四大危险，理想信念模糊，一个个成为忘了群众只关注自己的精致利己主义者，成了形式主义、官僚主义、享乐主义和奢靡之风的俘虏，变成了危害党的健康肌体的蛀虫。因此，新时期为防止不正之风的蔓延，纯洁党内同志交往，增强党的战斗力，必须教育和促进党内主体提升理性精神和认知，坚持主人翁意识，对党负责、勇于担责，自觉主动地拿起和高举批评和自我批评这个武器，清涤党内的一切尘埃和疾病。

（二）批评他者与批评自己相统一原则

关于党内批评和自我批评作风，从字面上就能直观看到其包含两个层面的要求。然而在实践中一些同志只注重批评他者、不注重批评自己，或只注重批评自己、不注重批评他者，这都是不对的。对党内主体而言，无论是批评还是自我批评都应坚持同样立场、同样的态度。当然，我们通常提倡对自己的批评要更严一些，而且批评别人之前先从自我批评做起。这不仅有利于党内主体真诚谦虚地接受来自他者的批评，也有利于其对他者的批评得到合理的回馈，从而使党内批评在主体之间实现良好的互动效应。正如周恩来同志所说，"光批评别人，你批评我，我批评你，很容易争吵起来。本来学习是为了团结，结果争吵一堂，不欢而散，反而对团结不利。假使都作自我批评，那怎么会争吵起来呢？结果只会更加团结。为了团结起见，为了进步起见，应该以身作则，先从自我批评开始"。① 反过来说，也不能只进行自我批评，而忽视主体相互间的批评，这会导致党内批评和自我批评活动变成了自我批评活动。"当局者迷，旁观者清"，党内主体之间要互相监督，经常切磨箴规，只有重视和善于接受批评的自我批评才是深刻的、真正的自我批评。总之，要坚决反对实践中将批评与自我批评割裂开来的错误做法。

（三）从大处着眼原则

党内开展批评和自我批评不是针对与党内主体有关的一切问题，而是要着眼于大的方面，不纠缠于细枝末节，否则，批评和自我批评就会走向随意化、平淡化或庸俗化。要看到党内批评和自我批评虽是推进党的建设新的伟大工程的利器，但不能由此将其功能任意地无限扩展，即，党内批评和自我批评并不是万能的。党内开展批评和自我批评活动要擅长抓住关键问题、中心问题和突出问题等对党的建设事业有较大影响的事情。那么，如何科学理解"大处"，如何才能做到从大的方面着眼呢？一是指着眼于党内主体在政治上和组织上的问题。"至于个人缺点，如果不是与政治的和组织的错误有联系，则不必多所指摘，使同志们无所措手足。而且这种批评一发展，党内精神完全集注到小的缺点方面，人人变成了谨小慎微的君子，就会忘记党的政治任务，这是很大的危险。"② 因此，批评的过程中要始终讲政治。二是指着眼于当前并把握未来。历史和过去所发生的错误及其影响绝不能忘记，因为其对推动我们正进行的事业在正确的道路上不断改革创新和持续发展有着重要的警示和教育作用。党内开展批评和自我批评当然要对历史的错误进行揭示和纠正，

---

① 《周恩来教育文选》，教育科学出版社1984年版，第63页。
② 《毛泽东选集》第1卷，人民出版社1991年版，第91—92页。

以启示后来者。但切不可深陷历史的纠葛中无法自拔，而是应该高度关注当前工作中存在的问题，并进行批评和改正，把握住未来选择。"我们关心的不是过去的事情本身，我们关心的是今天和明天的工作。"① 三是指着眼于内容。批评和自我批评过程中要注意一些形式上的选择，例如场合环境选择、话语修辞选择、语调轻重选择等，适当的形式有助于增强批评和自我批评的实效性，但形式服务于内容，不可因过于看重和考虑形式而掩盖和模糊了批评的内容。也就是说，开展批评和自我批评，内容是主要的，党内主体应更多地关注内容，不能本末倒置。四是着眼于问题的本质。工作中的错误和缺点总是表现为许多零散的现象，党内主体需要从现象中发现和抓住本质性的东西进行批评和自我批评。总之，批评和自我批评要分清主次，着眼于重要问题，明确阐述内容，抓住问题的本质，此为"大处"着眼原则之基本要求。

（四）及时有效原则

党内主体工作中产生的错误和缺点如果得不到及时有效地发现和纠正，一方面会给党和人民的事业带来各种不良后果；另一方面对党内主体本身有害的问题可能会越来越大，以至于无法收拾，走进难以挽救的深渊。党内的分歧和矛盾是经常发生的，意见刚刚一致，新的分歧和矛盾很快又会出现。各种分歧和矛盾中，存在着正确的一方和错误的一方，为了澄清事实、激浊扬清，维护党的团结统一和增强党的战斗力，党内政治生活就要重视发挥批评和自我批评这一武器的强大促进功能，全力推动批评和自我批评活动开展的常态化、生活化，使批评和自我批评成为党内同志随身携带之武器，"全天候"使用。实践中，在党内还未召开民主生活会和组织生活会的间隙一旦发现党内主体工作中有错误和缺点，任何一位同志都有权利和义务及时有效地指出来并帮助其改正，而不必非要等到党内会议召开之时才在会上提出。否则，可能会耽误解决问题的最佳时机，无法阻止损害结果的发生。当然，如果有必要，对于工作上有问题的党员和领导干部，为了及时有效地解决问题和遏制形势的恶化，任何党内同志都可以实名向有关党组织直至党中央进行书面报告和

---

① 《列宁全集》第 24 卷，人民出版社 2017 年版，第 259 页。

提出建议，其权利受到严格维护和保障。

（五）适时集中开展原则

了解党的建设史，我们会发现自延安整风运动之后，隔一段时间我们党就会集中进行一次整党整风运动或教育实践活动，在党内全面系统地开展批评和自我批评活动。历史证明，立足客观形势的变化和新时期对党提出的新任务的要求，适时在党内集中开展批评和自我批评活动，搞一次"洪峰"，是非常必要的，是加强和改进党的建设，提高党的建设科学化水平的重要手段。为了确保党内集中开展批评和自我批评活动的实效性，首先，要科学估计和分析世情、国情和党情，研究和把握党在新时期面临的主要任务和存在的突出性问题。其次，做好上下级党组织间的通气和解释工作，党内各级机关明确职责、相互配合，确保有关范围的党内主体全部参加。再次，要论题鲜明，科学规划，做到有计划、有步骤地进行。最后，注重活动的全面总结工作。既要看到成绩，也要看到不足，积累经验，吸取教训。此外，适时集中开展党内批评和自我批评活动除了由中央一级的党组织发起和组织外，还可以考虑由省一级党组织根据所辖区域的党组织内的具体情况和特点成为发起者和组织者。一些较大行业或产业部门的党组织也可以从上到下在整个部门内独立适时集中开展批评和自我批评活动。当然，必须提前向上级党组织汇报和备案，由上级党组织批准后在党内法规制度范围内进行，接受上级党组织的正确指导和监督。

适时集中开展原则与及时有效原则是相辅相成的，有利于党内开展批评和自我批评活动实现日常性和集中性相结合，使批评和自我批评这一武器的正向效用得到最大程度的发挥。

（六）以上率下原则

以上率下原则，亦可称示范原则。在实践中，要求党内主体自觉主动地、严肃认真地拿起批评和自我批评这一武器并不是一件容易的事，需要抓好"关键少数"，即，领导干部特别是主要领导干部的示范作用，做到以上率下。历史早已证明，党内一切事务，只要领导干部带头，党员群众就会及时跟进，再大的错也能改正，再难的事也能做好。古语有云，"民无信则不立"、"其身正，不令而行；其身不正，虽令不从"。只要领导干部特别是主要领导干部打头阵，让人们深刻感受到其对党内严肃认真开展批评和自我批评活动的真诚之心，批评和自我批评之风就必定能在党内始终高扬，成为渗透到全体党内同志血液和精神中的大力推进党的建设的重量级、核心级武器。所以，党内正确开展批评和自我批评，对党员群众来说，领导干部是关键；在领导干部群体中，主要或上级领导干部是关键。首先，在下级和党员群众面前，领导干部开展批评前先要带头进行自我批评，内容要真实可信，既不夸大，也不遮掩。这样做，一方面可以表明领导干部对贯彻党内批评和自我批评的坚定立场和态度，提升同志们的勇气和胆量；另一方面也有利于引导大家正确地开展自我批评。其次，对下级或党员群众的批评，领导干部要慎之又慎。现实中上级对下级的批评在效能上往往远高于下级对上级的批评，如果批评不当，可能会对被批评者产生破坏性后果。因此，领导干部开展批评时，一方面，批评方式要适当、讲究技巧，既要让被批评者有承认和改正错误的压力，又要让被批评者感受到宽容之心，给被批评者留有改正的余地，最好能表达出帮助之意；另一方面，批评的内容要建立在充分的调查研究基础上，做到一切从实际出发、实事求是，并允许被批评者做适当的反批评，从而使被批评者对批评的内容真正认同和接受。再次，对下级和党员群众，要谦虚、主动地多听取批评性的意见和建议。"要发扬民主，要启发人家批评，要听人家的批评，自己要经得起批评。"[1] 批评的对，就接受；批评的不对，可以另寻合适时机进行解释。"总之，让人讲话，天不会塌下来，自己也不会垮台。不让人讲话呢？那就难免有一天要垮台。"[2] 作为上级领导，对来自下级和党员群众的错误批评，一般不提倡即时的、公开化的反批评，更不可针锋相对的进行反击。无论什么批评，都必须要理解为是善意的。作为领导干部，要深刻懂得"受得了委屈，才能赢得信任"的道理。只有这样，才能真正鼓励自下而上的批评，听到他们真正的意愿和呼声。最后，领导干部要严格遵守党规党纪，并教育下级和党员群众在党内法规制度范围内开展批评

---

① 《毛泽东文集》第 8 卷，人民出版社 1999 年版，第 310 页。

② 同上书，第 310—311 页。

和自我批评活动。此外，对批评过自己的下级和党员群众，一定时间内要更多主动地交流沟通，格外关注，切不可显得关系疏远，以消除其因批评领导干部而可能产生的顾虑。总之，只有坚持以上率下原则，发挥领导干部特别是主要领导干部的关键作用，党内才能真正大兴批评和自我批评之风，上下关系、党内关系也才会更团结、更和谐、更统一。

（七）自下而上原则

在主体对象指向上，以上率下原则强调的是党内开展批评和自我批评要从上级领导干部做起，自下而上原则更多是对下级特别是党员群众的政治要求，二者是相互补充的。新时期党内批评和自我批评作风培育和弘扬，领导干部是关键，下级和党员群众是基础，要唤醒和培养下级和党员群众的主体意识和权利意识。一是要增强党员的主人翁意识。在党内，真正的主人是广大党员群众，上级领导干部是由下级和党员群众选举产生的，要对下负责、对群众负责。要不断增强每一名党员对这一点的真正理解，这样才能促使其在面对领导干部的错误和缺点时敢于拿起批评和自我批评这一武器。二是教育和提升广大党员的维权和责任意识，深刻认识到批评和自我批评是党规党纪所明确的权利和义务。三是对压制下级和党员群众对上级批评的行为进行严格的问责，保障权利和义务的实现。四是探讨和研究由下级或党员群众提出和发起，上级进行组织和提供保障的集中性开展批评和自我批评的活动。总之，党内要大兴批评和自我批评之风需要自下而上充分调动广大领导干部和党员群众的政治热情。

（八）动机与效果相统一原则

动机和效果是人的行为中两个最重要的因素，一般来说，有什么样的动机就会达到什么样的效果。但是，由于影响因素的复杂性，有时动机和效果也会出现不一致的情况，即好的动机却产生坏的结果或坏的动机产生好的结果，我们通常所说的"事与愿违""歪打正着"现象正是这种情况的具体表现。那么，如何评价行为的好坏呢？马克思主义认为要坚持动机和效果的辩证统一，即要把二者结合才能做到科学地判断行为的善恶、正误。毛泽东同志曾说："我们是辩证唯物主义的动机和效果的统一论者。为大众的动机和被大众欢迎的效果，是分不开的，必须使二者统一起来。为个人的和狭隘集团的动机是不好的，有为大众的动机但无被大众欢迎、对大众有益的效果，也是不好的。"① 党内主体要真正做到严肃认真地拿起武器，开展批评和自我批评，应追求好的动机和好的效果的统一。根据"团结—批评—团结"这一党内开展批评和自我批评应坚持的基本方针的要求，党内主体在批评和自我批评活动中要从团结同志的动机和愿望出发，以实现新的基础上的团结作为要达到的效果和目的。需要指出的是，党内批评和自我批评活动中每一个党内主体都必定会成为被批评者。作为被批评者，一方面不应怀疑批评者的动机，要消除将坏的动机存在的可能性理解成必然性的那种先入为主的心理；另一方面要与批评者协同配合，谋求新的基础上的团结统一的效果，坚决反对因别人的批评而走向分裂的倾向。总之，只有全党同志共同努力，坚持正确的动机与正确的效果相统一，才能真正贯彻"团结—批评—团结"的党内批评和自我批评这一基本方针。

（九）普遍原则

坚持和弘扬批评和自我批评这一党的优良传统作风是对全党同志的基本要求，"党内不论什么人，不论职务高低，都要能接受批评和进行自我批评"②。首先，要充分认识到党内开展批评和自我批评的必然性。党内主体在党内要做到随时随地准备拿起批评和自我批评的武器是解决共性的问题所需。"任何政党，任何个人，错误总是难免的，我们要求犯的错误少一点。犯了错误则要求改正，改正的越迅速，越彻底，越好。"③为此，"不搞批评和自我批评一定不行。批评的武器一定不能丢"④。其次，要从中央做起，从高级干部做起，覆盖党的各级组织、全体党员和领导干部，没有例外。"加强和规范党内政治生活，要从中央委员会、中央政治局、中央政治局常务委员会做起。"⑤ 高级干部要充分认识到自己在党内批评和自我批评作风建设和发展中的地位和作用，按照党规党纪

---

① 《毛泽东选集》第 3 卷，人民出版社 1991 年版，第 868 页。
② 《邓小平文选》第 3 卷，人民出版社 1993 年版，第 38 页。
③ 《毛泽东选集》第 4 卷，人民出版社 1991 年版，第 1480 页。
④ 《邓小平文选》第 2 卷，人民出版社 1994 年版，第 390 页。
⑤ 《关于新形势下党内政治生活的若干准则》，《求是》2016 年第 22 期。

更加严格要求自己。再次，无论什么原因，对于经常不参加党内民主生活会和组织生活会开展批评和自我批评的党员和领导干部要给予严肃处理，责令改正，拒不改正者，调离岗位直至开除出党。最后，无论是批评自己还是批评他者都要做到深刻透彻，对己、对他都要坚持做到一视同仁、平等对待。

（十）民主集中制原则

民主集中制是党的根本组织原则。党内开展批评和自我批评是发扬民主的重要内容和路径，有利于激发人们的民主意识，增强人们的民主实践能力。但正如党内不可没有民主一样，也不可没有集中，党内民主是党的生命，党内集中同样如此。只有坚持民主基础上的集中，才能真正解决党内存在的分歧和矛盾，克服错误和缺点，实现党的团结，这正是党内批评和自我批评的根本所求。首先，要建构成熟完善的党内民主政治生态为开展严肃认真的批评和自我批评奠定前提和基础。反过来，党内批评和自我批评状况不仅体现党内民主的程度和发展水平，也能够进一步推动党内民主的不断发展和完善。其次，肃清和杜绝无纪律状态或无政府状态，党内开展党内批评和自我批评要坚持"四个服从"。"严格实行个人服从组织，少数服从多数，下级服从上级，全党服从中央。……否则，各行其是，党的路线、方针、政策就无法贯彻执行，党的任务就难以完成。"① 党内批评和自我批评活动必须是健康有序的，而不是混乱无序、相互推诿和扯皮，否则，不仅无助于提高党的执政能力和领导水平，还会损害党的团结和战斗力甚至走向分裂。坚决贯彻"四个服从"是党内批评和自我批评健康有序进行的重要政治保障。再次，真正做到民主与集中、自由与纪律的统一。对党组织的工作、对其他党员和领导干部、对党的政策问题等，每一个党员在党的范围内，都有权提出批评和意见，当然也有权保留自己的与多数人不同的意见；而且，在一些问题没有做出决定之前，可以公开在党的传播媒介上自由发表不同意见。党内开展批评和自我批评必须坚持这一民主和自由原则。同时，任何党内成员要坚定地同党中央保持一致，执行党中央和其他各级党

---

① 《十三大以来重要文献选编》（中），人民出版社 1991 年版，第 583 页。

组织的决议决定，做到守规矩、守纪律，以保证政令畅通、团结一致。最后，要坚持和贯彻民主集中制原则，这是党内批评和自我批评作风的根本性特色。

综上所述，新时期党内开展批评和自我批评要坚持贯彻和继续完善这十条基本原则，只有这样，才能用好批评和自我批评这个武器，使之真正成为我们党强身治病、保持健康肌体的锐利武器，加强和规范党内政治生活。

三 健全和拓宽正确开展批评和自我批评的载体和平台

党内开展批评和自我批评活动离不开有效畅通、规范可控的载体和平台。党的组织生活会和民主生活会是党内开展批评和自我批评一直以来所依赖的载体和平台。此外，在党的历史上，我们党也非常重视充分发挥党内报纸刊物在党内开展批评和自我批评中的功能和作用。随着我国经济和科学技术的发展，电视、广播等媒体的出现，及基于网络技术和数字信息技术产生的各种新媒体形态更是为拓展和创新党内批评和自我批评的载体和平台带来了新的机遇。新时期为了推进党内批评和自我批评作风建设，强化党内主体使用批评和自我批评这一武器的实践，要重视对各种载体和平台的利用、巩固和健全。

（一）善于利用党内外各类会议，特别是巩固和健全党的组织生活会和民主生活会对党内批评和自我批评的载体功能

中国共产党是执政党，因此除了纯粹的党内会议外，在我国其他一切具有重要影响的、合法正规的政治性会议都必定与我们党的工作紧密相关。这些会议包括党外会议和党内外联席会议。党外会议有各级人大、政府、政协机关举行的诸类会议和民主党派的内部会议，还可以扩展到一些比较大的社会性组织召开的具有政治建言献策功能的会议；党内外联席会议则主要是指各级党组织召集民主党派或在社会中有影响的民主人士举行的一些专题性会议。无论是哪一种会议，虽然侧重不同，但都可以直接或间接地发挥或承担起作为党内开展批评和自我批评载体的功能。

1. 重视党外会议、党内外联席会议对党内批评和自我批评的功能。

一般来说，党外会议对党而言，主要是听取和接受来自各方面的对党领导的各项事业和各种工作的批评和意见。党内外联席会议具有政治协商的特征，党一方面要听取来自党外的批评，还要进行自我批评；另一方面也可对党外力量进行适度批评，提倡党外力量内部也开展批评和自我批评。这都深刻地贯彻和体现着党内党外力量之间"长期共存、互相监督，肝胆相照、荣辱与共"的政治原则。各级党组织要真诚地把党外力量的批评和意见及时、全面地反映到党内相关会议中进行讨论、分析、比较和鉴别，对于正确的东西要体现到党的政治决策中，政策制定和执行上要缓行的或尚需完善的批评和建议要通过适当的方式向党外澄清和反馈。为了有效实现党外会议、党内外联席会议在党内批评和自我批评方面的功能，首先，要继续推动和深化民主政治改革进程，努力增强人民当家做主的意识和能力，加快健全和完善社会民主政治生态环境，使民主取向和实践真正发展成为人民群众的第一政治需求。其次，通过宣传教育和实践，巩固党外民主力量和人民群众与我们党之间心连心、同呼吸、共命运的血肉政治关系。要使人们认识到，为提高党的执政能力和领导水平而对党进行正确的批评和建言献策关乎全体民众的根本利益、整体利益和长远利益，并最终影响着具体利益、局部利益和眼前利益能否实现或在多大程度上实现。从而在实践中勇敢地对党存在的问题进行批评和建议，并按照党的要求进行自我批评，坚持和适应党的领导，自觉为党和人民的事业做出贡献。再次，在党外会议、党内外联席会议中明确地将对党的批评作为一项基本流程，鼓励来自党外的批评，倡导在相互批评和自我批评中实现党内外力量的团结统一。最后，注重建立健全党外会议、党内外联席会议与党内会议的联结机制，将来自党外的批评尽快转化成党内批评和自我批评活动，查摆和分析问题，克服和纠正错误。

2. 进一步明确党内各种会议的批评和自我批评功能。党内会议从纵向来讲，中央一级有党的全国代表大会会议、中央委员会会议、中央政治局会议和中央政治局常务委员会会议等；党中央以下则有各级党的代表大会会议、党委会会议、常委会会议、党组会议和党的基层组织党员大会与基层委员会、总支委员会、支部委员会的会议及党小组的会议等。

从横向来讲，则是党内各个工作部门机关召开的会议，如党的县级组织及以上的组织工作会议、宣传思想工作会议、统战工作会议、纪律检查委员会全体会议等。从内容上讲，则是指党的各级组织就探讨和解决党、国家和社会领域中存在的一些重要问题举行的专题性会议。这些会议都是参与其中的党内主体拿起批评和自我批评这一武器的重要场合，会议的组织机关应该敞开党内民主的大门，鼓励开展批评和自我批评，绝不能以影响会议进程为理由阻碍批评活动。虽然按照党章和相关党内法规制度，在诸多党内会议之中，党的组织生活会和民主生活会是党的各级组织开展批评和自我批评的规定性会议，但不能因此而只局限于这两个会议，否则就违背了党内开展批评和自我批评活动的及时性和普遍性的本质要求。

3. 开好党的组织生活会和民主生活会。党的组织生活会和民主生活会制度是在党的长期的实践基础上产生和发展起来的，是党员、领导干部按规定在既定时间和场合进行交流和讨论，开展批评和自我批评的基础性平台，是党内批评和自我批评作风的集中表现形态。新时期怎样开好党的组织生活会和民主生活会，继续发挥其党内开展批评和自我批评的平台作用，是党的建设领域内的一项重要课题。在这里，首先要搞清楚党的组织生活会和民主生活会二者之间的异同。党的组织生活会制度要求一切党员，当然也包括党员领导干部都必须参加其所在支部、小组以交流思想、检查问题，总结经验教训及开展批评和自我批评为中心内容的组织活动。根据党章规定，如果没有正当理由，党员连续六个月不参加党的组织生活，可视为自动脱党，党员大会应当决定将这样的党员除名，并报上级党组织批准。党的民主生活会是党的组织生活会的一种特殊形式，以党委（党组）为单位，参与的主体主要是党员领导干部。按照有关规定，民主生活会一年召开一次，时间一般安排在 4 月至 8 月期间。此外，如前文提到，党员领导干部除参加所在党委（党组）民主生活会外，还必须按时参加其所编入的党支部的组织生活会，即要过双重组织生活。

那么如何开好党的组织生活会和民主生活会，发挥其党内开展批评和自我批评活动的主载体作用呢？一是党内主体要强化过组织生活的意识。在党内，无论是谁都必须按时参加党内组织生活，党员领导干部更是要过双重组织生活。每一个党员同志都要自觉坚定地树立起来这种意识，并在实践中笃行之。对于无故或经常以各种借口不参加党的组织生活的党员和领导干部要按相关规定进行严肃处理，对监督不力的上级组织和相关部门及责任人也要进行问责。要一级抓一级，建立健全上级监督下级党内组织生活会和民主生活会的硬性机制。改进和完善关于会议质量的考评措施，对那些开得不好、不符合要求的会议，上级党组织和主管部门可责令重开。二是切实发挥好党委（党组）书记、支部书记的第一责任作用。作为书记，要系统理顺和把握会议的整个过程及走向，对深入开展批评和自我批评所需的各项准备工作和可能出现的问题有严谨认真的考虑和预见，提前做好部署和防范，做到心中有数。带头开展批评和自我批评，以实际行动带动其他同志。抓好和落实会后的整改工作，及时通报相关情况，接受群众监督。善于将前后召开的组织生活会和民主生活会有机联结起来，实现活动效能最大化。三是会议议题要集中。开组织生活会和民主生活会是为了解决党内存在的错误和缺点，绝不能开成单纯的思想、工作总结汇报会或今后工作部署会。各级党组织会前要搞好调查研究，征求各方面的意见，总结出明确的集中反映党内作风问题的议题，以做到重点突出、针对性强，这有利于批评和自我批评过程中汇聚主体力量指向，迅速有效地查纠问题。四是倡导党内主体间的会前沟通和会后谈心，以增强了解、消除误解和隔阂，促进团结，保障批评的实效性。五是加大党内组织生活的开放程度，提升干群、党群互动的力度。当前，各级党内的组织生活会和民主生活会的运行状态是相对封闭的，党外群众了解不多，普通的党员、干部也很少能够对上级领导干部的民主生活会形成直观认识和感受。因此，党内召开组织生活会和民主生活会过程中，有条件的组织可以适当引入党外群众或其他非规定参加的党内主体列席和旁听，也可利用比较普及的媒体进行视听直播或录播，接受更大范围的监督。在符合党规党纪的范围内，来自党内群众和社会群众的有效监督有利于以外在的压力促进党内组织生活的规范性。要坚信阳光下的生活会能使生活更加生机盎然、积极向上。总之，党的历史实践证明，组织生活会和民主生活会对培育党内批评和自我批评作风的作用是其他载体和平台形式所无法替代的，要坚持好、使用好和发展好。

（二）创新和发展媒体特别是新媒体在党内批评和自我批评中的作用

在科学技术的创新推动下不断涌现的新媒体进一步拓展了党内批评和自我批评的载体和平台。当今社会，一般认为报刊、户外、广播、电视等形式是传统媒体；以网络技术和数字技术为基础产生的媒体形式为新媒体，包括用新技术进行再造的一些传统媒体形态与以电脑和手机为终端设备的互联网媒体、移动媒体。与会议平台相比，各类媒体明显的优势在于能够更及时、广泛地表达和收集党内的各种批评和意见，进而迅速地反馈、整改和通报。新媒体则进一步强化和提升了这一优势，一些新媒体更是推动和建立起人人皆可以时时、处处进行信息发布、提供、接收和评论的交互性传输系统和平台。虽然利用媒体特别是新媒体作为党内开展批评和自我批评的平台有其不可忽视的弊端或弱点，如：个体的随意性较强；批评与自我批评二者之间的有效联结不好控制；难以做到因势利导、因人而异、因时而变等。但只要合理合法地利用，不仅有益于健全和完善批评和自我批评的会议平台，而且能够强有力地促进批评和自我批评作风生活化和常态化。

1. 重视和创新传统媒体。一方面，由于平时习惯或其他主客观条件、环境的影响，许多人仍保留了对传统媒体的青睐；另一方面，传统媒体成本较低，受到的限制性条件小。另外，社会上一定范围内提倡和兴起一股回归传统的思潮，对传统媒体的使用被视为一种相对健康的生活方式。所以，我们不能忽略传统媒体对党内一些主体的影响作用。传统媒体特别是党和政府主管的媒体应该适当地专门，或者定期和不定期地对各级党组织开展的批评和自我批评情况进行宣传和报道，并鼓励党内主体在媒体上开展批评和自我批评活动，以满足一定范围的党员和领导干部的政治需求。

2. 充分发挥新媒体的优势。一是培育和增强党内主体利用新媒体的意识和能力。新媒体的开发和应用是科学技术发展和社会进步的潮流所向，无法阻挡。每一个党内主体都要认清形势，跟上时代，自觉学习和掌握新技术、提高自身利用新媒体的能力和水平。二是新媒体要开辟园地或专栏公开展示或报道各级党组织批评和自我批评的实际执行情况，允许全国各地党内同志或组织实名进行讨论和评判。例如：网络报刊可以设立专门的内容板块；网络电视可以开立专门频道；建立全国性和地方性的各级党组织负责管理的以开展批评和自我批评活动为主题内容的网站、微博、QQ、微信等公众信息传播平台，或在党领导下的各级政府和企事业单位的官方网站上设置党内批评和自我批评专栏。三是党组织特别是上级党组织要对各种党管新媒体在推进党内批评和自我批评作风建设方面的工作及时进行引导、检查和监督，一旦发现问题要指示其限期整改、不得有误。四是有条件的基层党支部、党小组应建立易于交流信息的飞信、QQ或微信群，要求所辖每一位党员都必须加入。在群里除了日常生活问题交流外，要适当开展批评和自我批评活动，真正建立起亲密、真挚的敢于诤言的同志关系。五是为了全面有效地把握党内思想或心理动态，要求党内主体在新媒体上主要是网络新媒体上讨论跟帖、直抒胸臆、执言评判前必须进行实名注册。而对于实名注册的党员，如果个别主体在有关网络平台上经常表现的无声无息，对其他党内主体存在的问题漠不关心，党组织要及时寻找原因并进行教育，增强其在党内开展批评和自我批评实践中使用新媒体的兴趣和自觉性。

3. 加强媒体的引导和监督效能。客观事实一再证明，媒体在主导社会舆论方面所表现出的强大力量不容置疑和小觑。当今欧美国家的主流政治理论更是很早就将新闻媒体称为立法、行政、司法之外的"第四种权力"，可见一斑。在党内开展批评和自我批评活动中，重视对各种媒体的利用，不能仅仅只是为了给批评和自我批评提供一个展示的空间和场所，而且还要发挥实体的新闻媒体机构和媒体工作人员及团队的引导和监督效能。首先，媒体要对党内各级组织开展的批评和自我批评活动进行更多的正面宣传，树立起严肃认真开展批评和自我批评活动的榜样和模范。"榜样的力量是无穷的"，媒体机构可以在党内适当策划和组织一些关于正确使用党内批评和自我批评这一武器的"学先进，树作风"之类的评先活动，号召党内主体高举批评和自我批评这一武器。其次，对于将开展批评和自我批评活动流于形式的党组织和有关责任人，要敢于曝光，以党内外形成的社会舆论压力促其整改。再次，健全和保障媒体机构的引导和监督权利，保护工作人员的人身安全，同时对不能规范行使权利和实现推动党的作风建设效能的做法和行为要依法依规严肃处理。

最后，信访渠道也是党内开展批评和自我批评可利用的重要载体。要切实维护党内外群众、领导干部以来信来访的形式向有关党和政府提出要求、批评、建议和进行揭发、控告与申诉的权利。为此，各级党委和政府要加强对信访工作的领导；信访工作机构要切实负起责任，使信访渠道保持畅通，不能流于形式；要重视研究和解决信访工作存在的不足；有关负责同志要定期接待信访人员。总之，要重视借助信访渠道，将人们的意愿和声音及时传递到党组织内部，以改进党的工作。

综上所述，党内开展批评和自我批评要善于全面地运用各种有效渠道和路径，实现有机互补、相得益彰，构建一个运行规范、畅通无阻、健康成熟的益于党内主体运用批评和自我批评这一武器的系统性载体和平台集群。

四　注重开展批评和自我批评的科学方法应用

党内批评和自我批评要顺利开展并取得良好效果，除了要提高党内主体的整体政治素质、坚持科学的基本方针和原则、切实有效地利用各种载体和平台外，还要讲究和采取科学的方法。"我们的任务是过河，但是没有桥或没有船就不能过。不解决桥或船的问题，过河就是一句空话。不解决方法问题，任务也只是瞎说一顿。"[1] 科学的方法是党内严肃认真开展批评和自我批评的关键。

（一）奖励与惩戒相结合的方法

开展批评和自我批评是党员的权利和义务，每一个党内主体都应按照党规党纪的要求敢于和善于拿起这一利器，助推新时期党的建设新的伟大工程。然而，党内关于批评和自我批评作风存在的乱象告诉我们，并不是每一个党员、领导干部或党组织都能够严肃认真对待批评和自我批评作风的。为了调动党内主体在坚持和弘扬批评和自我批评作风上的积极性、主动性和创造性，在党规党纪的基础上，各级党组织可以建立

---

① 《毛泽东选集》第 1 卷，人民出版社 1991 年版，第 139 页。

健全一些符合自身具体情况的适当奖励与惩戒机制，给予贯彻党内批评和自我批评作风的积极分子和所辖党组织一定的荣誉和物质奖励，相反则施以严格的警示、告诫和问责。当然，无论是奖励还是惩戒都需要制定一套关于党内批评和自我批评作风贯彻和执行的科学评价标准，这个标准既要符合已有的党内法规制度体系，也要以少数服从多数的原则得到党组织内部广大同志的普遍同意，并注重征求党外群众的意见和建议。

（二）循序渐进的方法

开展批评和自我批评不可操之过急，而应冷静自如、相机行事，按照一定的顺序和步骤逐步进行。首先，开展批评和自我批评时，语速语调要适中、吐字清晰，讲话要有逻辑、层层递进，做到坚持实事求是，从客观实际出发对问题的揭露、分析和改进建议要娓娓道来。其次，如果要批评的问题较多，就要先抓主要问题。实践证明，谈问题，有时候倾筐倒箧的做法并不利于问题的解决。最好是先主后次，一项一项渐次列出和解决，往往主要问题解决了，次要问题也随之迎刃而解。再次，对批评和自我批评中所揭示出来的需要改正的错误，能及时改正当然更好，但也要考虑到主体自身转变需要时间、一定的主客观条件等因素，需要推延就适当推延，切记"欲速则不达"，而且错误的产生有时具有反复性，因此要避免所谓的一蹴而就、一劳永逸的想法和行动。最后，面对党内存在的问题，循序渐进的做法并不是无所作为、消极应对，要力戒这种理解和行动上的偏差，做到积极创造条件，最快地依次解决问题。

（三）以心相交、以理服人、以情感人的方法

立党为公、执政为民是我们党始终不渝的执政理念，这一理念务必要转化为每一个党员、领导干部和各级党组织的政治精神和灵魂。以心相交，这里的心是"公心"，即一心为公、一心为民，就是说，党内同志间的政治交往，任何时候都要以有利于党和人民的事业和利益为出发点和落脚点，不可因私利而貌合神离、钩心斗角。一个始终将党和人民的事业和利益放在根本或首要地位的人，他的批评终将被党内同志所接受，他的自我批评也必定是诚恳而坦白的。以心相交重在平时培养，要在党内同志平时交往过程中不断巩固、倡导和健全这种优秀品格和政治面貌，这样在开展批评和自我批评时党内主体之间就能够相互信服和高度认同，

持续夯实和谐的党内同志关系。

以理服人是指在党内开展批评和自我批评要讲道理，善于用道理说服人，而不是压服或强人所难。要相信每个人都有理性和驯良的本性，在确定的错误面前绝大多数同志包括犯错误和有缺点的同志都不会视若无睹、置若罔闻的。要做到这一点，一是批评要有证据、翔实可信，切不可胡编乱造、好坏不分、善恶混淆。"说话要有证据，批评要注意政治。"① 即使自我批评也要建立在证据的基础上，否则就有意图以假乱真、蒙混过关之嫌疑。二是讲话要提前有充足准备，做到逻辑严谨、理性凿凿，不可自相矛盾。有逻辑、有理性的话语通常具有很强的吸引力，能够产生心灵共鸣效应；前后矛盾、思维混乱、"东一榔头西一棒槌"的言论会让人不知所云、昏昏欲睡，在心理上产生反感情绪。三是指陈问题、剖析弊端和提出的解决问题的建议等批评内容能够被组织中多数同志认同和接受，即与多数同志的思维和认识阶段或节奏能同步。这有利于增强批评和自我批评的群众基础，推动党内存在的错误和缺点更快更有效地克服和消除。四是对有些问题的批评不要只着重于一些个别主体。应当看到，党内许多问题的发生和存在带有一定的普遍性，也就是说，虽然主流是好的，但也并不意味着只是简单的、偶然的、个别的现象。因此，在批评和自我批评的讲话内容中特别是批评其他党内主体时，要全面考虑和分析问题出现的环境、条件、社会和历史根源等因素，这绝不是为错误开脱，而是强调要看到问题的存在可能有一定程度的共性，做到"有则改之，无则加勉"，大家相互帮助、共同进步。不至于让被批评者产生自己是"替罪羔羊"的认识。总之，以理服人就是要将道理、理性、正义贯穿到党内批评和自我批评的整个过程中，只有这样，才能使人心服口服。

与以理服人相比，以情感人则更多强调非理性因素在推进批评和自我批评中的作用。人都是有感情的，社会生活中我们经常体会到越是感情深的朋友，相互间越是能开诚布公、无话不谈，无论怎样的相互批评和自我批评都不显得过分，都乐意接受。相比而言，党内政治生活中，

---

① 《毛泽东选集》第1卷，人民出版社1991年版，第92页。

我们虽然全力反对和惩戒结党营私、团团伙伙、拉帮结派的行为，但党内同志之间正常的政治感情还是需要经营和建构的，这有利于促进党内批评和自我批评的畅通无阻。一是党内同志之间平时要重视交流沟通，涉及内容范围出于各方自愿，反对骄傲自大、杜门不出、拒谏饰非的为人处事之道，促使同志之间的政治感情生发于日常社会生活中。二是讲话要有感情，能够使相互之间真切感受到对方的真心实意。批评他者时，要透显出并让对方感受到自己真诚团结的愿望；批评自己则要更加严格，实事求是，与来自他者的批评相联系，这有利于让对方感到自己的真心、虚心，又能实现和增强对他者批评的效果。三是对批评和自我批评中发现的问题，需要相关党内主体承担一定责任时，对党员个人的处理决定要慎重，绝不落井下石、幸灾乐祸，做到"既不含糊敷衍，又不损害同志"①。使党内同志切实感受到同志之间纯洁的互助团结之政治情感。总之，批评和自我批评不仅仅是一种行为，更是政治情感的交流，心与心的沟通，要重视同志之间政治感情的投入。

（四）群众路线的方法

这里所说的群众是指党外群众。中国共产党的根本性质决定了其要始终代表最广大人民群众的根本意志和利益，党内开展批评和自我批评所涉及的主要问题与人民群众密切相关。既然如此，党内批评和自我批评虽然是在党内进行，但必须面对群众，倾听群众的意见和呼声，坚持党的群众路线。一是各级组织、党员和领导干部要真正深入到群众中去，善于与群众打成一片，这样才能听到群众的真实想法和意愿，特别是对党和政府工作的批评和建议，从而推动党和政府工作的不断改进。二是设置专门的机构，安排工作人员通过各种渠道和途径收集和汇总人民群众关于党和政府工作情况的各种认识特别是典型性观点，并及时反映到党内，输送给相关组织和责任人员。对于影响较大且具有共性的问题可通过一定的媒体进行公开，以引起党内有关主体的切实重视。三是"打开窗户，敞开大门"。可以按规定向群众公开党内开展的批评和自我批评活动情况，让群众利用有效方式或渠道了解我们党的批评和自我批评作

① 《毛泽东选集》第3卷，人民出版社1991年版，第938页。

风，直观感受、监督和评议党内的批评和自我批评活动，并且能够将对批评和自我批评活动的建议和意见用合理方式直接反映给党的相关组织。人民群众的眼睛是雪亮的也是公道的，"党员、干部身上的问题，群众看得最清楚、最有发言权"。① 既然历史的必然性选择将党和人民群众紧紧地联系在一起，就不要怕群众议论，"切忌'自说自话、自弹自唱'，不搞闭门修炼、体内循环"②。"愈是不怕人家批评，愈是敢让人家讲话，给人家讲话的机会，人家的批评可能会愈少。"③ 个别的说三道四、诋毁党的形象的言行最终会遭到最广大人民群众的鄙弃和抵制，经过考验，党在人民群众心中的地位反而会进一步增强。

（五）防微杜渐的方法

主客观条件具备的前提下，一般来说，只要细心深入地调查研究就会发现，任何错误和有害的后果在发生前都会显露出一定的端倪，事前没有任何征兆的后果是不存在的。党内主体使用批评和自我批评这一武器时要善于察觉一些错误思想和行为产生的苗头，提醒和警示大家包括自己加以防范和制止，遏制问题的滋生增大和扩散蔓延。也就是要力求做到见微知著、防微杜渐。这里的"微"是从错误或问题的纵向变化角度而言的，指的是错误和问题产生所处的初级阶段和较低变化或影响程度，与前文所述党内开展批评和自我批评就坚持从大处着眼原则并不存在本质上的背离。事实证明，在错误和问题发生初期，如果忽视错误或坚持错误、为错误辩护，并竭力不让错误得到纠正，"那就往往真要把小错铸成骇人听闻的大错了"④。因此，党内开展批评和自我批评要树立起对待错误和缺点的正确立场和态度，一方面，对于政治上和组织上产生的错误和缺点绝不能因为"小"、影响不大就轻视它、迁就它、不管它，听之任之。古人有言：轻者重之端，小者大之源。故堤溃蚁孔，气泄针芒。是以明者慎微，智者识几。"小错不断，大错不犯"的思想实属侥幸心理作怪，须知小错不改，必成大害；小过不戒，必酿大患。如毛泽东

---

① 《习近平谈治国理政》第 1 卷，外文出版社 2018 年版，第 377—378 页。

② 同上书，第 378 页。

③ 《毛泽东文集》第 3 卷，人民出版社 1996 年版，第 399 页。

④ 《列宁全集》第 39 卷，人民出版社 2017 年版，第 23 页。

同志所说："我们脸上有灰尘，就要天天洗脸，地上有灰尘，就要天天扫地。"① 党内政治生活中，无论是谁，只要发现错误和缺点存在的蛛丝马迹，就应进行深入研究和分析，自觉迅速地拿起批评和自我批评的武器，不能等到不可收拾的境地才后悔莫及。另一方面，对已发现和确定的问题要采取严格的预防和制衡措施，加强党内宣传教育，科学延伸到为全党同志建构起"防护堤"、"安全网"。总之，党内开展批评和自我批评要科学处理"小"与"大"的关系，重视抓"小"或抓"微"，抓出成效。

（六）抓住时机和场合的方法

对时机和场合的选择和把握直接影响到党内开展批评和自我批评能取得的效果。党内主体拿起党内批评和自我批评这一武器时要做到综合考虑和分析各种因素和条件，一切从实际出发，随机应变，具体问题具体分析。

首先，注意时机的捕捉。一般来说，党内主体只要发现有问题就应及时拿起批评和自我批评这一武器，这也是我们将及时有效原则作为党内批评和自我批评基本原则的原因所在。然而有时候情况是比较复杂的，这既有问题本身的原因，即问题比较复杂，全面地把问题搞清楚一时存在难度；也有主体认识水平、心理承受力差异的原因。有些人自己或在别人的提醒下能够迅速理解问题的本质，有些人则需要一定的时间学习和体悟才能做到。心理承受力强的人即使是雷霆万钧之批评也能承受，心理承受力弱的人则不能急于一时。因此，要具体问题具体分析，区别对待。及时有效地开展批评和自我批评是第一选择，但该拖延的也要适当拖延，要把握好这个度。当然，批评和自我批评的延后不代表不解决问题，某种意义上这一点与坚持循序渐进的方法的要求相类似。还是要积极创造条件，瞅准机会，尽早开展批评和自我批评解决问题。

其次，处理好场合的选择。一是处理好会上会下的关系。党内召开组织生活会和民主生活会时，批评和自我批评要在会上进行，这是首选。反对会上不说、会后乱说；当面不说，背后乱说。未开会期间，发现党内存在错误或问题时，要随时拿起批评和自我批评这一武器。必须要在

---

① 《毛泽东选集》第3卷，人民出版社1991年版，第935页。

会议上进行的，则可以等到开会时再说。如果错误或问题比较紧急、重要，则可以提请有关党组织临时召集会议。二是处理好党内党外的关系。党员主体开展批评和自我批评时要深刻明白"党组织内部"的重要性，即有意见要在组织里面讲，不允许在组织外面讲，如果意见遭到所在党委或支部压制，可以向上级党组织直至党中央提出。我们党重视来自党外力量的批评，但党外力量的批评要么最终是通过党内主体反映到党组织内部，要么是通过参加党的会议实现的，这都未脱离"党组织内部"的范畴。三是在党的组织生活会或民主生活会上开展批评和自我批评活动，要处理好参与主体范围大小的关系。如果所涉及的问题是需要全党同志引起注意和警惕的问题，各级组织自然要求全体同志都必须参加会议，开展批评和自我批评活动，甚至扩展到邀请党外部分力量参加会议。如果是不适宜完全公开的或是只需要党的领导干部和部分党员知道的问题，则参加会议的主体范围就较小。四是处理好党组织内部的民主氛围对行为的影响。民主氛围良好则开展批评和自我批评的顾虑就少，民主氛围一般则开展批评和自我批评要考虑的可能产生的负面因素就多。

最后，时机和场合之间不是孤立的，具有共生性。搞好批评和自我批评活动既需要找准时机，也要注意场合，要将二者有效地结合起来进行考虑和利用。

综上所述，党内开展批评和自我批评除了要运用好以上主要方法外，还要注意批评和自我批评过程中讲话所用语词要尽量平实，通俗易懂；讲话要留有余地，不可一棍子打死；坚持适当表扬、肯定与批评相结合，以批评和自我批评为主；要坚持一说、二看、三帮，即一要将问题说清、说透，二要看改正错误、解决问题的实际行动，三要加强同志之间相互帮助、共同进步；等等。党内主体运用批评和自我批评这一武器要始终坚持马克思主义唯物辩证法的科学指导，不断探索新方法，推动和实现方法及其内容更加健全和科学。

第 四 章

新时期党内批评和自我批评
制度状况与推进理路

> 要把中央要求、实际需要、新鲜经验结合起来，制定新的制度，完善已有的制度，废止不适用的制度。不管建立和完善什么制度，都要本着于法周延、于事简便的原则，注重实体性规范和保障性规范的结合和配套，确保针对性、操作性、指导性强。①
>
> ——习近平

制度建设问题带有根本性和全局性，以制度为根本依赖或凭借的治理体系和治理能力的成熟程度是现代政治文明发展水平的重要标志。党内治理和推进党的建设科学化水平作为中国特色社会主义政治文明建设的主要内容，在当代必定会聚焦到制度建设层面。党的十六大明确提出要把制度建设贯穿到党的建设整个过程的始终和各项工作中去，促进了党内法规制度建设成就显著。而党的十八大以来全面从严治党战略的提出和贯彻落实，特别是党的十九大进一步强调坚持党的各项建设和制度建党紧密结合，更是昭示着"制度"将在党的建设中扮演更重要的角色，促使党内法规制度建设走向新阶段，展开新篇章。党内批评和自我批评是推动党的建设新的伟大工程的重要手段，新时期为了巩固和完善这一武器的运用，要提升制度性思维，大力加强关于党内批评和自我批评作风的制度建设。

---

① 《习近平谈治国理政》第 1 卷，外文出版社 2018 年版，第 379 页。

第一节　新时期党内批评和自我批评的法规制度存在状况

中国共产党自成立以来，制定和实施了一系列党内法规制度。总体上来说，一方面，这些党内法规制度涉及的内容范围是多方面的，而且随着党成为执政党和长期执政的党，范围不断扩大，内容越来越丰富和完善。另一方面，党内法规制度基于效力位阶或等级不同表现为不同的体例形式。党的十八大以来，在全面从严治党的战略方针指导下，党内法规制度体系建设无论在数量上还是在质量上都取得突出成效。这些法规制度的内容规定不仅为党内开展批评和自我批评的活动过程提供了具有硬性强制力的基本依据和标准，而且部分法规制度条文中关于使用批评和自我批评这一武器的直接规定有利于党内主体自觉主动、规范有序、严肃认真地拿起批评和自我批评这一武器，弘扬党的优良传统作风，促进党的建设在科学的轨道上健康发展。

一　党内批评和自我批评的具体法制规范梳理

关于党内批评和自我批评的制度性规范，由于党内有关法规制度本身是随着时代形势变化发展而不断丰富和健全的，因此课题在进行爬梳整理时主要是着眼于迄今为止最新的或修改补充、完善后的法规制度。此外，由于诸多党内法规制度内容侧重不同，课题则主要关注具有代表性的、关于批评和自我批评制定的内容较为全面的法规制度。

（一）《中国共产党章程》中关于批评和自我批评的规范

最新的《中国共产党章程》（简称党章）是经过党的十九大修改后的党章。作为党内根本大法，其内容或条文的规定在整个党内法规制度体系中处于至高地位、具有最高权威。其他一切党内法规制度都是在严格遵循党章的基础上制定出来的，如果存在与党章的精神和具体规范不一致的地方，则视为无效，必须立即进行修正。

党章中关于党内开展批评和自我批评的规定主要有：

1. 总纲关于党的建设必须坚持民主集中制这一基本要求的内容中。

总纲指出，"党在自己的政治生活中正确地开展批评和自我批评，在原则问题上进行思想斗争，坚持真理，修正错误"。① 民主集中制原则是加强党的建设必须坚持的四项基本要求之一。而党内只有坚持严肃认真的批评和自我批评才能真正实现民主基础上的集中和集中指导下的民主，促进全党的团结统一，建构起纪律与自由相统一的规范有序、健康纯净的党内政治生活局面。党内开展严肃认真的批评和自我批评是坚持民主集中制的应有之义。

2. 第一章"党员"第三条"党员必须履行下列义务"的内容中。此条文中第六款指出，要"切实开展批评和自我批评，勇于揭露和纠正工作中的缺点、错误，坚决同消极腐败现象作斗争"。② 其从政治义务上明确要求党员个体要通过勇敢地拿起批评和自我批评的武器，在加强和改进党的建设新的伟大工程中承担起应尽的、不可推卸的责任。

3. 第一章"党员"第四条"党员享有下列权利"的内容中。此条文中第四款指出，要"在党的会议上有根据地批评党的任何组织和任何党员，向党负责地揭发、检举党的任何组织和任何党员违法乱纪的事实，要求处分违法乱纪的党员，要求罢免或撤换不称职的干部"③。表明了党员个体开展批评活动的主体对象范围和内容。主体对象包括"任何组织和任何党员"，当然也包括各级党的领导干部；内容则概述为"违法乱纪的事实"，这一"事实"包含了从一般程度到严重程度的政治或组织上的错误和缺点。第七款指出，"对党的决议和政策如有不同意见，在坚决执行的前提下，可以声明保留，并且可以把自己的意见向党的上级组织直至中央提出"。④ 该款规定体现出，党员对党的决议和政策可以提出批评或保留意见，但不得违反纪律和集中原则，一方面批评或保留意见的同时要坚决执行决议和政策；另一方面批评要在党内提出。

4. 第五章"党的基层组织"第三十二条关于基层组织的基本任务的内容中。此条文第三款指出，要"对党员进行教育、管理、监督和服务，

---

① 《中国共产党章程》，《求是》2017 年第 21 期。
② 同上。
③ 同上。
④ 同上。

提高党员素质，坚定理想信念，增强党性，严格党的组织生活，开展批评和自我批评，维护和执行党的纪律，监督党员切实履行义务，保障党员的权利不受侵犯。加强和改进流动党员管理"。① 这对党的基层组织在党内开展批评和自我批评提出了要求，明确开展批评和自我批评是严格党内组织生活的基本内容。第四款指出，要"密切联系群众，经常了解群众对党员、党的工作的批评和意见，维护群众的正当权利和利益，做好群众的思想政治工作"。② 从根本上强调了党内开展批评和自我批评要密切联系群众的本质属性，不能反映群众的批评和意见的所谓党内批评和自我批评是虚假的、无用的。

5. 第六章"党的干部"第三十六条关于党的干部应具备的基本条件的内容中。此条文第五款指出，要"正确行使人民赋予的权力……自觉地接受党和群众的批评和监督，加强道德修养，讲党性、重品行、作表率，做到自重、自省、自警、自励，反对形式主义、官僚主义、享乐主义和奢靡之风，反对任何滥用职权、谋求私利的行为"。③ 这一规定要求党的领导干部要正确地认清其与党组织、党员群众和人民群众的政治关系，自觉地接受批评和监督是基本的要求。

6. 第七章"党的纪律"第四十条关于对违纪党员要正确处理的内容中。此条文指出，对违反党的纪律的党员，应"坚持惩前毖后、治病救人，执纪必严、违纪必究，抓早抓小、防微杜渐，按照错误性质和情节轻重，给以批评教育直至纪律处分。运用监督执纪'四种形态'，让'红红脸、出出汗'成为常态，党纪处分、组织调整成为管党治党的重要手段，严重违纪、严重触犯刑律的党员必须开除党籍"。④ "党内严格禁止用违反党章和国家法律的手段对待党员，严格禁止打击报复和诬告陷害。"⑤ 这一规定主要强调了党内开展批评和自我批评活动应遵循的基本方针，即"惩前毖后、治病救人"。党内开展批评和自我批评活动是为了教育、

---

① 《中国共产党章程》，《求是》2017 年第 21 期。
② 同上。
③ 同上。
④ 同上。
⑤ 同上。

挽救、帮助和团结我们的党内同志，绝不能成为借机打击报复和诬告陷害的手段。否则，要依纪依法追究责任、严肃处理，绝不姑息迁就。

总的来说，党章里的具体规定在关于党内批评和自我批评的现有的党内法规制度及建设进程中的地位和重要意义主要表现在两个方面：一是以党内根本法的形式强调所有党内主体都必须拿起批评和自我批评的武器，实现相互监督的基本要求；二是明确党内开展批评和自我批评的基本方针——惩前毖后、治病救人。这两个方面是继续推进党内批评和自我批评法规制度建设的两个根本性要求。

（二）严肃党内政治生活的"1980 准则"和"新准则"中关于批评和自我批评的规范

开展认真的批评和自我批评是严肃党内政治生活的重要手段。2016年 10 月 24 日至 27 日党的十八届六中全会通过了《关于新形势下党内政治生活的若干准则》（简称新准则）。事实上，为了严肃党内政治生活，早在 1980 年 2 月 23 日至 29 日的党的十一届五中全会就制定了《关于党内政治生活的若干准则》。关于这个准则（简称 1980 年准则）与新准则的关系，习近平同志指出："其主要原则和规定今天依然适用。"[①] "我们制定和颁布新准则，不是要替代 1980 年准则，而是要在坚持其主要原则和规定的基础上，针对新情况新问题作出新规定。本着这一精神，在文件稿起草过程中，我们重申了 1980 年准则的主要原则和规定。新老准则相互联系、一脉相承，都是当前和今后一个时期党内政治生活必须遵循的。"[②] 基于两项党内法规的关系，这里将二者并列在一起，梳理其中关于党内批评和自我批评的规范。

1. 1980 年准则中应继续坚持和遵循的关于批评和自我批评的规范。1980 年准则内容包括 12 条，其关于党内开展批评和自我批评的规范分布于基本准则所规定的内容之中，虽然显得有些零散，但应该说是具体而详细的。

---

① 习近平：《关于〈关于新形势下党内政治生活的若干准则〉和〈中国共产党党内监督条例〉的说明》，《求是》2016 年第 22 期。

② 同上。

一是"坚持党的政治路线和思想路线"准则中的规定。此准则明确指出,"要反对思想僵化,反对一切从本本出发"①;"要反对和批判否定社会主义道路,否定无产阶级专政,否定党的领导,否定马列主义、毛泽东思想的错误观点和修正主义思潮"②。这在思想层面上规定了党内开展批评和自我批评的内容指向。

二是"坚持集体领导,反对个人专断"准则中的规定。此准则明确指出,在党委会内"大家都要自觉地维护党委集体领导的威信。在开展批评与自我批评的时候,既要坚持原则,又要与人为善"③。强调了党员领导干部之间进行批评和自我批评时,要坚定维护党委的集体领导,建构团结和谐的同志关系。

三是"维护党的集中统一,严格遵守党的纪律"准则中的规定。此准则明确指出,"每个党员要把维护党的集中统一,严格遵守党的纪律,作为自己言论和行动的准则"。④ 这表明了党内主体进行批评和自我批评时要讲政治规矩,切不可突破或超出党内法规制度的范围。

四是"坚持党性,根除派性"准则中的规定。此准则明确指出,"反对破坏党的团结统一的任何形式的派性和派别活动"。⑤ 党内主体在批评和自我批评活动中坚持团结统一是党性的要求和体现,具体地说,就是"团结—批评—团结",这种团结是马克思主义的团结。为此,必须反对派性和搞宗派主义,它们是与党性不相容的,会使党内批评和自我批评活动异化或演变成派性活动和宗派斗争,导致党的分裂。这样的党内批评和自我批评已完全背离了本质,有不如无。

五是"要讲真话,言行一致"准则中的规定。此准则明确指出,全党同志要忠诚于党和人民的事业,襟怀坦荡,心口如一,具备一个共产党员应该有的政治品质。在展开批评和自我批评时,要真诚坦白,不掩盖、不隐藏。"对人对事要开诚布公,有什么意见,有什么批评,摆在桌

---

① 《关于党内政治生活的若干准则》,《人民日报》1980 年 3 月 15 日第 1 版。
② 同上。
③ 同上。
④ 同上。
⑤ 同上。

面上。不要会上不说，会下乱说；不要当面一套，背后一套；不要口是心非，阳奉阴违。"① 要反对"拉拉扯扯，吹吹拍拍"②。作为党员领导干部，"不准以任何理由和任何名义纵容、暗示、诱使、命令或强迫下级说假话"。③ 领导机关和领导干部，"在工作中，各种不同意见都要听，成绩、缺点都要了解。要鼓励下级同志讲心里话，反映真实情况。要努力造成和保持让人当面提意见包括尖锐意见而进行从容讨论的气氛"。④ 总之，党内主体之间必须讲真话，这是开展批评和自我批评并取得实效的重要前提。

六是"发扬党内民主，正确对待不同意见"准则中的规定。民主的建构是党内开展批评和自我批评的政治前提，此条准则中关于党内主体如何正确对待和使用批评和自我批评这一武器的规范比较直接且详细。总结起来包括：第一，允许党内同志发表不同意见，做到"知无不言，言无不尽"。只要不违反党规党纪，一般性的思想或认识上的错误就不能进行处分。要严格执行"三不主义"，反对将错误无限夸大和延伸的做法。第二，对领导干部中存在的听不得批评甚至压制批评的"家长制"、"一言堂"作风坚决纠正。第三，坚持对事不对人。必须注意区别："反对某个同志的某个意见，不等于反对这个同志，反对某个领导机关的某个同志，不等于反对这个组织，不等于反领导，更不等于反党。"⑤ 第四，坚决反对对同志挟嫌报复、打击陷害的做法，绝不允许借批评和自我批评活动之名行"整人"之实，否则要依法依规依纪严惩不贷。

七是"保障党员的权利不受侵犯"准则中的规定。这一准则对党章中关于党员享有的批评权利作了进一步重审和强调，并要求各级"党组织应当欢迎党员群众的批评和建议，并且鼓励党员为了推进社会主义事业提出创造性的见解和主张"⑥。

---

① 《关于党内政治生活的若干准则》，《人民日报》1980 年 3 月 15 日第 1 版。
② 同上。
③ 同上。
④ 同上。
⑤ 同上。
⑥ 同上。

八是"同错误倾向和坏人坏事作斗争"准则中的规定。此准则明确指出，所有党内主体"对于派性、无政府主义、极端个人主义和官僚主义、特殊化等错误倾向，要进行严肃的批评和斗争"①。那种事不关己、高高挂起的明哲保身的自由主义立场和态度是缺乏党性的表现。并着重强调共产党员特别是领导干部为了维护真理要有无所畏惧的牺牲精神，坚决批判和纠正党内存在的错误倾向。"只有这样，才能使错误倾向得到克服和纠正，使犯错误的人得到挽救，使坏人受到应有的制裁。"②

九是"正确对待犯错误的同志"准则中的规定。此准则明确强调了党内批评和自我批评应坚持的方针，即"采取'惩前毖后，治病救人'、'团结—批评—团结'的方针，达到既弄清思想、又团结同志的目的，是我们党的优良传统"。以此方针为指导，该准则要求要正确对待犯错误的同志。第一，要历史地全面地评价犯错误的同志的功过是非，不能全盘否定、一棍子打死。在弄清事实的基础上以同志式的态度帮助他们认识和改正错误。"要相信犯错误的同志大多数是可以改正的，要给他们改正错误、继续为党工作的条件。"③ 第二，分析同志的错误和缺点时，要分清两类不同性质的矛盾，即是人民内部矛盾还是敌我矛盾。如果分不清时，则按人民内部矛盾对待。第三，对人的处理要十分慎重，一切都要遵守党规党纪和国法。"党内斗争，不许实行残酷斗争、无情打击。"④ 要"严禁所谓揪斗，严禁人身侮辱和人身迫害，严禁诱供逼供"。⑤ 第四，犯错误的同志应诚恳地接受批评和相关纪律处分，实事求是地将所犯错误纠正过来。对于确实犯有严重错误，而又拒不承认和改正的，要加重处分。⑥ 某种意义上说，怎样对待犯错误的同志关系到党内批评和自我批评作风是否具有可持续性和能否取得真正实效。

十是"接受党和群众监督，不准搞特权"准则中的规定。批评和自

---

① 《关于党内政治生活的若干准则》，《人民日报》1980 年 3 月 15 日第 1 版。
② 同上。
③ 同上。
④ 同上。
⑤ 同上。
⑥ 同上。

我批评是党内主体之间相互监督的重要武器，而相互监督真正实现的政治前提是任何主体的地位和权利都是平等的、没有特殊，这自然也是党内深入开展批评和自我批评的政治前提。由此，这一准则的内容对坚持批评和自我批评作风的规范性是显而易见的。准则中对党内开展批评和自我批评有重要指导意义的基本要求包括：第一，坚决批判和纠正党内存在的认为自己的权力不受任何限制和谋取私利的思想。"共产党员和干部应该把谋求特权和私利看成是极大的耻辱。"① 第二，正确处理上下级之间的关系。"由于上级领导人员的缺点和错误，使下级的工作出了问题，上级要主动给下级承担责任，首先作自我批评。"② 第三，采取自上而下和自下而上相结合、党内和党外相结合的方法对党内主体进行监督。第四，要坚持走群众路线。要求"各级领导干部要定期听取所在单位的党员和群众的意见和评论。各级党组织要重视群众来信来访中对领导干部、党员的批评和意见。党组织要将党员和群众的评论、批评和意见经核实后报送上级党委，作为考核干部的一个重要依据"。③ 第四，该准则进一步重申和完善了党章中关于党员和领导干部必须参加党的组织生活的规定，明确开展批评和自我批评是党的组织生活会和民主生活会的基本内容。

此外，为了培养和造就一支优秀的领导干部队伍，1980 年准则还要求全党同志特别是领导干部要重视学习。一方面要用马克思主义理论特别是最新成果武装头脑，坚定理想信念，提高政治觉悟。另一方面，刻苦地学习与掌握党的专业知识与能力，锻炼意志，提升业务水平。对于不重视学习的党员、领导干部，"经过批评教育，仍然不能改正的，要从领导岗位上撤换下来"④。"不具备或者丧失了共产党员条件的人，应该劝其退党。"⑤ 最后，1980 年准则从总体上对全党提出要求，强调全体党员特别是领导机关和领导干部要严格对照《准则》要求，检查自身工作和

---

① 《关于党内政治生活的若干准则》，《人民日报》1980 年 3 月 15 日第 1 版。
② 同上。
③ 同上。
④ 同上。
⑤ 同上。

作风。"如果有违反本准则的行为，要进行批评教育，情节严重的必须按照党的纪律给予处分，直至开除党籍。"① 这些规定都表明了党内开展批评和自我批评必须要追求实际效果的目标和要求，而不是虚张声势、有名无实，导致活动本身流于形式。

2. 新准则中的关于批评和自我批评的规范。关于党内批评和自我批评的规定，新准则和1980年准则都一样强调了其是党内政治生活的基本规范。不同的是，新准则在将党内必须开展批评和自我批评的精神或要求贯彻和融入其他基本准则中的同时，又把"开展批评和自我批评"这一基本规范在形式上单列出来，作为新形势下党内政治生活的12项基本准则之一进行了强调。这种形式上的变化很大程度上表明了新时期党内坚持和弘扬批评和自我批评作风的迫切性，实际上也从反面体现出新形势下党内主体在拿起和使用批评和自我批评这一武器的过程中存在一些亟待引起重视的问题需要克服和纠正。新时期党内严肃认真地开展批评和自我批评既要坚持1980年准则的基本规定，更要重视对新准则里关于新形势下党内政治生活中出现的新问题的规定的严格遵守和维护。

新准则第九条对党的组织生活制度作了严格规定。党内组织生活是党内政治生活的重要内容和载体，各级党组织要确保组织生活的严肃认真和常态化，任何党员都必须参加党的组织生活。一是要坚持"三会一课"制度。领导干部以普通党员身份参加，突出党性锻炼和提升。二是要开好组织生活会和民主生活会。他们是党员和领导干部参加组织生活，开展公开、集中交流思想和意见活动的基本形式或平台。三是要坚持谈心谈话制度，党内主体之间要开展经常性的谈心谈话，开诚布公，交流沟通，而且领导干部要带头谈或被其他党内主体约谈。党内组织生活运行的主要内容是开展批评和自我批评与此直接相关，这些规定巩固和强化了党内开展批评和自我批评活动和作风培育的基本平台或方式。

新准则第十条对党内主体正确使用批评和自我批评这一武器做出了明确规定。内容包括：一是要求全党同志充分认识批评和自我批评对加强和改进党的建设的重大意义和作用，从而坚持不懈地把这个党建利器

---

① 《关于党内政治生活的若干准则》，《人民日报》1980年3月15日第1版。

用好。二是坚决反对把批评和自我批评庸俗化。坚持实事求是，做到"讲党性不讲私情、讲真理不讲面子"①。坚持"团结—批评—团结"的方针；贯彻"照镜子、正衣冠、洗洗澡、治治病"的总要求；切实做到严肃认真，"决不能把自我批评变成自我表扬、把相互批评变成相互吹捧"②。三是自我批评是关键。党员、领导干部要严于和善于自我解剖，无论是通过别人的批评还是自我反思所发现的问题，都要深入研究问题产生的原因，及时整改。这才是党内主体在批评和自我批评中活动中应集中关注的，而不是去纠缠于批评过程的是否适当或正确或搞无原则的纷争。四是批评必须出于公心，坚决反对从主观主义或个体私利出发，图私谋、泄私愤。五是党的领导机关和领导干部必须听取来自各方面的不同意见，以实际行动鼓励来自下级的批评和建议。领导机关和领导干部的报告、讲话及工作总结等，既要讲成绩又要谈问题、既要讲经验又要谈不足；既要解决问题，又要注重反思和主动承担领导责任。六是领导干部特别是高级干部必须带头开展批评和自我批评，做好科学示范和引领作用，打消党内同志的各种思想顾虑。七是把发现和解决自身问题的能力作为考核评价领导班子的重要依据。这些规定是对党的十八大以来以习近平同志为核心的党中央关于党内开展批评和自我批评活动的思想观点的总结和归纳，进一步丰富和完善了1980年准则关于党内严肃认真开展批评和自我批评的规定，是将党中央要求、实际需要和新鲜经验结合起来上升为党内法规制度的典范。

（三）《中国共产党党内监督条例》中关于批评和自我批评的规定

党内开展批评和自我批评是实现党内监督最有效的方式和途径。2003年12月31日我们党颁布施行了《中国共产党党内监督条例（试行）》，但随着形势和任务的变化发展，需要我们对条例进行修订以适应时代要求。为此，2016年10月24—27日党的十八届六中全会讨论通过了《中国共产党党内监督条例》。在形式上，监督条例不再是"试行"版本，极大增强了其法律效力。在内容上，就党内批评和自我批评而言，

① 《关于新形势下党内政治生活的若干准则》，《求是》2016年第22期。
② 同上。

遵循了党章和新形势下党内政治生活基本准则的要求，对党的十八大以来推进全面从严治党的理论和实践取得的成果进行了归纳，与"试行"版本相比，制定的内容更加明确和详细，符合新时期的特点。

1. 第一章"总则"中的规定。第七条明确指出党内监督纪律为先、为上，注重监督执纪"四种形态"的科学运用。在四种形态中，要求经常开展批评和自我批评成为常态，这是其他三种形态的前提和基础。从逻辑推理上说，如果党内批评和自我批评搞不好，后三种形态的数量比例必定会发生变化甚至倒置，那将使党处于非常危险的境地。

第八条专门对党的领导干部平时要严格要求或约束自己，经常开展自我批评作出规定。"经常对照党章检查自己的言行，自觉遵守党内政治生活准则、廉洁自律准则，加强党性修养，陶冶道德情操，永葆共产党人政治本色。"①

2. 第二章"党的中央组织的监督"中的规定。第十一条明确指出中央政治局及其常务委员会对全党适时开展集中学习教育活动负有直接责任，应坚持以整风精神查摆党内问题，纠正错误和消除分歧；对涉及党的建设的整体性工作进行监督和检查；中央政治局每年召开民主生活会，开展批评和自我批评，进行对照检查和党性分析，研究促进和加强自身建设的措施。这一规定与"试行"版本相比是重大突破，"体现党中央以身作则、以上率下"②。

第十二条指出中央委员会委员除了严格要求自己遵守党规党纪外，还要坚决抵制和及时向党中央报告其他成员存在的违反党规党纪的行为。"对中央政治局委员的意见，署真实姓名以书面形式或者其他形式向中央政治局常务委员会或者中央纪律检查委员会常务委员会反映"③。强调了党的高级干部必须具有严于律己和敢于承担政治责任的基本素质和品格。

3. 第三章"党委（党组）的监督"中的规定。第十八条对党的领导干部在党委（党组）中应该经常开展批评和自我批评作出规定，要求党

---

① 《中国共产党党内监督条例》，《求是》2016 年第 22 期。

② 习近平：《关于〈关于新形势下党内政治生活的若干准则〉和〈中国共产党党内监督条例〉的说明》，《求是》2016 年第 22 期。

③ 《中国共产党党内监督条例》，《求是》2016 年第 22 期。

员干部一方面要"敢于正视、深刻剖析、主动改正自己的缺点错误"①；另一方面"对同志的缺点错误应当敢于指出，帮助改进"②。

第二十条指出党委（党组）召开民主生活会应当经常化，及时解决工作中所遇到的重要或者普遍性问题。一方面民主生活会重在解决问题，要深入开展批评和自我批评，找出和总结问题，提出整改措施；另一方面加强上级对下级领导班子的监督，提高民主生活会的质量。

第二十一条对党内谈话制度的规定揭示了党内开展批评和自我批评的另一种日常表现形式和有效手段。"发现领导干部有思想、作风、纪律等方面苗头性、倾向性问题的，有关党组织负责人应当及时对其提醒谈话；发现轻微违纪问题的，上级党组织负责人应当对其诫勉谈话，并由本人作出说明或者检讨，经所在党组织主要负责人签字后报上级纪委和组织部门。"③

4. 第五章"党的基层组织和党员的监督"中的规定。关于党的基层组织的监督职责，第三十五条第一款指出要"严格要求党的组织生活，开展批评和自我批评，监督党员切实履行义务，保障党员权利不受侵犯"；第二款指出要"了解党员、群众对党的工作和党的领导干部的批评和意见，定期向上级党组织反映情况，提出意见和建议"。党的基层组织在党内批评和自我批评作风建设和培育过程中要发挥中坚作用。一方面，组织好党内的批评和自我批评活动，创造条件使各种批评和建议汇聚到党组织内部，并向上级党组织反映情况；另一方面要发挥好其自身作为特殊的党内主体对其他党内主体的批评和建议的责任。

关于党员的监督义务，第三十六条第一款指出要"加强对党的领导干部的民主监督，及时向党组织反映群众意见和诉求"；第二款指出要"在党的会议上有根据地批评党的任何组织和任何党员，揭露和纠正工作中存在的缺点和问题"；第三款指出要"参加党组织开展的评议领导干部活动，勇于触及矛盾问题、指出缺点错误，对错误言行敢于较真、敢于

---

①　《中国共产党党内监督条例》，《求是》2016 年第 22 期。
②　同上
③　同上

斗争"。此条规定是对党章中关于党员应享有的批评权利的进一步细化或具体化，同时明确强调了党员在把群众意见和诉求反映到党组织内部方面应承担起责任，这涉及批评产生的来源和方向，也就是要及时把党外批评和建议转化为党内批评和建议。

5. 第六章"党内监督和外部监督相结合"第三十八条和第三十九条中的规定。首先，条文指出各级党组织要加强与其他民主党派和无党派人士的交流和沟通，虚心听取和接受他们提出的批评、意见和建议。其次，各级党组织和党的领导干部要利用现代技术和信息手段推动党务公开，这是群众进行监督和批评的前提。再次，重视发挥新闻媒体的正向舆论监督和引导作用，坚持党性和人民性相统一。这些规定表明了党内开展批评和自我批评从来不是封闭的，而是与外部通气的，只有将党外群众的批评反映到党内才能真正体现批评和自我批评活动的人民性本质。

此外，条例第七章"整改和保障"中的一些规定对于促进党内批评和自我批评作风培育特别是制度上的建设具有重要借鉴意义。如，各级党组织对发现的问题要真实记录和集中管理；要做到条条整改、件件落实，必要时向社会公开；党委（党组）、纪委（纪检组）要加强监督，对落实贯彻党规党纪不力者、纠错和整改问题不力者按规定给以严肃处理；严禁干扰和打击报复的行为；等等。

需要指出的是，实施党内监督行为本身在概念或内涵上比党内批评和自我批评要宽泛，或者说某种意义上蕴含着后者。所以，条例中的许多具体规定即使并未明确是对党内开展批评和自我批评活动的要求，但却应该用来指导党内主体正确使用批评和自我批评这一武器，其对党内批评和自我批评的制度建设有重要的启示和推动作用。

（四）《中国共产党党员权利保障条例》中关于批评和自我批评的规范

为了进一步保障党员权利、健全党内民主政治生活、加强党的执政能力建设，党中央在原来的《中国共产党党员权利保障条例（试行）》的基础上，2004 年 9 月 22 日颁布和实施了《中国共产党党员权利保障条例》，试行条例同时废止。条例依据党章对党员权利的内容、保障措施和侵犯党员权利的责任追究等作了具体规定，其中关于党内开展批评和自我批评的规定和相关要求，与其他党内法规制度有相互补充的作用。

1. 条例第二章"党员权利"中的规定。第六条指出党员有权参加其应该参加或有资格参加的会议。党的各类会议是党员开展批评和自我批评的重要载体和平台，因此，各级党组织要保障党员这一权利的实现，每一位党员也要主动维护和行使这一权利。

第七条指出党员有权在党的会议上参加关于党的政策和理论问题的讨论，公开提出意见、批评和建议。但是，"应当自觉同党中央保持高度一致，不得公开发表与党的基本理论、基本路线、基本纲领和基本经验相违背的观点和意见"①。这既强调了党员的批评权利，又要求党员必须坚持党的政治统一。

第九条指出对于党内任何组织和任何党员，党员都有权有根据地进行批评，采取口头或书面的方式都可以，"党员以书面方式提出的批评意见应当按照规定送交被批评者或者有关党组织"②。同时，对党员的批评权利界限作了适当规定，"要按照组织原则，符合有关程序，不得随意扩散、传播，不得夸大和歪曲事实，更不得捏造事实、诬告陷害"③。

第十条则指出党组织讨论决定问题时，一方面党员有权参加；另一方面党员可以根据自己的意志表示赞成、不赞成或者弃权。讨论决定问题的过程也是党内开展批评和自我批评的过程，根据该条文规定，要维护党员的参与权，同时，当有些问题一时难以形成一致意见，党员有自由进行表决的权利。

2. 条例第三章"保障措施"中的规定。第十八条指出党组织要支持和鼓励党员对党的工作提出建议和倡议，并给予积极的回应、适当的表扬或者奖励。"对于持有不同意见的党员，只要本人坚决执行党的决议和政策，就不得对其歧视或者进行追究；对于持有错误意见的党员，应当对其进行帮助、教育。"④

第十九条指出党组织应当鼓励党员在党内开展批评和自我批评；按

---

① 《中国共产党党员权利保障条例》，人民出版社2016年版，第3页。
② 同上。
③ 同上书，第4页。
④ 同上书，第7页。

照规定及时处理来自党员的批评和其他政治要求。

第二十七条对维护流动党员的民主权利问题做出了规定。当前，社会中流动党员的数量越来越多，如何确保其民主权利的行使是党建领域内的一个重要课题。要探索有效途径组织流动党员正常参与党内政治生活，开展批评和自我批评活动。

3. 条例第四章"责任追究"中的规定。该章内容全面指出了对保障党员权利负有职责或责任的相关主体，即各级党组织和领导干部、所有党员。要求各级党组织要积极创造条件，提供服务，教育和引导广大党员正确行使权利。重视上级党组织对下级在履行党员权利保障职责情况方面的检查和监督。要保障党内正常开展严肃认真的批评和自我批评活动当然也需要全党同志的共同努力。

对于保障党员权利实现不力者或有侵犯党员权利行为者，要追究有关责任者的责任。该章第三十三条指出对于保障党员权利的实现，党的各级组织和领导干部要负起重要职责，如果有失职、渎职的，要严肃追究有关责任者的责任。第三十四条进一步指出对有侵害行为的党员，"其所在党组织或上级党组织可以采取责令停止侵权行为、责令赔礼道歉、责令作出检查、诫勉谈话、通报批评等方式给予处理；情节较重的，按照规定给予党纪处分"①。对于有侵犯党员权利行为的党组织，"上级党组织应当对有关责任者进行批评教育；情节严重的，按照规定追究有关责任者的责任"②。在党内开展批评和自我批评是党员权利的重要内容，关于对侵犯党员权利的行为进行责任追究的规定自然能够为党内开展严肃认真的批评和自我批评提供重要保障。

除以上相关党内法规中对党内批评和自我批评做出直接或相关规定外，还有 1990 年 5 月 25 日《关于县以上党和国家机关党员领导干部民主生活会的若干规定》（中纪委、中组部分别于 1997 年 1 月 14 日、2000 年 4 月 12 日又发布和实施了关于民主生活会的两个"意见"和 2013 年 8 月 27 日中纪委、中组部和中央党的群众路线教育实践活动领导小组印发了

---

① 《中国共产党党员权利保障条例》，人民出版社 2016 年版，第 14 页。
② 同上。

关于开好民主生活会的一个"通知"作为修改和补充）中要求党员领导干部都必须参加双重组织生活会；明确指出民主生活会的基本内容就是针对党内有关问题开展批评和自我批评活动，并对如何开好民主生活会作了具体规定。2016 年 1 月实施的党重新修订的《中国共产党纪律处分条例》和 2016 年 7 月 8 日实施的《中国共产党问责条例》规定对党内主体贯彻和执行党的法规制度、决定决议不力者进行纪律处分或问责，有利于推动和规范党内批评和自我批评活动。至于其他表现为决议、决定、意见、通知等一般规范性文件中制定的关于批评和自我批评的制度，基于其内容主要是对以上党内法规规定的执行和贯彻，且规定的内容较为笼统，为避免重复，在此不再赘述。

二　新形势下党内批评和自我批评制度建设状况的探讨与启示

在现有的党内法规制度体系内，从党章到准则、条例、规定、办法、细则直到一般的规范性文件关于党内批评和自我批评所制定的规范，无疑对新时期党内批评和自我批评作风的坚持和培育具有重要的积极推动作用。但在制度建设方面尚有很大的进步空间，要正确估量和评价党内批评和自我批评在制度建设方面的成就和不足。

（一）党内批评和自我批评规范的分布特点

当前，关于党内批评和自我批评的规范分散于不同体例的党内法规制度中，其分布特点有五个方面：一是党章中的规定原则性较强。其内容一方面明确了党内开展批评和自我批评涉及的主体范围，即党员、领导干部、各级党组织、人民群众等；另一方面，强调党内主体必须要拿起批评和自我批评这一武器这一要求及应坚持的基本原则和方针。作为党的根本大法，党章是党内一切法规制度的渊源，因此对批评和自我批评的规定只能做到适可而止，这与党章在党内法规制度体系的位阶相适应。二是准则中的规定内容较多，行文在形式上表现为经验式的叙述。准则在党内法规体系中仅次于党章，位阶较高。其对党内批评和自我批评问题做出较多规定和要求，一方面体现了批评和自我批评对健康、优化党内政治生活和对促进党的建设的重要性；另一方面前后两个准则具有同等效力、共同施行，整体上一定程度发挥了各自的优势，即前者规定的内容比较详细，后者对内容的规定则显得比较集中显明。三是条例或其他体例中的规定更多是对党章、准则的贯彻和执行，直观性的规范不多，梳理时通常将其界定为相关性规范。四是各省、自治区、直辖市党委制定的规定、规则、办法或细则等主要体例的具有地方性特色的党内法规本就较少，关于党内开展批评和自我批评的具体性规范自然也较为鲜见。五是存在于一般的规范性文件中的规定虽然明显但不具体，另外，在实践中往往不具备持久的效力（虽然有的文件明确规定要反复适用）且执行的弹性较大。

（二）党内批评和自我批评规范的不断健全和完善体现了党的与时俱进品格和精神

与时俱进是党的思想路线的基本内容，党在批评和自我批评作风的制度建设方面当然也要坚持与时俱进。纵观党章在不同时期的修正案和党内准则、条例等其他法规的制定和修订历史，其中关于党内批评和自我批评的规定无论是在形式上还是内容上都有一定程度的变化。这些变化体现了随着时代的发展，党对批评和自我批评这一党内优良作风认识和实践的不断深化和拓展。与时俱进强调创新，但并非忽视继承，在党内批评和自我批评作风制度建设过程中要坚持继承和创新的统一。"继承是创新的前提，创新是最好的继承。"① 党的十八大以来，我们党集中开展的历次教育实践活动中，都立足于客观形势的变化，重视和贯彻党内开展批评和自我批评的基本要求，总结了很多新的经验；以习近平同志为核心的党中央在许多场合多次强调新时期党内开展严肃认真的批评和自我批评的重要性，并作出具体指示和要求，形成了一些关于党内批评和自我批评作风的新认识新观点；习近平同志和其他中央政治局常委还专门参加了一些下级党组织的民主生活会并对批评和自我批评这一武器的正确使用进行具体指导和监督，为全党正确贯彻和弘扬党的批评和自我批评作风树起了典范。这些新时期的思想和实践过程既体现了对历史经验的继承、对已有法规制度的遵守，同时又与时代条件相适应，无疑对党内批评和自我批评作风的制度建设能够起到重要的推动作用，我们

---

① 《江泽民文选》第 3 卷，人民出版社 2006 年版，第 327 页。

党几年来新发布和实施的党内法规制度中关于批评和自我批评的新规定充分论证了这一点。今后在加强和改进党内批评和自我批评作风制度建设的工作中要继续坚持与时俱进的可贵品格和精神。

（三）党内批评和自我批评制度建设亟待探讨和解决的几个问题

新时期无论是党内还是党外，制度观念越来越深入人心，建设制度文明逐渐成为社会共识。既然党内批评和自我批评这一利器在新时期全面提高党的建设科学化水平、推动党的建设新的伟大工程过程中的地位和功能愈发突出，就应该顺应形势要求考虑加快关于批评和自我批评的法规制度建设的步伐，以实现与人们的制度性思维趋向相适应，培养和促使党内主体主动自觉地依规依纪行事。这个过程中有几个问题亟待引起关注，一是党内批评和自我批评法规制度建设的基本内容总体上包括实体性规范和保障性规范两个方面，缺一不可，要处理好二者之间的关系。就当前已有的法制规范而言，明确的保障性规范方面有所欠缺。在新时期要推进党内批评和自我批评作风向纵深发展，需要进一步加强实体性规范的制定，指导和激励党内主体正确使用党内批评和自我批评这一武器，同时要注重保障性（辅助性）规范的制定和健全，构建更加全面、完整和成熟的党内批评和自我批评法制体系。二是以什么样的体例形式来制定关于党内批评和自我批评作风的法制规范更合适，或者说有更突出的优势。除党章的原则性的规定外，当前的规范主要存在于准则、条例两种体例形式中。今后的党内批评和自我批评规范的制定应更多选择哪一种体例形式，应进行深入的比较、分析和探讨。三是确保法制规范得以有效实施或贯彻的法律监督制度建设问题。纵向的相互监督和各级党组织自身内部的监督是现有关于党内批评和自我批评的监督制度规定中的主要方式。条件允许的情况下关于跨地域或地区、跨部门的同级党组织间加强联系和监督的制度建设问题，需要进行深入研究和探讨。四是依据《中国共产党党内法规制定条例》的规定探讨和研究党内制定关于批评和自我批评作风的专门法规制度的可能性和可行性问题。五是制度落实的主体责任追究机制需要进一步明确、细化。

总之，必须清醒看到，同加强和改进党的建设要求相比，同人民群众的期待相比，党内批评和自我批评制度建设还有许多不适应、不符合的地方，需下功夫加以解决。要正确评价当前党内批评和自我批评作风制度建设的基本存在状况，既要看到成绩也要看到有待继续改进的地方，从而在以后的制度建设过程中做到有的放矢，不断提升新时期党内批评和自我批评的制度化水平。在制度建设进程中，要综合考虑各方面的因素，注重和强化党内批评和自我批评规范制定的及时性、全面性和系统性。

第二节　新时期党内批评和自我批评制度建设的推进理路

以党内法规制度建设为重要着力点是新时期推进党内批评和自我批评作风建设的必然选择。治国必先治党，治党务必从严，这个"严"主要就是指必须严格地依规依纪进行党内治理。作为一个基层组织达到450多万个和党员人数达到8900多万人的党，在严峻的国内外形势下，党的建设过程中情况的复杂性和面对的各种困难或阻碍是显而易见的。党内批评和自我批评作风的培育过程既需要通过加强党内思想政治教育来推动和实现，也离不开党内法规制度的引导、约束和保障作用。因此，要切实重视党内法规制度建设，适时地将党内开展批评和自我批评活动中一些富有普遍理性的正确经验和路径选择上升到党内法规制度的层面，使关于党内批评和自我批评的制度体系不断健全和完善，从而为党内坚持和贯彻批评和自我批评作风提供强有力的支撑。

党内批评和自我批评的制度建设是一项长期的、复杂的系统性工程，需要综合考虑和斟酌各方面的因素。新时期我们党提出和强调党要管党、全面从严治党的战略要求，在党内法规制度建设方面取得了显著成效并继续推进。顺应这一形势和环境，党内批评和自我批评作为全面从严治党的重要手段，在制度建设方面应该有所作为和大有作为。

一　新时期加强党内批评和自我批评制度建设的必要性

无规矩难以成方圆。党内开展批评和自我批评毕竟是人的主体性活动，而人们的行动往往很难摆脱或伴随着私人的动机和目的。如果没有一个统一的认识和实践标准，即要求大家共同遵守的办事规程或行动准则来节制，各行其是，党内批评和自我批评活动将充满不确定性，很容易陷入混乱无序的境地。因此，党内坚持和弘扬批评和自我批评作风需要加快其制度的建立和健全及功能的实现。

（一）制度建设是党内主体严肃认真地开展批评和自我批评的助推器

加强党内制度建设的目的不是要限制党内批评和自我批评活动或党内主体运用批评和自我批评这一武器的自由，恰恰相反，是为了保护和扩大这种自由。在这里，自由是指在严格履行和贯彻党内法规制度要求的范围内，党内主体可以根据自己的激情、理性和意志自由地使用批评和自我批评这一武器，且不受他人的束缚、强迫和威胁。"哪里没有法律，哪里就没有自由。"① 制定和完善党内批评和自我批评的法规制度，一是对党内主体开展党内批评和自我批评活动有提醒、鼓励和鞭策的作用。法律面前人人平等是举世公认的法的基本精神和准则。如今的中国，人们的法治意识、维权意识和实践能力有极大的提高，许多人付诸行动特别是政治上的行动时总是会寻找一定程度的法律或制度依据来支持。良好的习俗当然很重要，但相较而言，法律规范一经公布和实施则显得更直观明晰，对人们开展正确的行动能够产生直接的提醒、鼓励和鞭策作用。有了健全和完善的法规制度，能够使党内主体开展批评和自我批评活动做到有根据、有底气、有力量，而不必顾虑太多。二是确保党内主体正确使用批评和自我批评这一武器。法规制度对党内主体在开展批评和自我批评过程中应该做什么、不应该做什么，或必须做什么、禁止做什么，及违背了要承担什么样的责任或受到什么样的处理等事项，都会做出具体的规定，这实际上就在党内树立起一个统一标准，从而引导和规范党内主体明辨是非、惩恶扬善，在健康有序的轨道上坚持贯彻党内批评和自我批评作风。三是增强党内批评和自我批评作风的继承性和持久力。党内批评和自我批评作风需要每一代中国共产党人的传承、创新和发展。以法规制度的形式将党内开展批评和自我批评活动在不同的时期总结出来的正确经验或做法进行明文规定，更有利于促进优良传统

---

① ［英］洛克：《政府论》下篇，叶启芳、瞿菊农译，商务印书馆 1982 年版，第 35 页。

作风的继承和对每一代党内同志产生持久的推动力。

（二）制度建设能够及时有效遏制党内批评和自我批评活动中的不正常现象

虽然我们党历来重视培养党内主体的批评和自我批评作风，并逐步在相关党内法规制度中制定了一系列要求严格遵守和贯彻的基本准则和规范。但党内开展批评和自我批评活动过程中仍然会出现一些不符合党内习俗和法制规定的乱象或整体弱化的现象，使党内批评和自我批评这一武器要么变成伤人伤己的工具，要么变得锈迹斑斑，贬损或压抑了其对加强和改进党的建设的推动功能和作用。造成这种情况的原因是多方面的，但制度建设的有待强化是主要的或关键的原因。具体表现在，一方面，虽然批评和自我批评是我们党的优良传统作风，并在长期的历史进程中形成了一些约定俗成的基本要求，但党内并不是所有的人都能够在实践中坚持既有的理性、公道和正义，总是有一些人对此不以为然甚至嗤之以鼻，采取各种手法或伎俩虚与委蛇。这种问题的解决如果简单依赖党内主体自身良心发现或内在的自觉性显然是不够的，还必须要有外在的强力进行规范和约束。这种外在的强力就是现代政治文明发展所主张的法制的力量。另一方面，现有的关于党内批评和自我批评的制度规范供给不足，即在形式和内容上仍有许多不确定、不具体和不完善的地方，滞后于党的建设需求。例如，关于党内开展批评和自我批评的程序性制度建设有待健全和深化，表现为刚性不足、弹性有余，而执行严格的法律程序是规范党内批评和自我批评活动的重要保障。总之，解决党内在批评和自我批评作风上存在的问题，要从加强制度建设入手。制度的建立健全是及时解决和有效遏制党内批评和自我批评中的异化现象的重要举措。

（三）制度建设有利于推进和实现党内批评和自我批评的日常化、生活化

历史表明，我们党在不同时期每隔一段时间都会集中进行一次整党整风或教育实践活动，活动的主要内容就是通过开展批评和自我批评解决党内存在的具有普遍性或代表性的作风问题，因此整党整风或教育实践活动也可以被称为批评和自我批评活动。但切不可由此认为党内开展

批评和自我批评是权宜之计。党内开展批评和自我批评作为全党防身治病的利器和良药，要坚持集中与平时相结合的原则，这样批评和自我批评作为利器和良药的功效才能得到最大程度的发挥。一般来讲，全党范围内集中开展较大规模的批评和自我批评活动时，党会印发专门的通知、决议决定、意见或方案等具有临时性特点的规范性文件对活动做出统一部署并在具体实践中进行科学引导和及时矫正错误，从而保证了党的各级组织和党员、领导干部能够严肃认真地运用批评和自我批评这一武器。但是，党内主体所犯的错误和存在的缺点不是一朝一夕形成的，也不可能通过集中开展批评和自我批评一下子就可以纠正和克服。因此，党内应该经常性地开展批评和自我批评，实现常态化、日常化和生活化。而要确保党内批评和自我批评成为一种经常性行为，除了要加强党内思想政治教育外，更需要建立和健全一整套具有强制性特点的制度用来规范党内主体平时的批评和自我批评活动。总之，党内批评和自我批评的日常化、生活化必须以制度化为前提和基础，只有在制度的保障下才能真正做到使批评和自我批评这一武器常在心中、常在生活、常在实践，也才能使经常性的批评和自我批评的积极作用得到正常发挥，而不至于出现偏差或走向异化。

（四）党内批评和自我批评制度建设任重道远

制度不是万能的，但这绝不能否定制度建设在促进党内批评和自我批评作风建设过程中的巨大作用。加强制度建设是新时期推进党内批评和自我批评走向深入的关键之举。然而，面对当前的关于党内批评和自我批评的制度建设状况，我们会发现已有的很多制度规范在实践中并没有很好地被落实，同时，一些很有必要的制度规范却迟迟难以制定出来。这说明制度建设并不是一件唾手可得、轻而易举的事情，其任重而道远，需要有打好持久战和长期努力的准备。因此，在以往制度建设成绩的基础上，新时期要继续切实重视党内批评和自我批评制度建设，扎扎实实地稳步推进，避免放松和懈怠。

二　推进党内批评和自我批评制度建设的基本理路

新时期推进党内批评和自我批评制度建设既要继承党内法规制度体

系建设取得的整体性成就，又要立足于世情、国情和党情，以改革创新的精神推动制度建设迈上一个新的台阶。

（一）坚持和落实党内"立法法"关于党内法规制定的基本规范或要求

2013年5月27日，党公开发布《中国共产党党内法规制定条例》（简称制定条例），标志着我们党首次拥有了正式的党内"立法法"，对于推进党的建设制度化、规范化和程序化具有十分重要的意义，是党的法治化进程中的重要事件。党内批评和自我批评制度建设过程中必须遵循"立法法"基本的规定或规范要求，主要如下：

1. 坚持党内法规的统一性，内容上不得有抵触或冲突。首先，党章是党的根本大法，其他党内法规制度都不得与党章相抵触，否则由中央责令改正或者予以撤销。其次，党内法规制定必须坚持中央统一领导。按照制定条例规定，党的中央部门机关制定的党内法规在效力上高于其他制定主体制定的党内法规。最后，同一机关制定的党内法规要保持一致。

2. 正确适用党内法规的名称和要求。党内法规的名称包括党章、准则、条例、规则、规定、办法、细则。一方面，中央纪律检查委员会、中央各部门和省、自治区、直辖市党委制定的党内法规，称为规则、规定、办法、细则；另一方面，党内法规的内容表述应当采用条款形式，与一般的决议、决定、意见、通知等规范性文件相区别。如果需要制定专门的党内批评和自我批评法规制度，要按照"立法法"的规定选择合适的体例名称。

3. 制定党内法规应遵循的基本原则。制定条例第七条指出党内法规制定应当遵循的八项基本原则（在此不再一一列举）。这些原则是一个统一的整体，在党内批评和自我批评法规制度制定过程中要实现具体化应用，切实做到有效贯彻和落实。

4. 广泛征求意见和建议。一方面，党内法规起草前，应进行深入的调查研究，认真总结经验，充分了解各级党组织和广大党员、领导干部及党外群众的意见和建议；另一方面，党内法规草案形成后，还要进一步征求各方面的意见。征求意见的范围视情况而定，必要时面向全党。

与群众切身利益直接相关的，则要充分听取群众的意见和呼声。至于征询意见和建议的途径和渠道则可以多种多样，以方便快捷、有效可信和具有较强的代表性为遵循依据。

此外，还要对所制定的法规执行情况和实施效果进行科学评估，以及时修正和完善。总之，党内批评和自我批评法规制度的制定是一项非常严肃的事情，要坚持和遵守"立法法"的一般性规定。

（二）加强和促进党内主体的学习教育是党内批评和自我批评制度建设的首要内容

党内主体必须具备一定程度的认知水平和实践能力是其能够严肃认真地开展批评和自我批评的前提和基础。在先天（成为党员之前）的自然生理条件上，党章明确规定了加入中国共产党的年龄限制，即必须年满十八周岁。这是一个被人们普遍认为已经成人的、具有完全行为能力的年龄。因此，所有的党员、领导干部及各级党组织在先天的基本素质上一般是没有问题的，这里强调的当然就是后天的认识水平和实践能力的培养和提高问题。前文已经对党内批评和自我批评中存在乱象的原因和培育路径进行了探讨和分析，但要确保提升党内主体政治素质的路径和方法落到实处，则必须通过建立和完善党内学习教育制度来实现。

1. 深入落实已有的关于党内学习教育的制度。现有的关于加强党内学习教育的专门制度性文件主要有两个，即《关于加强党员经常性教育的意见》和《关于推进学习型党组织建设的意见》。两个意见对党内开展学习教育的总体要求、主要目标、工作原则、基本内容和方法及保障措施等都做了具体要求或部署。应以此为指导，深入贯彻和落实两个意见的基本精神和规范，加强与能够促进党内批评和自我批评作风培育有关的学习教育制度建设。

2. 关于党内批评和自我批评作风学习教育制度建设的主要内容。一是除了在总体上明确关于党的政治知识的学习教育的重要性之外，还要特别强调重视对关于党的批评和自我批评作风的历史知识和现有的制度规范的学习教育，培养党内主体自觉开展党内批评和自我批评的政治心理和意识。二是建立和健全提高党内主体运用批评和自我批评这一武器的认识和能力的党内培训制度。不仅要在理论上告诉党内主体开展批评和自我批评时该"怎么做",而且还要通过模拟场景和真实活动来进行具体的实践锻炼。三是落实和健全民主评议党员制度。要贯彻中共中央组织部《关于建立民主评议党员制度的意见》,完善相关具体运行机制,定期开展党员的党性分析评议活动。要把党员学习教育的效果和运用批评和自我批评这一武器的能力状况作为对党员的党性进行分析评议的重要指标并进行适当细化。四是制定和完善保障学习教育活动正常开展的制度。要加强组织领导,层层落实责任;要建立和培养优秀的专兼职党员教育队伍;要加强实施学习教育活动的阵地和场所建设;要有确定、充足的经费来源;要加强用于学习教育活动的教材建设;要确保有合理的教育时间。五是实行集中和平时相结合的学习教育制度。创造条件,实现党内同志人人皆学、处处能学、时时可学。六是建立和健全党内主体相互帮扶的学习教育制度。同志之间要相互关心、支持、爱护和帮助,共同提高对党内批评和自我批评作风的认识和实践能力。

3. 对现有相关党内法规制度的适当修改和完善。在关于加强党内学习教育问题、党内开展批评和自我批评问题的制度规范中,要有针对性地增添能体现学习教育与党内开展批评和自我批评关系的规定。一方面,要指出党内主体关于党的知识的学习和接受、运用批评和自我批评这一武器的实践锻炼对于促进党内大兴批评和自我批评之风的重要意义并制定适当的具体规范;另一方面,要明确利用批评和自我批评这一武器来提高学习教育的效果,从而在更高层次上开展党内批评和自我批评活动,实现互动共进。

(三)推进和加大党务公开力度是党内批评和自我批评制度建设的基本内容

革命战争时期,中国共产党作为革命党受困于诸多复杂因素的限制,党务公开难以充分实现。新中国成立后我们党完成了从革命党向执政党的转变,并逐渐发展成为一个长期执政的、政治上成熟的党,实行党务公开以充分发展党内民主的主客观条件日益健全和完善。随着改革开放事业的深入特别是党的十四大后,党对党务公开的要求越来越明确,到了党的十七大,实行党务公开的要求明确写入党章。在这一认识和实践过程中,建立和健全党务公开制度逐渐成为我们党加强和改进党的建设的重要课题。2010年9月15日中共中央办公厅在党内印发的《关于党的基层组织实行党务公开的意见》，是党务公开制度建设过程中的重要制度性文件，对指导和深化党务公开制度建设有重要的基础性作用。虽然党对一些重要事件和信息适当地进行保密在今天仍然是非常必要的，但总的来说，新形势下党的工作和活动的公开化、阳光化已经成为历史发展的必然趋势。党内一切事务和活动都是党内批评和自我批评的客观内容指向，如果不实行党务公开，增强党组织工作的透明性，批评和自我批评活动不可能完全充分地开展。我们很难想象，一个对党内事务和活动不了解或了解很少的党内主体在实践中能够真正拿起批评和自我批评这一武器对党内存在的问题进行批判和纠正。新时期，加强和深化党内批评和自我批评作风建设的同时，必须推进和加大党务公开的力度，才能确保党内主体的知情权、参与权和监督权的实现，否则就会造成一种现实版悖论或假象。"没有公开性而谈民主制是很可笑的，并且这种公开性还要不仅限于对本组织的成员。"① 因此，党内批评和自我批评制度建设进程中要不断健全和完善党务公开制度。

1. 党务公开制度建设总体上要抓好一些关键环节。一是科学规定需要公开的内容。关于党务公开的内容，规范的制定和贯彻要处理好党务公开与保密的关系，除涉密外公开的范围要尽量最大化，特别是党内外群众关注的重大事项和热点问题，要力戒对党内外群众来说"公开的不想知道，想知道的没公开"的现象。二是党务公开的形式、渠道或手段提倡灵活多样化。规范的制定和执行要立足基本条件明确主要形式和辅助形式，对于具体实践探索出来被党内外群众广泛认可的新形式要及时总结和充实到规范中。三是注重党务公开的程序性。党务公开要有秩序有步骤，不能随意行事。不实行公开不行，不讲纪律和程序地胡乱公开、也不行。程序性规范要做到简捷、严谨和有序。四是时效性要求。党务公开要及时，并注重收集对党务公开的意见和建议，必要时再次进行完善后公开。五是责任主体分工要明确。对党务公开工作不力的相关责任主体要严格问责，限期整改，否则进一步严肃处理。六是加强对党务公

---

① 《列宁全集》第6卷，人民出版社2013年版，第131页。

开工作开展定期的考核评价。党务公开工作开展的怎么样？党内外群众满意不满意？为了避免流于空洞的形式，要加强关于党内公开的考核评议机制建设，有成绩就进行鼓励和表彰，有问题就及时解决。七是明确对党务公开工作进行有效监督的党内机构及其工作人员。在党务公开制度建设过程中一定要把握这几个关键环节，确保取得稳固扎实的效果。

2. 建立和健全有利于促进和保障党务公开的基本制度。一是党内情况通报制度。做到以制度来保障党内信息上下互通渠道的畅通无阻。要充分利用基于科学技术所创造的新条件、新平台。关系到全党同志和人民群众的党内事务和活动情况，党的中央组织和工作部门要在一定范围内或向全党通报党内情况，上级党组织要及时向下级党组织、基层党组织要及时向党员通报党内情况。同时，党内情况还要加强自下而上的通报，特别是重大党内情况要及时上报党中央及相关工作部门。当前关于党内情况通报制度在相关的党内法规制度中都有一些规定，但需要进一步创新和细化并得到确实的贯彻和执行。二是关于办好党报党刊和党建网站的制度。要把党所主办的报刊和网站作为党务公开的主阵地，坚持党媒必须姓党的原则并建设好、管理好、利用好。三是各级党委新闻发言人制度。一方面通过媒体向党内及社会及时传达最新的党务信息；另一方面对党内和社会上存在的一些疑问进行解答，澄清误解、批驳谣言，消除流言和歪曲报道产生的负面影响，并有效征集民心民意。四是党内重大决策征求意见制度。党内做出重大决策时要最大限度地、最大范围地征求各方面的意见和建议；要探索和创新能够有效征求意见的多种方式和渠道；对听取和收集上来的意见要进行科学分析、鉴别和筛选，积极采纳合理成分。人们介入重大决策的制定过程，有利于及时深入了解决策的意义和精神，从而有利于科学审视决策的执行过程中存在的问题，推动党内主体以决策为依据正确开展批评和自我批评。五是党内事务咨询回应制度。党内主体对党内事务不明了的地方，有权经一定程序和渠道向有关党组织和工作部门进行咨询，相关党组织机关及工作人员必须及时回复和反馈。

总之，要通过加强各项制度规范建设来促进党务公开的实现，这是党内批评和自我批评制度建设之需，有助于牢固党内开展严肃认真的批评和自我批评的重要支撑点。

（四）廓清和理顺党内权力授受关系是党内批评和自我批评制度建设的根本要求

一切党内主体都是平等的，这种平等主要表现为政治上和法律上的平等。具体到党内批评和自我批评作风建设方面，就是在党内法规制度的范围内，党内主体无一例外地都要正常参与到各级党组织的批评和自我批评活动中，自由而不受伤害地运用批评和自我批评这一武器，从而实现加强和改进党的建设的政治目的。

然而，在实践中平等并不是包罗无遗和遍及一切方面的。在党内，党组织有中央与地方、上级与下级之分；党员领导干部有上级和下级之别；作为党员则有领导干部和普通党员群众的不同。不同的角色在推进党内批评和自我批评作风建设过程中的地位、责任和作用是有差异的。一般来说，上级党组织或党员领导干部处于主导地位，应承担的责任和起到的作用也更大。造成这一现象的根本原因在于不同的角色所具体掌握和能够行使与支配的党内权力不一样。如果权力行使得当，则党内民主氛围就浓厚，就有利于调动党内主体严肃认真地开展批评和自我批评活动的积极性和主动性；反之，党内民主环境不佳，就会损伤党内主体自由地开展批评和自我批评活动的激情和理性。由此可以看出，对党内大兴严肃认真的批评和自我批评之风影响最大的就是党内权力能否科学规范的使用。党内批评和自我批评制度建设在根本上要理清党内权力的来源，健全关于权力行使的规范和制约制衡机制。

1. 党内法规制度建设要进一步明确党内权力的来源。以建构现代政治文明为根基和目标的国家，无论是东方还是西方，虽然具体话语形式可能有所不同，但都坚持和奉行"主权在民"的政治精神和实践进路。也就是说，人民群众（权利）是政治权力的来源成为人类普遍性的政治信仰和追求。这一普遍性共识延伸到中国共产党内部，以正常的政治逻辑推理，党内权力直接的来源自然是党员群众之权利。如果权力乱用，就会丧失党员群众的认同、支持和拥护，那么权力必定失去正当性和权威性。因此，通过党内法规制度来明确承认和规定党内权力的来源，与维护各级党组织特别是党中央的权威性并不相悖。现有党内相关法规制度中的规范，虽然没有直接明确党内权力来源于党员群众，但从党章到一般性的制度性文件，特别是涉及党内权力行使时，都非常重视规定关于党员的权利及监督权实现的保障机制，并制定了《中国共产党党员权利保障条例》来保障党员的权利不受侵犯，特别是避免来自权力的侵犯。需要指出的是，按照党章的规定，作为执政党的中国共产党及党员领导干部行使的权力是人民群众赋予的，即党的权力来自人民，体现了主权在民的现代政治文明根本原则。在这里，要认清和把握"党的权力"与"党内权力"两个范畴在内容上的联系和区别。一方面，在整个国家的政治运行系统中，每一个党员同志也是人民群众中的一员，党的权力来自人民，这里的人民当然也包括全体党员同志；另一方面，在党内政治运行系统这个国家政治运行系统的子系统中，党内权力的实施范围在党内，针对和作用的对象是党内群众。对党员来说，党内权力是包含于党的权力的一种特殊性权力，在党的范围内，权力当然应来源于党员群众。在实际工作中，党内一些人认为过于强调权力的来源而推崇个体权利的行使会导致党内政治生活秩序的混乱，不利于维护党组织和领导干部的权威。这种担忧在新时期是大可不必的。事实上，我们当前面对的党内政治生活中出现的一些不健康现象和党组织及领导干部的权威不足状况恰恰主要是由于权利行使不充分问题造成的。要坚信正常的权利行使只会促进党更加团结而不会是分裂，只会巩固和增强而不会降低和削弱党的权威。由此，在党内批评和自我批评制度建设中要充分体现和保障每一个党员同志的主人翁地位和功能，对任何否定和损害行为都要及时纠正，情况严重的必须依规依纪进行严肃问责。

2. 落实和健全党内选举制度。选举权和被选举权是党章规定党员享有的最基本的民主权利，选举制度则是巩固党员主体地位、促进党内民主和明确权力来源的重要保障。党内批评和自我批评制度建设中之所以强调党内选举制度的落实和健全是因为选举活动本身是一种最有效的监督手段。通过正常的党内选举可以把那些遵纪守法、为人正派，能够倾听党内主体及党外群众批评和建议并善于真诚开展自我批评的党员推选为党的领导干部。相对应的是，依照相关法定程序可以将那些不重视传承和发扬党的优良传统作风、不重视党内民主和不虚心接受甚至压制党内批评的领导干部进行撤换。以此来实现党的领导干部能上能下，有利于促进领导干部始终保持谦虚谨慎的作风，深刻感受和体会到手中的权力是广大党员群众赋予的，必须要接受他们的监督和批评并能够公开做自我批评，真正做到对党员群众负责，全心全意为党员群众服务。新时期促进党内批评和自我批评作风建设，要注重落实和健全与其密切相关的党内选举制度。一是深入贯彻党内已有的关于选举的法规制度，落到实处。这些法规制度包括党章中关于党内选举的规定和《中国共产党地方组织选举工作条例》《中国共产党基层组织选举工作暂行条例》《中国共产党全国代表大会和地方各级代表大会代表任期制暂行条例》等。二是健全和细化候选人制度。党组织确定候选人之前要充分征集广大党员群众特别是对候选人的情况了解较多的党内同志的意见；一定数量的党内群众推选的候选人，有关党组织要给以更加充分的重视并规定以特殊形式展现出来；候选人的具体情况特别是在党内政治生活中的日常表现要尽量详尽地进行介绍和公示，并对党员群众的疑问及时进行解释和回复；等等。三是强化党员群众自主行使选举权和被选举权的保障机制。有关党组织和领导干部可以在法规制度范围内进行公开公正的、原则性的引导，但任何组织和个人都不能具体干涉和强迫党员群众行使权利，否则必须严惩不贷。选举过程的各个环节都要制定和健全规范来保障党员群众能够独立自主地做出科学的选择。四是加快完善党的代表大会代表任期制和试行党的代表大会常任制。五是要积极推进党内选举制度改革和创新，对各地党组织在执行党内选举法规制度开展的选举实践中取得的经验及时进行总结和研究，适时上升到法规制度层面，在全党范围推广。

3. 建立健全制约权力以鼓励和支持党内主体运用批评和自我批评这一武器的保障机制建设。没有权利的真正实现就无真正持久的权力，权利是权力的根本。要保障权利的实现就必须有效地制约和制衡权力，否则权力可能会因滥用或越过界限而侵害权利，权力也就会失去公意性、正当性和持久性。因此，要增强对权力的监督和制约以促进党内主体能够经常和自由使用批评和自我批评这一武器的保障机制建设。一是明确规定各级党组织和领导干部担负的教育和组织党内主体开展批评和自我批评活动的职责。二是建立健全上级党组织对下级党组织的定期巡查机制。要对是否做到有效保障党内主体权利以实现健康有序开展批评和自我批评活动进行科学评价和指导，不断改进工作。要巡查是否存在侵犯党内主体权利的案件，并对下级党组织和领导干部处理党内侵权案件的过程进行严格审查和纠错。三是责任追究和科学处理机制。党内有关部门和责任人不能对侵犯党员权利致使批评和自我批评活动不能正常开展的案件进行及时正确解决的，一旦发生严重后果，要严格追究责任。

（五）强化和健全党的纪律检查委员会在党风方面的监督执纪问责功能是党内批评和自我批评制度建设的关键内容

党的纪律检查委员会，简称"纪检委"或"纪委"，是负责党内监督的专门机关。党的十八大以来，我们党的各级纪委特别中央纪委在党风廉政和反腐倡廉建设方面取得的成绩是有目共睹的，需要继续坚持和深化。在新的《中国共产党党内监督条例》中提到监督执纪的"四种形态"，而第一种也是最基础的形态就是要求党内要经常开展批评和自我批评。党内只有经常开展批评和自我批评，对个别主体来讲才能避免小错误变成大错误甚至出现严重的违纪违法案件；对组织来讲则有利于党内民主政治环境始终保持风清气正。需要明确的是，加强党内监督本质目的绝不是为了惩罚人，即加大对违纪违法行为及相关责任人的调查或者立案审查且被追责的人越多越好；而是为了防患于未然，更好地教育和及时挽救党内犯错误和有缺点的同志，使其不至于在违反党规党纪及国法的道路上越走越远、越陷越深，不可自拔。重视第一种形态的实现关系着后三种形态的正常化。既然如此，作为党的专门负责纪律监督的机关，纪委要围绕第一种形态在监督上下更多更大的功夫，做细做实。也就是说，新时期要突出纪委对党内主体能否正常开展党内批评和自我批评活动的监督执纪问责功能，这是党内批评和自我批评制度建设的关键内容。

党内批评和自我批评制度建设中强化和健全纪委功能的制度规定的基本要求包括：一是明确纪委在抓好党内批评和自我批评作风建设方面的职责。纪委既要着重处理党内发生的重要的或复杂的案件，搞好反腐倡廉建设，也要抓好被人们认为是小事情或细节问题的解决。全党切勿将纪委看作是只承担党内反腐败职能和所谓重在事后惩恶扬善的监督机关，这实际上是对纪委功能的缩小和误读，有损纪委的整体地位和形象。按照党章中关于纪委主要工作职能的规定，监督党内批评和自我批评作风的坚持和实施状况当然是其职责范围内的事情。新时期在推进党内批评和自我批评制度建设过程中，一方面在关于党内批评和自我批评的制度规范中强调纪委监督执纪问责的作用；另一方面关于纪委的职能，在党章规定的基础上要进一步细化，直接点明和强调其对党内批评和自我批评活动开展状况负有的监督责任。二是突显和健全纪委机关的纵向领导机制。按照党章规定，中央纪委在党的中央委员会领导下进行工作，地方纪委则实行双重领导机制，既要接受同级党委的领导又要接受上级纪委的领导。作为党内监督机关，纪委必须履行对同级党的委员会中的委员的监督职责。然而，实践中纪委的主要领导干部一般情况下同时又是同级党委委员或常委，一些纪委领导干部受上下级关系、私人利益或感情因素左右导致纪委对同级党委委员的监督功能受损甚至名存实亡。要解决这一问题，现在看来最有效的方式就是强调各级纪委对各级党委享有一定的独立性，突出党内纪委系统的纵向领导机制。可以在一些程序上对具体运行机制进行创新，例如发现同级党委委员或因党委主要领导的原因导致党委不能落实和贯彻党的优良传统作风时，在次序方面纪委可以将情况先报告给上级纪委，然后再报告给同级党委，上级纪委也要将下级纪委报告的问题情况进行记录的同时再转交给其同级党委。这一过程表面看起来显得繁复而不简约，但实际上却是十分有效的。纪委部门必须先将自身置于相对独立和主导的地位，监督功能才能真正实现。三是上级纪委对下级纪委履行职责的巡视和督促机制。纪委对同级党委、下级党组织坚持和贯彻党内批评和自我批评作风的情况能否真正行使监督权，上级纪委要进行定时或不定时巡视和督促。如果下级纪委未能很好履行其监督职责，要对下级纪委及其主要责任人进行问责，督促整改。四是建立健全各级纪委内部开展好与自身职责使命紧密相关的批评和自我批评活动制度，这能够使其更好地对党内开展批评和自我批评的情况进行监督。一方面各级纪委内部所有从事日常工作的所有党员同志要经常开展批评和自我批评，参加相关级别党组织的组织生活会，这是毋庸置疑的。另一方面各级纪委要组织所有纪委委员参加专题的就纪委工作的组织生活会，开展批评和自我批评，当然也要求纪委委员之间平时围绕纪检工作开展批评和自我批评，真正发挥各级纪委委员在纪检工作中的作用。

（六）引导和治理党内主体的具体行为是党内批评和自我批评制度建设的核心部分

党内批评和自我批评制度建设的最终目的和核心内容落实到对党内主体运用批评和自我批评这一武器的具体行为进行规范引导和科学治理。关于具体"怎么做"的问题，现有的党内法规制度体系里主要是《关于党内政治生活的若干准则》和《关于新形势下党内政治生活的若干准则》中有较多的具体规定，这一点在前文中已有论述。新时期要适应时代发展要求和充分利用新机遇新条件积极开展创新性实践，在规制党内主体的具体批评和自我批评行为方面推动制度建设步入新阶段、取得新成就。

新时期加强引导和治理党内主体具体行为的批评和自我批评制度建设的基本要求有：一是深入落实和贯彻现有相关党内法规制度中的基本规范。一方面，要加强针对党内主体运用批评和自我批评这一武器进行规制的党内法规制度文件的宣传教育工作。可以将具体的明文规范从相关党内法规制度文件中摘捡和总结出来，然后在党内加大对此的宣传教育力度，并适当组织进行考核，检验党内同志的认识和把握水平。另一方面，必须要加强党内执法力度，无论是谁，只要违反了法规制度的规定，就要严格进行问责。对不能正常问责的，上级党组织要对下级党组织及其主要领导干部进行整顿和调整。二是建立健全各级党组织和领导干部的引领示范机制。党组织是一个集体概念，各级或不同地区的同级党组织通过法定程序经全体组成人员的同意应以组织的名义相互之间进行批评和自我批评，当然各级党组织的主要领导干部在这个过程中要切实担负起组织和领导责任。而各级党组织内部，党员领导干部要以积极政治姿态拥护和支持党内批评和自我批评，注重对党内同志权利的维护；同时自己在党组织内也要经常拿起和正确使用批评和自我批评这一武器，为其他党内同志特别是普通党员树立起典型范本和效仿标杆。三是建立健全实践经验及时提升为党内法规制度具体规范的动态机制。一方面，对党内主体开展批评和自我批评活动过程中提出的新要求和新思考、发现的新做法和新经验，各级党组织或其指定工作部门应通过科学有效的机制及时进行收集、整理和上报，从而为党内批评和自我批评制度建设提供充足可靠的素材。另一方面，要有专业的党内工作部门和人员队伍对这些素材进行研究和分析，进行理论上的归纳，探讨其成为党内法规制度的基本规范的可能性和可行性，并上报有关党的委员会启动制度的制定、修改和完善工作。上述过程和环节都要通过制定和执行具体的制度性规范来推进。另外，对前文提到的关于新时期党内批评和自我批评作风培育的诸多路径和方式，要注重不断推动其党内法制化进程。四是建立健全不断创新的科技手段与党内批评和自我批评作风培育的正向连接机制。当今科学技术发展日新月异，要善于驾驭科学技术的新发展给党内坚持和贯彻批评和自我批评作风所带来的机遇和挑战，做到趋利避害。特别是网络科技和信息传输技术在新时期的突飞猛进，今日的中国已经发展成为一个互联网大国并向强国迈进。以网络科技和信息传输技术为基础创构的新媒体平台群，一方面不仅有利于拓展党内开展批评和自我批评活动的载体和场所，还能够促进批评和自我批评作风的常态化、日常化和生活化发展；但另一方面也增加了各级党组织对党内主体开展批评和自我批评的行为价值取向进行合理引导和正当控制的难度，存在着损害和滥用党内批评和自我批评这一武器的风险。科学技术本身是一把双刃剑，为了有效发挥其对党内批评和自我批评作风的正向促进作用，需要重视科学技术成果引入和应用于党内批评和自我批评活动的连接机制建设。五是建立健全党内主体间相互关怀和帮扶机制。党内开展严肃认真的批评和自我批评本身就是党内主体之间相互关怀和帮扶的重要手段。但这里要强调的是，一方面，对欠缺批评和自我批评意识和长期弱化、错用或违规使用批评和自我批评这一武器的党内主体要进行关心和帮扶，培育其树立科学的认识，正确把握和使用这一武器；另一方面，对在党内批评和自我批评活动中受到违法行为侵权和伤害的党内主体要进行及时适当的救助，使其摆脱困境。关怀和帮扶机制有利于调动党内批评和自我批评的气氛，健康有序地开展活动。

（七）维护和增强党中央权威和集中统一领导是党内批评和自我批评制度建设的重点要求

党内批评和自我批评制度建设是不断健全和完善党内法规制度体系的一项重要工程，对新时期党的建设新的伟大工程具有重要的推动作用，需要在党中央的领导下统一进行。也就是说，在党内批评和自我批评制度建设过程中要始终把维护和增强党中央权威和集中统一领导作为重点要求。

1. 注重法规制度建设的顶层设计。一方面，党内批评和自我批评制度建设应由党中央统一规划，有步骤有秩序地进行；另一方面，在坚持党章和其他现有党内法规制度的前提下，地方党组织制定的关于党内批评和自我批评的党内法规制度或做出的决定、决议、通知、意见等一般性制度文件，都要向上级党组织报告或备案，接受全面审查和监督。符合要求的最终送交党中央或其相关指定工作部门，由党中央或由党中央授权中央有关党内机关、省一级党组织批准后施行。如果被党中央否定或搁置处理，则有关党组织必须遵守决定；如果党中央认为有必要，可以根据下级报送的法规制度文件面向全党范围制定和实施党内法规或一般性制度文件。

2. 制度的内容要着重强调维护党中央权威和集中统一领导。党内批评和自我批评制度建设务必要将坚决维护党中央权威和集中统一领导明确化，并设立行之有效的硬性保障机制。"作为共产党员，必须同党中央保持一致……不得公开发表反对意见，不得任意散布不信任情绪，不得采取阳奉阴违的态度。"① 要明白离开严密的政治纪律，党内开展批评和自我批评就会脱离其本质，走上歧路和出现异化，不利于党的团结统一。离散化的情势一旦不断持续和蔓延，党会垮掉的。当然，这并不是说党员同志不能对党中央的决定提出意见和建议，但一般要求在决定制定和实施之前提出；一旦开始实施之后，提出的意见和建议应具有建设性，而且要在遵守决定的前提下按照法定的党内程序向党组织直至党中央反

---

① 《江泽民文选》第3卷，人民出版社2006年版，第193页。

映，不得任意公开评论。

3. 对侵犯党中央权威和集中统一领导的所谓批评自由及实施者要制定和执行严格的问责机制。党内不得压制批评自由，但这种自由绝不是随意违背或不遵守党规党纪的自由。对一些党内主体借批评自由之名行损害党中央权威和集中统一领导之实的行为，有关党组织及纪律监督部门要及时主动发现并严格进行问责，坚决杜绝"上有政策、下有对策"的错误行径。当然，也不能随随便便地凭主观意志胡乱"扣帽子"，要按照明确的党内法规制度来规范。"我们这样一个大党……如果没有铁的纪律，政治上涣散是十分危险的。"① 党内开展批评和自我批评过程中，要坚决维护党中央的权威和集中统一领导。

（八）选择和确定合适的体例和位阶是党内批评和自我批评制度建设的本体需求

按照制定条例的规定，"准则对全党政治生活、组织生活和全体党员行为作出基本规定"，"条例对党的某一领域重要关系或者某一方面重要工作作出全面规定"②。相比较来说，准则的效力位阶高，而条例则更清晰明了。党内批评和自我批评属于党内政治生活和组织生活的基本内容和要求，是全党同志都必须继承和发扬的党的优良传统作风。当前的关于党内政治生活应遵循的若干准则的党内法规，无论是 1980 年准则还是新准则，关于党内批评和自我批评作风的规定都是其核心内容。就此而言，一方面，是否还需要用准则这一体例来制定专门的关于党内批评和自我批评的党内法规，有待进一步探讨和研究。另一方面，按照条例这种体例的党内法规制度的内涵规定，既然新时期党内批评和自我批评作风在推动党的建设新的伟大工程进程中的地位和功能如此重要和突出，从党章和现有准则的基本规范出发，是否可以考虑采用条例的体例制定关于批评和自我批评的党内法规来促进新时期关于党内批评和自我批评的制度建设，需要对其可能性和可行性进行分析。此外，地方各级党组织应从自身具体情况出发，就如何贯彻和执行面向全党范围的关于批评

---

① 江泽民：《论党的建设》，中央文献出版社 2001 年版，第 205 页。
② 《十七大以来重要文献选编》（下），中央文献出版社 2013 年版，第 961 页。

和自我批评的党内法规制度规范制定具体的制度，如具体规定、通知、办法或意见等体例形式。虽然效力位阶在整个党内法规制度体系中较低，但对本级党组织内部来讲往往可以更加切合实际，能更好地维护党内法规制度的整体严肃性和权威性。总之，作为党内批评和自我批评制度建设过程中的本体需求，是否需要制定专门的党内法规制度及如何选择和确定合适的体例和位阶在新时期尚需商榷和斟酌。

综上所述，在执行和贯彻已有的法规制度中制定具体规范的同时，这里又主要从八个方面研究和探讨了新时期党内批评和自我批评制度建设的推进理路。研究范式围绕的基本问题的主旨是：新时期为了进一步坚持和弘扬党内批评和自我批评作风，需要在一些基本的制度建设方面进行努力。这些方面的要求是相互统一、不可分割的，在推进党内批评和自我批评制度建设中要进行综合性的思考、谋划并在实践中全面落实。

结　语

　　党内保持批评和自我批评作风是一个永恒课题。"党内不同思想的对立和斗争是经常发生的，这是社会的阶级矛盾和新旧事物的矛盾在党内的反映。党内如果没有矛盾和解决矛盾的思想斗争，党的生命也就停止了。"① 在革命、建设和改革的不同时期，正是由于坚持和弘扬党内批评和自我批评作风，使我们党始终保持了先进性和纯洁性，不断发展和壮大，带领中国人民建立了新中国成为执政党，领导和团结全国各族人民取得了让世人瞩目的社会主义现代化建设成就，巩固和发展了党的长期执政地位。所以，从某种意义上说，一部中国共产党历史就是一部批评和自我批评作风史。党的十八大以来，改革开放进入新时期、新阶段，为更好地应对新形势、新情况、新问题，以习近平同志为核心的党中央提出"协调推进全面建成小康社会、全面深化改革、全面推进依法治国、全面从严治党"的"四个全面"战略布局和治国理政的基本理念。办好中国的事情，关键在党，在于党要管党、全面从严治党，因此，推进全面从严治党是"四个全面"战略布局的重中之重。"党要管党必须从党内政治生活管起，从严治党必须从党内政治生活严起"②，可见，加强和规范党内政治生活是全面从严治党的起点和基础。而批评和自我批评是加强和规范党内政治生活的根本性手段，深刻影响着党内政治生活的整体质量和实际效果，是淬炼广大党员、领导干部的党性和解决党内矛盾与问题、巩固和增强党的团结统一的利器。然而，新时期在各种政治风险

---

① 《毛泽东选集》第 1 卷，人民出版社 1991 年版，第 306 页。
② 《关于新形势下党内政治生活的若干准则》，《求是》2016 年第 22 期。

和挑战面前，一些党内同志对党内批评和自我批评作风认识不清、理解不深、能力欠缺，致使这一重要手段或利器出现疲软现象，变成了锈迹斑斑的钝器，甚至有被抛弃和丧失之忧。要严格控制这种现象的滋生和蔓延，就必须在党内重振和强化批评和自我批评之风，深化对党内主体的作风培育，并通过制度建设来切实保障。科学利用党内批评和自我批评这一武器来严肃和净化党内政治生活是全面提高党的建设科学化水平、推进党的建设新的伟大工程的根本内容和关键举措，一定要大胆使用、经常使用这个武器，使之越用越灵、越用越有效。"作风问题具有反复性和顽固性，不可能一蹴而就、毕其功于一役，更不能一阵风、刮一下就停，必须经常抓。"① 党内批评和自我批评作风培育和制度建设没有过去时，只有进行时，永远在路上。

党内批评和自我批评作风培育和制度建设不是一件简单易行的事情。新时期要在党中央的集中统一领导下依靠全党上下坚持不懈地共同努力来积极谋划和推进。总体来说，理论层面，一方面要建构起对党内批评和自我批评作风的科学认知，对党的历史上党内批评和自我批评作风发展历程进行全面回顾和梳理。以求在思想上坚定信念、保持理性，总结经验和吸取教训。另一方面要深入探讨和研究当前党内批评和自我批评活动中存在的主要问题及成因，把握新时期加强党内批评和自我批评作风培育和制度建设的重要性和必要性。实践层面，则要在正确的理论认识指导下，立足新时期的实际需求，探寻党内批评和自我批评作风的培育路径和推进制度建设的基本理路。新时期推进党内批评和自我批评作风建设，无论是理论上还是实践中，都有一些值得深入探究的问题，应引起我们党和理论界的持续关注。

作为党员、领导干部和党的各级组织，应不忘初心，牢记使命，要通过始终高举党内批评和自我批评这一武器来进一步践行全心全意为人民服务的宗旨，增强政治意识、大局意识、核心意识和看齐意识，不断巩固和提高党性修养。同时，要具有助推党内批评和自我批评作风建设的责任感。只要是正确的，我们就坚持；只要是错误的，我们就改正。

---

① 《习近平谈治国理政》第 1 卷，外文出版社 2018 年版，第 379 页。

而正确和错误的根本标准就在于是否与党和人民的根本意志和利益相一致。反过来说，只要我们坚决从党和人民的根本意志和利益出发，就能够不断加深对党内批评和自我批评作风的认识，提升使用这一武器的素质和能力，从而为推进党的建设新的伟大工程增添一份力量。

我们党是在坚持和弘扬党内批评和自我批评作风的过程中逐渐成长和壮大起来的，新时期也必将在继承和创新这一优良传统作风的进程中不断走向强大，进一步塑造党在人民群众中的良好形象，夯实党的执政基础。

参考文献

一 主要书目

《马克思恩格斯选集》第1—4卷，人民出版社2012年版。

《马克思恩格斯文集》第1、10卷，人民出版社2009年版。

《列宁选集》第1—4卷，人民出版社2012年版。

《列宁全集》第4卷，人民出版社2013年版。

《列宁全集》第6卷，人民出版社2013年版。

《列宁全集》第8、10、12、13、14、21、24、29、32、34、35、39、42、
55、60卷，人民出版社2017年版。

《斯大林选集》上卷，人民出版社1979年版。

《斯大林选集》下卷，人民出版社1979年版。

《毛泽东选集》第1—4卷，人民出版社1991年版。

《毛泽东文集》第2卷，人民出版社1993年版。

《毛泽东文集》第3卷，人民出版社1996年版。

《毛泽东文集》第6卷，人民出版社1999年版。

《毛泽东文集》第7卷，人民出版社1999年版。

《毛泽东文集》第8卷，人民出版社1999年版。

《邓小平文选》第1—2卷，人民出版社1994年版。

《邓小平文选》第3卷，人民出版社1993年版。

《江泽民文选》第1—3卷，人民出版社2006年版。

《习近平谈治国理政》第1卷，外文出版社2018年版。

《习近平谈治国理政》第2卷，外文出版社2017年版。

艾国:《党员权利与党内民主》，知识产权出版社2009年版。

《陈云文选》第 1 卷，人民出版社 1995 年版。

［德］菲德勒、芬格尔等：《辩证唯物主义与历史唯物主义》，赵晓红、郑伊倩等译，求实出版社 1985 年版。

丁晓强：《党内民主——党的建设与工作的生命线》，人民出版社 2012 年版。

杜润翰：《马克思主义关于思想政治工作的论述》，天津人民出版社 1988 年版。

《改革开放三十年重要文献选编》（上），人民出版社 2008 年版。

关海宽：《改革开放以来我国社会主义意识形态建设研究》，中国社会科学出版社 2012 年版。

疾风：《更高地举起批评和自我批评的武器》，通俗读物出版社 1958 年版。

江金权：《党内批评和自我批评的艺术》，党建读物出版社 2015 年版。

江金权：《怎样正确开展批评和自我批评》，党建读物出版社 2009 年版。

江泽民：《论党的建设》，中央文献出版社 2001 年版。

鲲水：《制度之争与制度认同》，人民出版社 2009 年版。

梁启超：《新民说》，中州古籍出版社 1998 年版。

林尚立：《中国共产党与国家建设》，天津人民出版社 2009 年版。

《刘少奇选集》上卷，人民出版社 1981 年版。

《刘少奇选集》下卷，人民出版社 1985 年版。

鲁光：《批评与自我批评的再认识》，江苏人民出版社 1988 年版。

麦青：《必须经常地开展批评与自我批评》，山东人民出版社 1952 年版。

［美］汉娜·费尼切尔·皮特金：《代表的概念》，唐海华译，吉林出版集团有限责任公司 2014 年版。

［美］拉里·戴蒙德、理查德·冈瑟：《政党与民主》，徐琳译，上海人民出版社 2012 年版。

［美］罗伯特·A. 达尔、爱德华·R. 塔夫特：《规模与民主》，唐皇凤、刘晔译，上海人民出版社 2013 年版。

［美］罗伯特·A. 达尔、布鲁斯·斯泰恩布里克纳：《现代政治分析》，吴勇译，中国人民大学出版社 2012 年版。

［美］马克·赛尔登：《革命中的中国：延安道路》，魏晓明、冯崇义译，社会科学文献出版社 2002 年版。

［美］乔万尼·萨托利：《民主新论》，冯克利、阎克文译，上海人民出版社 2013 年版。

［美］伊恩·夏皮罗：《民主理论的现状》，王军译，中国人民大学出版社 2013 年版。

苗青、力平：《团结进步的武器，谈批评和自我批评》，中国青年出版社 1959 年版。

《三中全会以来重要文献选编》（上），人民出版社 1982 年版。

《三中全会以来重要文献选编》（下），人民出版社 1982 年版。

《十八大以来重要文献选编》（上），中央文献出版社 2014 年版。

《十八大以来重要文献选编》（中），中央文献出版社 2016 年版。

《十二大以来重要文献选编》（上），人民出版社 1986 年版。

《十六大以来重要文献选编》（上），中央文献出版社 2005 年版。

《十六大以来重要文献选编》（中），中央文献出版社 2006 年版。

《十六大以来重要文献选编》（下），中央文献出版社 2008 年版。

《十七大以来重要文献选编》（上），中央文献出版社 2009 年版。

《十七大以来重要文献选编》（中），中央文献出版社 2011 年版。

《十七大以来重要文献选编》（下），中央文献出版社 2013 年版。

《十三大以来重要文献选编》（上），人民出版社 1991 年版。

《十三大以来重要文献选编》（中），人民出版社 1991 年版。

《十四大以来重要文献选编》（中），人民出版社 1997 年版。

《十四大以来重要文献选编》（下），人民出版社 1999 年版。

《十五大以来重要文献选编》（上），人民出版社 2000 年版。

《十五大以来重要文献选编》（中），人民出版社 2001 年版。

《十五大以来重要文献选编》（下），人民出版社 2003 年版。

［斯洛文尼亚］斯拉沃热·齐泽克：《自由的深渊》，王俊译，上海译文出版社 2012 年版。

［苏］康士坦丁诺夫：《社会主义社会发展的动力》，崔平译，人民出版社 1952 年版。

［苏］普切林：《共产党内的批评与自我批评》，马迅、章云译，人民出版社 1955 年版。

［苏］沙里可夫：《批评与自我批评是苏维埃社会发展的动力》，俊庄译，时代出版社 1955 年版。

孙应帅：《中国共产党党内民主理论研究》，合肥工业大学出版社 2007 年版。

王承就：《古巴共产党建设研究》，人民出版社 2011 年版。

王守山、莫惠林等：《毛泽东政治工作理论研究》，军事科学出版社 1993 年版。

王树荫：《中国共产党思想政治教育史》，中国人民大学出版社 2016 年版。

王修智、岳增瑞：《马克思恩格斯列宁领导理论研究》，人民出版社 2008 年版。

夏征农、陈至立：《辞海》第 3 卷，上海辞书出版社 2009 年版。

萧诗美：《毛泽东智慧》，人民出版社 2013 年版。

新玉言：《党内民主生活会工作手册》，研究出版社 2014 年版。

颜杰峰：《发展党内民主维护党的团结问题研究》，中国社会科学出版社 2012 年版。

杨甫：《谈谈批评与自我批评》，青年人民出版社 1952 年版。

姚桓、刘道福：《拿起批评与自我批评的武器》，北京出版社 1991 年版。

叶齐学：《批评和自我批评》，上海人民出版社 1961 年版。

应麟：《批评和自我批评是我们的武器》，工人出版社 1956 年版。

［英］艾伦·韦尔：《政党与政党制度》，谢峰译，北京大学出版社 2011 年版。

［英］洛克：《政府论》下篇，叶启芳、瞿菊农译，商务印书馆 1982 年版。

《恽代英全集》第 4 卷，人民出版社 2014 年版。

张荣臣、谢英芬：《向我开炮——开展批评和自我批评的艺术与方法》，中共中央党校出版社 2014 年版。

张维平：《怎样正确开展批评与自我批评》，河北人民出版社 1986 年版。

张兴茂等：《马克思主义社会形态理论视域中的中国特色社会主义制度研究》，中国社会科学出版社 2015 年版。

张元、孙宝生：《谈谈批评与自我批评》，湖北人民出版社 1956 年版。

赵云献：《毛泽东建党学说论》（下），人民出版社 2003 年版。

郑科扬：《中国共产党党内民主研究》，党建读物出版社 2009 年版。

《中共中央文件选集》第 1、2、6、10 册，中共中央党校出版社 1989 年版。

《中共中央文件选集》第 5 册，中共中央党校出版社 1990 年版。

《中共中央文件选集》（1949 年 10 月—1966 年 5 月）第 2、3、15、24、26 册，人民出版社 2013 年版。

钟碧惠：《批评与自我批评的意义和艺术》，求实出版社 1988 年版。

《周恩来教育文选》，教育科学出版社 1984 年版。

《周恩来文集》上卷，人民出版社 1980 年版。

《周恩来选集》上卷，人民出版社 1980 年版。

《周恩来选集》下卷，人民出版社 1984 年版。

周新芳：《党内基层民主建设研究》，山东人民出版社 2013 年版。

朱伟：《有序党内基层民主科学发展论》，中共中央党校出版社 2009 年版。

二　主要期刊论文

曹龙其：《大胆和经常使用批评和自我批评这个武器》，《思想政治工作研究》2013 年第 11 期。

曹尚龙：《批评是为了启发自我批评》，《思想政治工作研究》1987 年第 11 期。

陈洪儒：《正确认识与运用批评和自我批评的武器——学习整党文件的体会》，《理论学刊》1984 年第 1 期。

陈坚：《党的代表大会由年会制到常任制的演变及其试点模式》，《党史研究与教学》2010 年第 1 期。

仇文利：《列宁批评与自我批评常态化制度化理路探析》，《人民论坛》

2015 年第 26 期。

崔君戒：《批评和自我批评的优良传统不可削弱》，《中国青年政治学院学报》1987 年第 2 期。

戴思厚：《党内开展批评与自我批评为什么这样难》，《中国党政干部论坛》1998 年第 2 期。

戴焰军：《让党内批评和自我批评成为常态》，《中国党政干部论坛》2016 年第 1 期。

邓剑锋：《正确开展批评与自我批评创建和谐的党内生活》，《求实》2005 年第 9 期。

董遂强：《批评和自我批评的哲学思考》，《南京社会科学》2011 年第 12 期。

董遂强、王哲：《批评、自我批评与马克思主义中国化辨析》，《山西师大学报（社会科学版）》2011 年第 3 期。

［俄］T. 奥伊则尔曼：《马克思主义自我批评的原则基础》，吴铮译，《哲学译丛》1998 年第 4 期。

方涛：《毛泽东关于批评和自我批评的思想》，《中国党政干部论坛》2014 年第 4 期。

高水来：《丢掉"五怕"掌握"五要"提高批评与自我批评质量》，《湖北社会科学》2000 年第 11 期。

高太平：《"批评与自我批评"及其思想价值》，《甘肃社会科学》2011 年第 6 期。

顾阳：《延安整风中的历史细节与批评智慧》，《人民论坛》2013 年第 30 期。

韩振峰：《毛泽东关于党的批评与自我批评优良作风思想论纲》，《思想政治教育研究》2007 年第 4 期。

何宏江：《俄罗斯哲学家奥伊泽尔曼谈马克思主义的自我批评》，《国外理论动态》1993 年第 36 期。

洪梦、成晓明：《"党的骆驼"任弼时》，《党史文汇》2013 年第 3 期。

侯九林：《开展批评与自我批评增强党性锻炼》，《理论探索》1997 年第 4 期。

胡伟:《新世纪中国民主政治发展与政治学的使命》,《浙江学刊》2004
　　年第 1 期。

黄国秋:《论"实践"及"批评与自我批评"的作用》,《社会科学家》
　　2001 年第 3 期。

靳晓光:《健全党内民主制度体系的路径论析》,《辽宁师范大学学报（社
　　会科学版）》2014 年第 2 期。

雷云:《批评和自我批评是解决党内矛盾的有力武器》,《中国井冈山干部
　　学院学报》2013 年第 6 期。

李建勋:《加强党的建设必须开展认真的批评与自我批评》,《理论探索》
　　1993 年第 5 期。

李景田:《发展党内民主,健全党内民主制度》,《党建研究》2003 年第
　　1 期。

梁柱:《马克思主义政党的不可缺少的武器——毛泽东论批评与自我批
　　评》,《中国浦东干部学院学报》2016 年第 2 期。

廖金碧:《党内批评和自我批评的现状、症结及对策》,《党政论坛》1988
　　年第 9 期。

林炳良:《毛泽东批评和自我批评的理论与实践》,《现代哲学》1993 年
　　第 4 期。

刘云山:《关于批评和自我批评的几点认识》,《党建》2013 年第 10 期。

柳建辉:《陈云关于正确开展批评与自我批评的思想贡献》,《中共中央党
　　校学报》2006 年第 2 期。

柳礼泉、戴晓慧:《论列宁党内批评思想及当代价值》,《马克思主义研
　　究》2016 年第 1 期。

路江通、徐绍全:《试论弘扬延安时期的批评和自我批评精神——加强党
　　自身建设行之有效的思想武器》, 《浙江大学学报（社会科学版）》
　　1991 年第 2 期。

马维芝:《党内批评与自我批评的思想障碍及其对策》,《长白学刊》1992
　　年第 4 期。

牟杨珠:《关于"批评与自我批评"》,《思想·理论·教育》1994 年第
　　6 期。

牟永刚：《影响党内批评与自我批评的心理原因浅析》，《湖南社会科学》1990 年第 6 期。

牛秋业：《以批评与自我批评应对党面临的精神懈怠的危险》，《理论探讨》2014 年第 3 期。

欧黎明：《论邓小平党内批评与自我批评思想的方法论原则》，《云南社会科学》1999 年第 5 期。

彭莲凤：《以整风精神开展批评和自我批评》，《江西社会科学》1999 年第 8 期。

彭清华：《坚持用好批评与自我批评的武器——学习习近平总书记关于批评与自我批评的重要论述》，《求是》2014 年第 17 期。

齐雪、陈坚：《党章为镜》，《刊授党校》2014 年第 7 期。

苏双碧：《传统文化和现代民主》，《学术研究》2001 年第 1 期。

孙承佳：《开展批评与自我批评的心理障碍及对策》，《领导科学》1996 年第 7 期。

仝华：《毛泽东对党的批评和自我批评优良作风的培育——以延安整风前后的情况为例》，《理论学刊》2004 年第 3 期。

王根广、齐得平：《毛泽东关于批评和自我批评的理论与实践》，《党的文献》1994 年第 5 期。

王洪彬：《批评与自我批评推动我们前进》，《求是》1996 年第 13 期。

王建堂：《加强新形势下的党内批评与自我批评》，《理论探索》1999 年第 2 期。

王俊拴：《党内民主对人民民主的示范和带动作用分析》，《政治学研究》2003 年第 2 期。

王明高：《坚持和发扬批评与自我批评的作风》，《湖南社会科学》1994 年第 1 期。

王庭大：《用好批评和自我批评这个利器——党的群众路线教育实践活动的经验与启示》，《求是》2015 年第 1 期。

王向清、谢红：《毛泽东的批评与自我批评理论及其现实价值》，《北京大学学报（哲学社会科学版）》2015 年第 2 期。

王晓荣：《中国共产党"批评和自我批评"作风探源》，《理论学刊》

2014 年第 1 期。

王新宏：《新时期党内批评与自我批评的发展研究》，《学校党建与思想教育》2014 年第 10 期。

王永贵：《论新形势下批评与自我批评的优良作风》，《社会科学研究》2014 年第 4 期。

王允恭：《威信与面子——谈"三讲"教育中的批评与自我批评》，《理论学刊》1999 年第 6 期。

韦顺国：《论加强党员自我修养的关键所在——以批评和自我批评为视角》，《思想政治教育研究》2015 年第 3 期。

魏泽焕：《学习列宁开展批评与自我批评的勇气和方法》，《中国党政干部论坛》2005 年第 4 期。

温治华：《批评与自我批评是加强党的建设的重要武器》，《安徽师大学报（哲学社会科学版）》1992 年第 1 期。

吴昌德：《保持党的先进性和纯洁性的锐利武器——学习毛泽东同志关于批评与自我批评的论述》，《求是》1994 年第 1 期。

武星、王跃：《"批评与自我批评作风形成于延安时期"的三维考察》，《思想理论教育导刊》2015 年第 4 期。

夏三弟：《批评与自我批评是我们党永葆革命活力的基本武器》，《湖南社会科学》1991 年第 4 期。

夏威：《新时期应加强党内批评与自我批评工作的开展》，《理论学刊》2000 年第 2 期。

肖湘：《健全党内民主制度体系的基本思路与着力点》，《中国井冈山干部学院学报》2014 年第 2 期。

徐军：《批评和自我批评应注意防止的两种倾向》，《合肥工业大学学报（社会科学版）》1991 年第 2 期。

徐苏林：《大力开展批评与自我批评强化执政党的自我监督》，《理论与改革》1999 年第 5 期。

徐腾：《发展党内民主，健全党内民主制度》，《南京社会科学》2003 年第 3 期。

薛琳：《破解批评与自我批评现实困境的若干路径》，《理论探索》2014

年第 6 期。

杨军强、张先亮：《全面从严治党：批评与自我批评新探》，《新疆师范大学学报（哲学社会科学版）》2015 年第 5 期。

杨科元：《对新形势下开展党内批评与自我批评的思考》，《理论探索》2003 年第 4 期。

杨湘海等：《健全党内民主制度，完善党内监督机制》，《理论探索》1986 年第 6 期。

杨永莱、杨玲：《论新时期党内的批评与自我批评》，《山东社会科学》1994 年第 6 期。

杨增和：《实行批评和自我批评的光辉篇章——读刘少奇〈在扩大的中央工作会议上的报告〉和〈讲话〉》，《河北学刊》1986 年第 1 期。

杨忠虎：《延安时期批评和自我批评实现机制的构建》，《中国井冈山干部学院学报》2015 年第 5 期。

叶长德：《批评与自我批评的基本依据与历史经验》，《理论探索》2011 年第 5 期。

应国靖：《继承与发扬批评和自我批评的优良传统》，《社会科学》1985 年第 2 期。

张红安：《周恩来的自我批评精神与党内和谐》，《南京政治学院学报》2009 年第 6 期。

张锡金：《瞿秋白的自我批评精神》，《理论探讨》2002 年第 3 期。

张颖：《任弼时是怎样开展自我批评的》，《党的文献》2014 年第 6 期。

张元辉：《开展批评与自我批评在反腐败工作中的作用》，《科学社会主义》1994 年第 2 期。

赵慧琴：《坚持批评与自我批评促进党性党风建设》，《理论探索》2000 年第 2 期。

赵庆麟、姚镭：《批评和自我批评的哲学思考》，《毛泽东邓小平理论研究》1991 年第 3 期。

赵耀宏：《延安时期开展批评与自我批评的历史经验》，《理论导刊》2013 年第 12 期。

郑科扬：《以整风精神开展批评和自我批评》，《求是》2013 年第 16 期。

郑志荣：《论"三讲"教育中的批评与自我批评》，《理论与改革》2000
　　年第 1 期。

周敬东：《"三严三实"离不开批评与自我批评》，《思想政治工作研究》
　　2015 年第 7 期。

三　主要报纸文章及网站

董京泉：《弘扬批评与自我批评的优良作风》，《人民日报》2013 年 5 月
　　24 日。

郭永玉、章若昆：《对自我批评的"批评"》，《中国社会科学报》2010 年
　　4 月 13 日。

郭湛：《为什么需要批评与自我批评》，《光明日报》2013 年 12 月 17 日。

康伟：《批评与自我批评：具体才深刻》，《人民日报》2013 年 11 月
　　4 日。

孔繁顺：《把批评与自我批评制度化》，《解放军报》2005 年 8 月 18 日。

李君如：《用好批评与自我批评这一有力武器》，《光明日报》2013 年 7
　　月 4 日。

罗旭：《批评和自我批评必须戳到痛处》，《光明日报》2016 年 11 月
　　23 日。

马朝琦：《落实从严治党要坚持深入开展批评与自我批评》，《光明日报》
　　2015 年 6 月 7 日。

双传学、李扬：《永葆批评和自我批评的"利器"本色》，《光明日报》
　　2014 年第 6 期。

辛鸣：《以整风精神开展批评和自我批评》，《学习时报》2013 年 8 月
　　12 日。

徐天亮：《回归批评和自我批评的好传统》，《人民日报》2013 年 9 月
　　10 日。

严满伟：《批评与自我批评不能变成钝器》，《光明日报》2013 年 7 月
　　5 日。

喻崇峰：《准确把握批评与自我批评的内涵价值与作用》，《重庆日报》

2013 年 11 月 21 日。

张文雄：《如何用好批评和自我批评的武器》，《人民日报》2013 年 9 月
　　30 日。

张向鸿：《批评与自我批评要念好"四字经"》，《光明日报》2013 年 12
　　月 17 日。

中共党史和文献研究院网：https：//www. wxyjs. org. cn.

中国共产党新闻网：http：//cpc. people. com. cn.

朱文鸿：《以整风精神开展批评与自我批评》，《人民日报》2013 年 7 月
　　31 日。

四　主要党内法规制度

《关于党内政治生活的若干准则》

《关于实行党风廉政建设责任制的规定》

《关于新形势下党内政治生活的若干准则》

《中国共产党党内法规制定条例》

《中国共产党党内监督条例》

《中国共产党党务公开条例（试行）》

《中国共产党党员权利保障条例》

《中国共产党纪律处分条例》

《中国共产党廉洁自律准则》

《中国共产党问责条例》

《中国共产党章程》